证券合规

内幕交易的法律规制与风险管理

林慧　谢杰——著

SECURITIES COMPLIANCE

Legal Regulation and Risk Management of Insider Trading

法律出版社
LAW PRESS·CHINA
北京

图书在版编目(CIP)数据

证券合规:内幕交易的法律规制与风险管理 / 林慧,谢杰著. -- 北京:法律出版社,2023
ISBN 978-7-5197-7604-6

Ⅰ.①证… Ⅱ.①林… ②谢… Ⅲ.①证券法-研究-中国 Ⅳ.①D922.287.4

中国国家版本馆 CIP 数据核字(2023)第 032417 号

证券合规:
内幕交易的法律规制与风险管理
ZHENGQUAN HEGUI:
NEIMU JIAOYI DE FALÜ GUIZHI YU
FENGXIAN GUANLI

林 慧 谢 杰 著

策划编辑 谢瑞忠
责任编辑 冯雨春 谢瑞忠
装帧设计 李 瞻

出版发行 法律出版社
编辑统筹 法律应用出版分社
责任校对 李慧艳
责任印制 刘晓伟
经 销 新华书店

开本 710 毫米×1000 毫米 1/16
印张 15 **字数** 215 千
版本 2023 年 4 月第 1 版
印次 2023 年 4 月第 1 次印刷
印刷 天津嘉恒印务有限公司

地址:北京市丰台区莲花池西里 7 号(100073)
网址:www.lawpress.com.cn
投稿邮箱:info@lawpress.com.cn
举报盗版邮箱:jbwq@lawpress.com.cn

销售电话:010-83938349
客服电话:010-83938350
咨询电话:010-63939796

书号:ISBN 978-7-5197-7604-6
定价:66.00 元
凡购买本社图书,如有印装错误,我社负责退换。电话:010-83938349

作者简介

林慧

华东政法大学法学硕士，系浙江天册律师事务所律师，具有高级律师职称；兼任杭州市律师协会西湖分会企业合规研究中心主任、浙江理工大学法政学院实务导师、国家知识产权培训（浙江）基地实务导师，是中国法学会会员、受聘浙江省时尚产业产教融合联盟律师顾问团成员。

林慧律师主要执业领域为：公司业务、证券发行与上市、并购重组、债券发行、金融、中外投融资、公司治理与合规，刑事犯罪预防与危机处理，及商事争议解决。先后担任多家上市公司、拟上市公司、金融机构等中外企业法律顾问，协助公司解决涉诉纠纷，为多家公司的设立、融资、商业运营、股份制改组、IPO，股票增发、债券发行、法律体检、企业合规、股权激励、股权收购、资产收购、新三板等项目提供全程法律服务。

作者简介

谢杰

上海交通大学凯原法学院副教授、证券犯罪研究中心执行主任，法学博士、博士后；兼任上海汉盛律师事务所律师，上海国际经济贸易仲裁委员会（上海国际仲裁中心）仲裁员，上海期货交易所监察委员会委员，上海市法学会刑法学研究会理事，上海市律师协会刑法与刑事辩护业务研究委员会委员，广州仲裁委员会仲裁员，上海市涉案企业合规第三方监督评估机制专业人员名录库（第一批）成员等；主要研究方向为证券期货及衍生品监管、金融刑法、法律经济学等。

在International Journal of Law, Crime and Justice、《法学》等境外SSCI期刊、国内法学、经济学CSSCI来源期刊发表英文、中文论文30余篇；多篇论文被《人大复印资料》全文转载。在最高人民法院《刑事审判参考》、最高人民检察院《刑事司法指南》、《人民检察》、《检察日报》等发表法律实务论文200余篇。独著、合著“Financial Market Crime: A Legal & Economic Analysis”、“Criminal Regulation of Capital Market: Theory & Practice”、《操纵资本市场犯罪刑法规制研究》、《资本市场刑法》、《中国刑法的规范解释》、《财经犯罪刑法理论与实务》、《证券期货犯罪刑法理论与实务》、《市场滥用犯罪与刑事合规》、《内线交易犯罪刑法规制研究》等英文、中文专著20余部。

代理与辩护的金融市场重大典型案件：

- 某上市公司及其实际控制人欺诈发行股票、违规披露重大信息案（创业板退市第一某案）
- “沪港通”市场操纵第一案
- 某证券公司原实际控制人内幕交易案（获利金额1.9亿元）
- 某私募基金实际控制人背信运用受托资金案（造成投资者损失2亿元）
- 某私募基金管理人尾市操纵第一案
- 某交易商实际控制人期货市场操纵案
- 某私募基金实际控制人内幕交易案（交易金额10亿元）
- 某部委司长内幕交易、受贿案（涉资产重组）
- 某上市公司实际控制人内幕交易案（涉上市公司实际控制权变化）
- 某上市公司实际控制人内幕交易案（涉并购交易）
- 某上市公司实际控制人内幕交易案（涉公司业绩）
- 某上市公司实际控制人泄露内幕信息案（涉并购交易）
- 某上市公司实际控制人证券市场操纵案
- 某证券中介服务机构证券虚假陈述案
- 某机构实际控制人非法经营证券案
- 某境外公司实际控制人非法经营期货案（涉案金额600余亿元）
- 某网贷实际控制人集资诈骗案（集资金额700亿元）
- 某纳斯纳克上市公司实际控制人集资诈骗案
- 某上市公司与某证券公司标的额6亿元保荐、承销合同仲裁案
- 某上市公司、上市公司大股东等与某证券公司标的额2亿余元证券市场虚假陈述侵权责任分担诉讼案
- 某香港公司与某深圳公司标的5亿元港币清盘诉讼（香港高等法院）
- 某香港上市公司股东与实际控制人标的2亿元港币股权转让纠纷诉讼（香港高等法院）
- 某开曼公司与某香港公司标的额7亿元股权转让仲裁案（香港国际仲裁中心）

序

内幕交易犯罪是最为典型的资本市场犯罪，长期以来是法律、经济理论与实务界、金融市场所关注的焦点。证券市场内幕交易的行政立法、刑事立法、司法解释制定工作以及相关违法犯罪案件的查处工作，一直是我国资本市场法治实践的重心。以“零容忍”为目标的证券市场内幕交易法律规制措施，体现出了资本市场立法、行政监管、刑事司法坚持非常严格的法律标准。2019 年 12 月 28 日，第十三届全国人民代表大会常务委员会第十五次会议通过了新修订的《证券法》（2020 年 3 月 1 日实施）。修订后的《证券法》在证券定义、注册制改革、投资者保护和内幕交易、市场操纵等违法行为惩治方面均有重大突破，对于助力供给侧结构性改革和化解金融风险，具有重要作用。2020 年 12 月 26 日，第十三届全国人民代表大会常务委员会第二十四次会议通过《刑法修正案（十一）》并于 2021 年 3 月 1 日起正式施行。关于证券犯罪的修改是《刑法修正案（十一）》的重点、亮点问题，也是继 2020 年《证券法》实施后涉及资本市场的又一项重大立法活动。[①]《刑法修正案（十一）》联动与协调《证券法》完善虚假陈述犯罪、市场操纵犯罪等证券犯罪刑法条文，有助于惩治与震慑损害上市公司质量、阻碍市场信息效率、侵害投资者权益的证券犯罪，从而为《证券法》实施提供稳固的最后屏障保护，有效防控金融风险，促进实体经济发展。2021 年 7 月 6 日，中共中央办公厅、国务院办公厅公布《关于依法从严打击证券违法活动的意见》（以下简称《打击证券违法活动意见》，2021 年 7 月 6 日实施），对加快健全证券执

① 参见程丹：《刑法修改落地　零容忍打击证券期货犯罪》，载《证券时报》2020 年 12 月 28 日，A1 版。

法、司法体制机制，加大重大违法案件查处、惩治力度，加强跨境监管执法协作，夯实资本市场法治和诚信基础，推动形成崇法守信的良好市场生态作出重要部署。《打击证券违法活动意见》是资本市场历史上第一次以中共中央办公厅、国务院办公厅名义联合印发打击证券违法活动的专门文件，是当前和今后一个时期全方位加强和改进证券监管执法工作的行动纲领，意义重大、影响深远。①

然而，在期货市场法治实践中，由于法律法规制度建构的年代久远且迟迟没有提升立法位阶，期货市场自身发展关注度相对证券市场而言略低，且期货市场立法、执法、司法等资源配置与专业知识结构存在明显特殊性，中国期货市场内幕交易违法犯罪治理在一定程度上呈现出没有显著变革的状态，其直接结果便是当前刑事司法实践中未查处任何一起期货市场内幕交易犯罪案件。由于期货市场天然具有开放性与连通性，法律支撑与规则供给的明显不足，将会严重影响对投资者的保护水平与国际投资者的参与度，最终阻碍我国期货市场的国际化发展进程。② 这种资本市场犯罪"零容忍"政策背景下的"零规制"现象，不能再停留于尴尬且长期被忽略的状态，法律实践亟须进行反思并深入研究相应规则的优化策略。

中国期货市场历经发展，尤其是近年来全新交易品种的更新迭代，已经打造了非常完善的商业期货合约体系。与此同时，股指期货、国债期货等金融期货产品也已经成熟运作良久。2015 年金融市场异常波动及其之后的一段时间内，期货市场（尤其是金融期货市场）在持仓限制上进行了相对严格的特殊管理。伴随着金融期货市场常态化规则的重新梳理与运行，沪深 300、上证 50、中证 500 等指数期权产品的研发与上市，交易型开放式指数基金（ETF）期权的试点推进都在稳步实施中。③ 上海国际能源交易中心原油期货合约的上市及其交易量屡创新高，不仅标志着我国期货市场国际化水平的高质量发展，而且有助于从长期稳健的角度将人民币国际化推向全新的台阶；

① 参见刘慧、姚均芳：《全面贯彻"零容忍"理念　依法从严打击证券违法活动》，载《证券日报》2021 年 7 月 7 日，A1 版。

② 参见刘彩萍、朱亮韬：《原油期货点燃国际化进程》，载《财新周刊》2017 年第 7 期。

③ 参见左永刚：《股指期权铺路长期资金入市》，载《证券日报》2018 年 8 月 8 日，A2 版。

即将推出的集装箱运价指数期货，将为国内外集装箱运输业提供有效的风险管理工具，该期货产品不仅弥补了我国场内航运衍生品的空白，而且也意味着我国期货市场首次将产品拓展到了服务领域。① 期货、期权以及衍生品市场的交易创新引领下的一系列做空机制极大地丰富了中国期货及衍生品市场风险对冲功能。2021 年 1 月 22 日，经国务院同意，中国证监会正式批准设立广州期货交易所，这是中国境内继上海期货交易所、郑州商品交易所、大连商品交易所和中国金融期货交易所后的第五家期货交易所，对于完善我国资本市场体系，服务经济高质量发展具有重要意义。② 因此，加快制定期货法，对我国期货市场的长远发展与规范监管至关重要，监管层也正在积极推进期货法的研究工作。通过出台期货法解决期货行业短板、规范监管、处理发展矛盾成为近年来业界与监管层的共识。③ 2021 年 4 月 29 日，全国人民代表大会常务委员会公布《期货法（草案）》向社会公众征集修改、完善的意见和建议。这部对国民经济有着重要影响的法律草案文本终于首次面世。2022 年 4 月 20 日，经过立法者的多年努力，第十三届全国人民代表大会常委会第三十四次会议表决通过《期货和衍生品法》（2022 年 8 月 1 日实施）。《期货和衍生品法》以服务实体经济、防控金融风险、深化金融改革为出发点和落脚点，坚持市场化、法治化、国际化方向，全面系统规定了期货市场和衍生品市场各项基础制度，为打造一个规范、透明、开放、有活力、有韧性的资本市场提供了坚强的法治保障，具有非常重要而又深远的意义。这对禁止期货市场内幕交易等违法犯罪行为的法律规制实践提出了全新且更高的要求。

基于此，我国资本市场内幕交易法治实践，应当紧密契合《证券法》《期货和衍生品法》的实践需要，深度分析内幕交易禁止性条款疑难困惑，细致解构内幕交易禁止性条款所存在的问题，协调反思《刑法》（2021 年 3 月 1 日实施）第 180 条规定的期货市场内幕交易犯罪刑事法律条款的适用性

① 参见刘春彦、徐圣艳：《推出上海航运指数期货 实现“全球资源上海配置”》，载《中国证券期货》2019 年第 4 期。

② 参见程丹：《证监会批准设立广州期货交易所》，载《证券时报》2021 年 1 月 23 日，A1 版。

③ 参见祝惠春：《期市扩大开放呼唤期货法》，载《经济日报》2018 年 9 月 18 日，第 6 版。

障碍，重新审视2012年《最高人民法院、最高人民检察院关于办理内幕交易、泄露内幕信息刑事案件具体应用法律若干问题的解释》（以下简称《内幕交易解释》，2012年6月1日实施）和2019年《最高人民法院、最高人民检察院关于办理利用未公开信息交易刑事案件适用法律若干问题的解释》（以下简称《利用未公开信息交易解释》，2019年6月27日实施）中的司法判断规则，从市场与制度、金融与法律、期货法与刑法、行政监管与刑事司法等多维度互为贯通的角度，针对资本市场内幕交易犯罪刑法规制的新问题新情况，进行立法完善与执法、司法规则优化。

除了强化内幕交易法律规制从而提升证券期货行政法律法规、证券期货犯罪刑事法律以及相关司法解释的规范适用准确性之外，证券合规更是资本市场执法者、司法者、参与者等共同追求的目标。因此，内幕信息风险管理显得尤为重要。但是，当前内幕信息风险管理中存在诸多问题，通过归纳司法实践中的案例可以发现，证券合规、内幕信息风控实践中存在以下突出情况：

其一，内幕信息管控存在漏洞。根据实践中的监管规则，上市公司应当建立内幕信息知情人登记管理制度，对内幕信息的保密管理及在内幕信息依法公开披露前内幕信息知情人的登记管理作出规定。上市公司内部管理制度中应当明确内幕信息知情人的保密义务、违反保密规定责任和通过签订保密协议、禁止内幕交易告知书等必要方式将上述事项告知有关人员等内容。然而，有的上市公司未能严格按照监管要求完善及执行内幕信息知情人登记管理制度，以电话通知的形式部分取代签订保密协议、禁止内幕交易告知书等必要方式，未能及时有效地向内幕信息知情人明确保密义务，说明在内幕信息的管控方面存在漏洞。

其二，风险预警等机制建设存在缺失。上市公司应当监管要求，对内幕信息知情人买卖本公司股票及其衍生品种的情况进行自查，发现内幕信息知情人进行内幕交易、泄露内幕信息或者建议他人进行交易的，上市公司应当进行核实并依据其内幕信息知情人登记管理制度对相关人员进行责任追究，并将有关情况及处理结果依照监管规定报送公司注册地中国证监会派出机构。实践中，有的上市公司未能有效承担上述自查、追责义务，在制度制定、风险识别、合规审查、风险应对等管理活动方面存在一定缺失，从而导致未能及时发现相关内幕信息知情人泄露内幕信息的犯罪行为。

其三，部分管理层及股东法律意识、合规意识淡薄，存在违法犯罪隐患。实践中，有的上市公司实际控制人、控股股东、大股东、公司高管等在案件讯问、询问过程中，竟然并不知晓自己属于内幕信息知情人员，也不知道其泄露的信息属于内幕信息，并且以“当时不懂”“不懂《证券法》”作为理由，足见其法律意识之淡薄。这说明相关公司在对高级管理人员的法制教育、合规培训方面存在严重不足。

例如，在某起涉重大资产重组内幕信息的内幕交易系列案件中，上市公司A公司收购非上市公司B公司，在该重大资产重组过程中，时任B公司法定代表人的C与时任A公司董事、副总经理的D作为内幕信息知情人，将上述内幕信息分别泄露给E、F。随后，E在内幕信息敏感期内先后买入A公司股票4万余股，成交额111万余元，获利2.9万余元；F在内幕信息敏感期内先后买入A公司股票5万余股，成交额148万余元，亏损14万余元。在重大资产重组、上市公司并购中，交易双方都出现了内幕信息的泄露、内幕交易问题，深度凸显了内幕信息风险管理的缺位、证券合规管理制度的失灵。此类案件的发生破坏了金融管理秩序和证券市场交易规则，损害了一般投资者的利益，同时也暴露出相关公司作为经营规模较大的上市公司或者参与资本市场交易的市场主体，存在内幕信息管控不规范、风险预警机制缺失、相关责任人员法律意识淡薄等问题，具有较大的制度完善空间和合规整改需求。

因此，上市公司以及其他资本市场参与主体，未能严格执行相关法律规定的，在规范管理、制度构建、教育培训等方面存在较大完善空间，应当及时堵漏建制，加强合规整改，切实杜绝违法犯罪风险。

其一，严格执行《证券法》以及监管部门的明确要求。进一步完善内幕信息知情人登记管理制度，通过填写上市公司内幕信息知情人档案、制作重大事项进程备忘录等方式如实记录知情人名单，并在相关节点及时报送有关单位；结合自身实际建立健全风险防控机制，加强与证券监管部门、中介机构的对接沟通，积极主动完成自查和追责义务，从源头上有效防止内幕交易、泄露内幕信息违法犯罪的发生。

其二，加强公司人员管理及合法合规教育培训，尤其应加强董监高、股东等“关键少数”的管理培训力度。通过日常管理、团队建设、业务培训、入职谈话等多种形式积极营造良好合规文化氛围。重视合法合规培训，坚持金融法律法规与业务培训、业务技能与风险防控能力培训、定期与不定期培训相结合，督促相关人员明规则、守底线、知敬畏，从源头上推动上市公司高质量发展。

其三，制定合规方案，完善公司治理结构。设置专岗专人负责合规经营，有条件的可聘请专业律师团队介入企业合规整改，通过购买法律服务等方法，学习了解企业经营过程中的高发违法犯罪风险，将依法治企纳入公司经营重点内容，提高守法经营重要性的认识。结合自身发展特点和主营业务类型，加快构建并制订落实合规计划，有效实现风险管控。

可见，“零容忍、强监管”背景下资本市场法治逻辑的日益完善，为内幕信息合规风控提出了全新的要求与挑战。对于内幕交易惩治与风控问题，无论是在法律规制领域的证监、证券犯罪侦查、检察、审判等执法、司法机关，还是亟须进行证券合规、内幕信息风控管理优化的拟上市公司、上市公司、相关资产交易对手方，或是券商、会计师事务所、律师事务所等证券服务机构，以及作为机构投资者的基金、保险、信托、银行等各类金融与非金融机构本身及其旗下的资产管理主体，还有法律制度安排所保护的中小投资者，都迫切希望在资本市场机制创新、规则重构中寻求法治逻辑的升级。身处其中的市场参与者、执法者、司法者等都能明显感知到这样一种问题意识——如何完善内幕交易的法律规制措施、如何优化内幕信息合规风控管理。

由于证券市场、期货市场、《证券法》、《期货和衍生品法》、《刑法》等跨学科知识具有交叉性，内幕信息的生成、发展、使用等存在复杂的商业逻辑，传统刑法解释原理、刑事司法逻辑、刑事诉讼、合规风控实务经验等客观上已经难以应对一系列疑难问题的挑战。与资本市场重大未公开信息运作有关的市场参与者，应当积极做好法律风险控制与合规管理计划，从而立足于资本市场法治实践的前沿做好合规经营，实现高效高质量发展。

如何认定内幕信息知情人员？如何推定内幕信息非法获取人员？如何界定内幕信息的性质与内容？如何解释内幕信息的形成时间？如何分析交易的正当理由或者信息来源？如何执行合规的预定交易计划？如何计算内幕交易违法所得？如何解释内幕信息传递的责任边界？如何解释内幕交易共犯结构？如何判断内幕交易单位犯罪？市场参与者如何进行有效的内幕交易法律风险控制与内幕信息合规管理？此类内幕交易法律规制与内幕信息合规风控中的全新难题均值得进行细致解构，并从市场与制度、金融交易与法律规则、《证券法》、《期货和衍生品法》、《刑法》等多维度互为贯通的角度来研究设计相应的规则。

因此，有必要针对内幕交易法律规制与内幕信息合规管理中的重大且疑难问题，就《证券法》《刑法修正案（十一）》相关条款适用难点以及《期货和衍生品法》的实施等情况进行深度实践解构。这不仅有助于推动证券期货犯罪刑法理论研究范式的转换与升级，而且有利于为金融市场系统性风险控制、国家金融安全提供坚实且具体的司法保障措施，更有助于市场参与者合规经营。

基于此，本书尝试通过实践角度深度解构内幕交易法律规制与内幕信息合规风控的疑难问题、域外经验、中国逻辑，以期对《证券法》《刑法修正案（十一）》《期货和衍生品法》相关证券违法犯罪条款的公平高效实施有所裨益，同时希望通过精细化的法律规则解释，更好地服务于市场参与者合规风控管理，促进资本市场效率与投资者权益的协调和统一。本书的价值在于深度反思当前内幕交易案件法律实务的具体措施，从而提升资本市场资源优化配置与市场竞争效率、投资者权益保障力度、市场流动性平衡程度、市场参与者合规风控管理水平，形成有效整合市场与制度、真实反映证券实务与法律实践现实需求的、效率性与公平性保障兼顾的政策、原则以及规则体系。

应当看到，关于内幕交易法律规制与合规风控问题的研究探索，是一个不断完善的过程，也是一场资本市场参与者与法律领域从业人员之间思维火花的碰撞。近几年来，本书作者就资本市场交易实务、行政监管、刑事司法、合规管理等问题积累了大量的实践经验，在与各行业、各地区证券专业人士的头脑风暴中，进一步丰富了法律与金融的跨学科、跨专业视角。本书正是从这些经验、逻辑、互动中，尝试透过内幕交易行为的实质，对其内在机理进行深度解构，尝试从外部性的法律制度切入，洞察内部性的资本市场行为缺陷，深度借鉴域外规则判例的经验，从法律与金融的跨界互动中，反思内幕信息合规管理的规范尺度，旨在助力中国资本市场法治建设。当然，本书的探索只是一种尝试，显然会有很多局限性，因此恳请各位读者批评指正。

目　录

CONTENTS

导　论

一、问题意识

国内外金融市场中，内幕交易犯罪数额异常之高，处罚也不可谓不严厉。美国1987年伊凡·博斯基内幕交易案，法院判决博斯基3年监禁，美国证券交易委员会（SEC）指控博斯基进行内幕交易时涉案金额达数百亿美元，经过辩诉交易，双方达成和解，最终对博斯基罚款1亿美元并处以终身证券行业禁入。[①] 随着全球金融危机之后各国内幕交易犯罪的惩治力度加强，部分内幕交易犯罪人被判处10年以上监禁。2011年美国法院认定，前全球著名的对冲基金帆船集团创始人拉杰·拉贾拉特南利用从企业高管、银行家、顾问人员、交易商和包括高盛等在内的上市企业的董事会成员手中获取的非法内幕消息进行股票交易，非法获利6千余万美元，判决其构成内幕交易犯罪，根据《联邦量刑指南》，全部14项证券欺诈、共谋等罪名的量刑将在20年监禁；[②] 同案受审的帆船集团前对冲基金交易员芝威·高佛因直接负责执行具体的内幕交易被判处10年监禁。[③] 在中国，原证监会官员肖某庆在担任中国证监会上市公司监管部副主任期间，获悉中石化即将启动第二批下属上市公司的股改和重组工作的信息、光大证券正在与中石化就借壳事宜进行谈判的信息后，指使他人利用其控制的多个账户买入北京化二股票，在借壳重组达成协议，北京化二股票由此更名为“国元证券”复牌后，肖某庆指使他人将

① Sec V. Ivan F. Boesky，86 Civ. 8767 Ro（S. D. N. Y.）.

② U. S. V. Raj Rajaratnam，09 Cr. 01184 Rjh（S. D. N. Y.）.

③ U. S V. Zvi Goffer，10 Cr. 56 Rjs（S. D. N. Y.）.

所控制的国元证券股票全部清仓，从中获利共计1亿余元。①

内幕交易犯罪的社会危害性相当严重，不仅会引起证券市场秩序的混乱，而且可能影响社会经济秩序的良性进行，引发系统性风险。在内幕交易案中，很多社会名流、财界大亨甚至政界要人都因为涉案或者涉嫌内幕交易而翻身落马、身败名裂。例如，日本利库路特内幕交易、股票贿赂案，其影响之大，震动全国，东京市市长涉嫌此案自杀，执政的自民党多位要员辞职，自民党公众支持率骤然下降，最终导致内阁倒台。②

中国刑法对内幕交易犯罪的刑事规制经历了一个从无到有、从立法探索到司法实践的艰难过程，我国资本市场不仅客观上存在严重的内幕交易、泄露内幕信息的行为，而且这类行为对资本市场管理秩序和投资者合法权益的危害越来越严重，犯罪数额越来越巨大，资本市场中滋生内幕交易犯罪的环节越来越多样，上市公司资产重组、并购、财务状况显著变化、重大合同等环节都存在内幕交易、泄露内幕信息违法犯罪行为。这意味着司法实践中内幕交易犯罪的认定问题越来越疑难与复杂。内幕交易犯罪与法律实践应对在互相博弈中，深刻体现着内幕交易犯罪刑法理论研究的价值。

由于内幕交易等证券、期货欺诈行为为相关内幕信息知悉人员提供了不正当的信息优势，严重影响市场交易的公正性，对证券期货交易市场具有灾难性危害，各国政府继美国之后都纷纷对内幕交易行为进行法律规制。尤其是在资本国际流动的金融全球化背景下，建构与维护一个具有全球信息交流通畅与公平的资本市场势必成为现实要求。因此，如何在资本市场国际化的同时加强法律监管，以有效遏止和抑制证券、期货内幕交易违法犯罪活动，已成为摆在世界各国和地区面前的一项紧迫任务。

就我国资本市场监管与司法实践情况来看，内幕信息关键环节问题仍然较为突出。以近期数据统计为例，2021年中国证监会办理内幕交易201起。从案发领域来看，涉及并购重组、新股发行、控制权变更等重大资本运作信

---

① 参见刘晓虎、王晓东：《肖某庆受贿内幕交易案——因获取让壳信息而指使他人购买让壳公司股票，后借壳公司改变的，是否影响内幕信息的认定》，载《刑事审判参考》（2012年第2集·总第85集），法律出版社2012年版。

② 祝二军：《资本市场犯罪的认定与处理》，人民法院出版社2000年版，第388－389页。

息的内幕交易案件占64%，涉及业绩公告、商业合作的内幕交易案件也有发生。从案件类型来看，避损型内幕交易案件连续发生。例如，某上市公司实际控制人在商誉减值公开前抢先卖出所持股票，避免损失4900万元；有的私募基金管理人因参与上市公司纾困计划知悉利空信息，在信息公开前高位清仓抛售相关股票，避损金额达1900万元。从案发主体来看，法定信息知情人内幕交易、泄露内幕信息约占六成，案发比例仍然较高，查实某上市公司董事长内幕交易获利1190万元等一批典型案件。[①] 可见，内幕交易法律规制实践有必要以全面落实《证券违法活动意见》为重点，聚焦关键领域，突出重大案件，切实加大违法成本，有效提升执法威慑，为资本市场改革发展稳定提供坚强法治保障，为资本市场参与者的证券合规提供指引。

所以，本书以问题意识为导向，通过对内幕交易监管与司法实务疑难问题进行细致剖析，有助于在理论上进一步深化内幕交易的立法基础、司法原理和实践原则，为资本市场监管司法实践提供全新的理论与实务视角，同时能够为今后更为深入的理论研究提供比较翔实的研究基础。同时，通过对内幕交易法律规制措施的研究，为证券合规提供指引，为内幕信息风险管理提供规范依据，促进证券合规的手段丰富、技术更新、理念转换，以及行政监管、刑法规制、合规实务与资本市场现实的互相契合。

二、文献综述

美国、英国等国家相关研究成果主要集中于内幕交易犯罪法律经济学分析。从亨利·曼勒（Henry Manne）于1966年出版的经典著作《内幕交易与股票市场》（*Insider Trading and the Stock Market*），到乔纳森·麦凯（Jonathan Macey）于1991年出版的重要专著《内幕交易：经济、政治与政策》（*Insider Trading：Economics，Politics，and Policy*），再到近20年来不断发表的内幕交易犯罪英文文献，都对内幕交易犯罪化问题进行了深刻的理论反思并从中形成了一系列关于内幕交易犯罪刑事控制路径改革的建设性意见。

---

① 《证监会通报2021年案件办理情况》，载中国证券监督管理委员会网，http：//www. csrc. gov. cn/csrc/c100028/c1921138/content. shtml。

德国、日本等国家理论研究成果主要集中于内幕交易犯罪保护法益的理论分析以及相关法律规定的解释。例如，提多·帕克（Tido Park）于2008年出版的重要德语专著《资本市场刑法》（Kapitalmarktstrafrecht）不仅对内幕交易犯罪等资本市场犯罪的基本理论进行了阐释，而且深度论证了内幕交易犯罪构成要素认定难点、内幕交易刑事司法与行政监管机制联动等实践问题。

此外，值得特别关注的是，以香港中文大学黄辉（Hui Huang）教授出版的《国际证券市场：中国内幕交易法律》（*International Securities Markets: Insider Trading Law in China*）为代表的一系列英文文献，对中国资本市场内幕交易违法犯罪问题进行了深入的实证研究与理论分析。

内幕交易犯罪一直是我国证券、期货犯罪刑法理论研究的重要研究对象，专著、论文数量众多，但真正能够从资本市场与经济行为的实质特征出发，深刻分析内幕交易的行为机理，并针对其行为实质提出有针对性的法律适用与立法完善建议的研究，仍然不多见。因此，现有理论研究成果为内幕交易研究提供了较为丰富的参考资料，其尚未涉及或者尚未深入研究的部分，也是本书所力争突破之处。

三、研究方法

（一）逻辑进路

本书以调查问题、发现问题、解决问题为研究逻辑框架，秉持高度的问题意识，不仅充分挖掘内幕交易犯罪刑法理论研究中尚未关注的问题，而且能够深入剖析司法解释与刑法适用疑难问题的形成原因与争议症结，从内幕交易犯罪的本质入手探寻司法实践疑难问题的解决方案。既有实证基础，也有法理思辨，具有可行性。

本书研究框架的主要特点是将内幕交易犯罪整合入内幕交易犯罪的概念进行统一研究，通过对内幕交易犯罪司法实践情况进行调查，辨析两种犯罪的共通性特征与差异性内容，缜密梳理内幕交易犯罪定罪与量刑实务中的疑难问题，提出有针对性的司法适用规则与立法完善建议。本书主要遵循着调查问题—归纳问题—法治完善的逻辑进路与研究框架。

第一，本书依托于多方位的实地调查、法律文本数据分析、判例研究等方法，掌握基本数据情况与司法实践情况，完成对问题的调查。

第二，挖掘当前内幕交易犯罪刑法理论与实务研究中没有予以关注或者关注度不够，但在实践中亟须解决的疑难问题，细致梳理近年来资产管理、股指期货、首次公开募股（IPO）扩容、互联网金融、注册制改革过程中存在的各种发行与交易环节的内幕交易犯罪全新问题，结合“股灾”或者资本市场资产价格异常波动中集中查处的一系列内幕交易犯罪案件所体现出的法律适用难点与焦点，归纳理论与实践中的问题，确立问题意识的研究导向。

第三，本书综合应用证券法、刑法乃至金融市场与经济原理，深入剖析实践疑难问题在司法适用规则上的解决路径。

（二）研究方法

1. 法律与经济分析方法

本书使用法律与经济分析方法，还原真实资本市场竞争环境下的内幕交易、信息风险及其刑法规制。以金融市场法律制度为规范框架，分析作为经济问题的内幕交易，评估如何通过制度优化进一步完善内幕交易刑法规制体系、保障金融市场信息公平竞争。以经济学理论与实践为解释工具，分析作为法律问题的内幕交易，将实证分析、金融实践应用于内幕交易刑法规制，促进系统化防治制度优化资本市场资源配置效率。

2. 实证研究方法

本书通过丰富的实证视角展开信息挖掘、情况分析、现象调查、法律适用解析等，对依托于全球资本市场宏观形势、发生于中国资本市场不同时期的内幕交易犯罪实质、特征、逻辑规律等问题进行整合，反思既有防治系统效率，为引入市场信息竞争、限制权力介入等内幕交易系统化刑法规制改良，提升市场信息效率、保障投资者权益，提供实证基础。

3. 综合性、纵深性、体系性解释方法

综合性解释体现在内幕交易犯罪刑法规范解释、判例解释、比较法解释等整合与统一。纵深性解释体现在以问题为导向，将通过规范、判例、比较、历史分析等论证方式得出的观点与理由，有机融合在内幕交易犯罪规制的进程之中。体系性解释体现在市场机制、民事诉讼、行政监管、刑事处罚有机协调，统筹不同制度安排在内幕交易犯罪规制的效率。

四、创新价值

（一）内幕交易犯罪的法律与经济实质

内幕交易犯罪的实质危害均聚焦于行为人触犯资本市场竞争规则而制造不公平的信息优势，即违反资本市场法律规范利用尚未公开的信息的经济价值从事相关金融交易、损害其他市场参与者合法权益。资本市场中的重大未公开信息的经济价值表现为其能够有效地揭示金融商品市场价格与实际价值之间的价差。法律并不一般性地禁止利用私有信息从事金融交易，也不禁止基于对市场公开信息获取能力差异形成竞争优势而获取金融交易利润，而是禁止滥用信息优势与资本市场信息的经济价值并从价差发现与相关金融交易中获取利益的行为。有效的信息传递与公平的信息竞争是资本市场参与者投入资本参与金融商品价格发现的市场基础。内幕交易犯罪滥用了应及时向市场所有参与者披露的信息的经济价值，通过资本市场刑法规制内幕交易犯罪，其价值在于保障与提升资本市场的信息效率。而利用未公开信息交易犯罪的实质在于金融机构中负责资产管理的职务人员利用本来应当完全基于委托人利益进行金融交易操作的信息为自己谋取利益，属于利益冲突信息的滥用。

（二）期货（衍生品）市场内幕交易定罪规则问题

中国司法实践中长期以来没有查处过期货（衍生品）市场中的内幕交易犯罪案件。最新内幕交易犯罪司法解释也是最大限度地延续了证券期货犯罪刑事立法模式，即采用证券与期货交易犯罪定罪量刑标准高度等同化处理，基本没有根据期货交易的特点以及金融创新过程中不断发展的全新期货内幕交易行为类型对证券与期货内幕交易犯罪行为进行实质区分。然而，在司法规则建构模式上，理应采取差异化方式区分证券与期货内幕交易犯罪行为的特点，制定具有针对性的期货市场内幕交易定罪规则，而不应继续模糊期货内幕交易的独立性特征，将反期货内幕交易刑事司法规则简单地沿用证券领域的现成结论。期货内幕交易在行为层面体现的独立性特征表现为跨市场性，并且，这种特质根本上是由期货市场内幕信息、重大未公开信息及其知情人员的广泛性所决定的，应当着重从期货信息及其知情人员范围两方面制定专门的司法判断规则。

（三）信息重大性问题

确定内幕信息形成时间或者判断未公开信息是否具备重大性是内幕交易性质与数额认定的基础，既要根据资本市场现实对内幕信息、未公开信息形成时间适度提前认定，又要在评估高风险信息基础上排除其具有重大性的可能。有必要深度分析并购重组中内幕信息的形成规律，建构类型化司法判断规则，并以此为经验逐步研究其他类型的内幕信息形成时间认定规则。判断内幕信息形成时间应以更为接近个案专属特征的指导性案例细化例外情形的司法规则。利用未公开信息交易罪中的未公开信息重大性判断并非一个信息过程演变的问题，而是基金公司等金融机构投资决策等信息内容本身是否达到了影响相关证券、期货交易价格的程度，故有必要通过事件研究方法评估特定未公开信息所对应的投资行为介入市场之后是否出现异常收益，通过金融经济学的量化工具配合未公开信息是否具备重大性的司法判断。

（四）内幕交易犯罪行为问题

在内幕交易犯罪行为认定上，我国刑法以及内幕犯罪司法解释对于作为内幕交易犯罪主体类型之一的内幕信息非法获取人员的规定比较特殊，对于排除内幕交易犯罪行为属性的抗辩事由的规定又比较原则，需要进行重点的法理阐释与细化规则建构。在无正当理由或者正当信息来源的情况下，内幕信息知情人员的近亲属、关系密切人，从事或者明示、暗示他人从事，或者泄露内幕信息导致他人从事与该内幕信息有关的证券、期货交易，与内幕信息基本吻合（一致）的，或者内幕信息价格敏感期内与内幕信息知情人员接触、联络的人员；从事或者明示、暗示他人从事，或者泄露内幕信息导致他人从事与该内幕信息有关的证券、期货交易，与内幕信息高度吻合（一致）的，应当认定为内幕信息非法获取人员。同时，作为一种相当重要的排除内幕交易犯罪行为属性的抗辩事由，预设交易计划的法律规则应当是非常复杂的一个规范结构与程序设计，亟须设置完备的程序规范与实体条件等配套制度才能在实践中得以有效执行。所以，现有的内幕交易犯罪司法解释规定的预设交易计划等抗辩事由实际上暂时还无法在实践中予以适用，必须等待证券、期货行政法律法规对证券、期货市场中的预设交易计划问题进行系统性与规范化的界定。

（五）定罪量刑标准问题

作为内幕交易定罪量刑量化标准情节严重的各项指标应当进行全面重构。当前“散户式”的成交资金额、占用保证金数额、获利数额、避损数额等内幕交易情节严重量化标准造成入罪门槛过低，脱离中国资本市场以及证券期货犯罪的现实。本书建议通过对内幕交易犯罪进行法律与经济分析，并在此基础上对利用未公开信息交易、内幕交易的经济机理进行深度对比，真实地发现干扰资本市场信息效率、损害投资权益达到“情节严重”或者“情节特别严重”的行为所对应两个不同档次的法定刑，利用未公开信息交易罪相对内幕交易、泄露内幕信息罪而言，其所应当符合的数额标准明显应当更高。司法解释在处理交易量与非法交易利润这两个颇为重要的量刑指标时应当采用更具技术含量且更吻合金融行为经济机理的差异化对待。司法解释制定内幕交易罪“情节严重”“情节特别严重”的交易量、非法交易利润等量刑数额标准时，应当认可法律与经济分析方法对内幕交易的罪量和经济机理的解释，并对业已形成决定的内幕交易行政处罚案件、进入刑事追究程序或者判决生效的刑事案件予以量化分析，归纳涉案内幕交易违法犯罪行为所对应的交易量与非法获利数额两项最为重要数值的中位数，选取合理的整数值后将之设定为“情节严重”的量刑标准。

总之，本书将金融市场竞争机制、内幕交易犯罪刑法规制、内幕交易风险控制等问题进行有机统一，建立、健全惩治与防控内幕交易犯罪规范系统，以期为我国资本市场在全球化与互联网金融高速发展背景下提升国际竞争力、优化资本市场改革、创新资本市场零容忍监管、进一步推进金融市场结构性改革提供智力支持。

第一章

内幕交易法律规制比较分析

准确分析中国与域外刑法对于资本市场基于内幕信息从事非法交易行为刑事规制的概况与特点，与中国刑法规制理论与实践进行充分比较，有助于在互动性思考中研析中国刑法内幕交易犯罪制度设计的优点与缺陷，把握资本市场犯罪刑事法律制度安排的发展脉动。

第一节　内幕交易防控全球法治纵览

一、中国

中国资本市场刑法针对内幕交易、泄露内幕信息犯罪行为建构了相对完整的刑事规范框架，最终于2009年2月28日第十一届全国人民代表大会常务委员会第七次会议通过了各界广泛关注的《刑法修正案（七）》（2009年2月28日实施）。《刑法修正案（七）》对内幕交易、泄露内幕信息罪的犯罪构成进行了重要的补充与完善。

《刑法修正案（七）》之前的《刑法》第180条内幕交易罪的行为构成比较单一，主要是指内幕信息知情者或者非法获取者，在涉及证券的发行，证券、期货交易或者其他对证券、期货交易价格有重大影响的信息尚未公开前，买入或者卖出该证券，或者从事与该内幕信息有关的期货交易。《刑法修正案（七）》在内幕交易罪中增加了“明示、暗示他人从事上述交易活动”这种行为模式，完善了内幕交易犯罪行为的刑法规制。

经《刑法修正案（七）》完善后的《刑法》第180条（内幕交易、泄露内幕信息罪）规定：“证券、期货交易内幕信息的知情人员或者非法获取证券、期货交易内幕信息的人员，在涉及证券的发行，证券、期货交易或者其他对证券、期货交易价格有重大影响的信息尚未公开前，买入或者卖出该证券，或者从事与该内幕信息有关的期货交易，或者泄露该信息，或者明示、暗示他人从事上述交易活动，情节严重的，处五年以下有期徒刑或者拘役，并处或者单处违法所得一倍以上五倍以下罚金；情节特别严重的，处五年以上十年以下有期徒刑，并处违法所得一倍以上五倍以下罚金。单位犯前款罪的，对单位判处罚金，并对其直接负责的主管人员和其他直接责任人员，处五年以下有期徒刑或者拘役。内幕信息、知情人员的范围，依照法律、行政法规的规定确定。”

2019年修订后的《证券法》通过完善内幕信息、内幕信息知情人员的具体规定，实质性地对内幕交易、泄露内幕信息的构成要件进行了修改——《证券法》第50条规定：禁止证券交易内幕信息的知情人和非法获取内幕信息的人利用内幕信息从事证券交易活动。第51条规定：证券交易内幕信息的知情人包括：（1）发行人及其董事、监事、高级管理人员；（2）持有公司5%以上股份的股东及其董事、监事、高级管理人员，公司的实际控制人及其董事、监事、高级管理人员；（3）发行人控股或者实际控制的公司及其董事、监事、高级管理人员；（4）由于所任公司职务或者因与公司业务往来可以获取公司有关内幕信息的人员；（5）上市公司收购人或者重大资产交易方及其控股股东、实际控制人、董事、监事和高级管理人员；（6）因职务、工作可以获取内幕信息的证券交易场所、证券公司、证券登记结算机构、证券服务机构的有关人员；（7）因职责、工作可以获取内幕信息的证券监督管理机构工作人员；（8）因法定职责对证券的发行、交易或者对上市公司及其收购、重大资产交易进行管理可以获取内幕信息的有关主管部门、监管机构的工作人员；（9）国务院证券监督管理机构规定的可以获取内幕信息的其他人员。第52条规定：证券交易活动中，涉及发行人的经营、财务或者对该发行人证券的市场价格有重大影响的尚未公开的信息，为内幕信息。本法第 80 条第 2 款、第 81 条第 2 款所列重大事件属于内幕信息。第 80 条规定：发生可能对上市公司、股票在国务院批准的其他全国性证券交易场所交易的公司的股票交易价格产生较大影响的重大事件，投资者尚未得知时，公司应当立即将有关该重大事件的情况向国务院证券监督管理机构和证券交易场所报送临时报告，并予公告，说明事件的起因、目前的状态和可能产生的法律后果。前款所称重大事件包括：（1）公司的经营方针和经营范围的重大变化；（2）公司的重大投资行为，公司在一年内购买、出售重大资产超过公司资产总额 30%，或者公司营业用主要资产的抵押、质押、出售或者报废一次超过该资产的 30%；（3）公司订立重要合同、提供重大担保或者从事关联交易，可能对公司的资产、负债、权益和经营成果产生重要影响；（4）公司发生重大债务和未能清偿到期重大债务的违约情况；（5）公司发生重大亏损或者重大损失；（6）公司生产经营的外部条件发生的重大变化；（7）公司的董事、1/3 以上监事或者经理发生变动，董事长或者经理无法履行职责；（8）持有公司 5% 以上股份的股东或者实际控制人持有股份或者控制公司的情况发生较大变化，公司的实际控制人及其控制的其他企业从事与公司相同或者相似业务的情况发生较大变化；（9）公司分配股利、增资的计划，公司股权结构的重要变化，公司减资、合并、分立、解散及申请破产的决定，或者依法进入破产程序、被责令关闭；（10）涉及公司的重大诉讼、仲裁，股东大会、董事会决议被依法撤销或者宣告无效；（11）公司涉嫌犯罪被依法立案调查，公司的控股股东、实际控制人、董事、监事、高级管理人员涉嫌犯罪被依法采取强制措施；（12）国务院证券监督管理机构规定的其他事项。公司的控股股东或者实际控制人对重大事件的发生、进展产生较大影响的，应当及时将其知悉的有关情况书面告知公司，并配合公司履行信息披露义务。第 81 条规定：发生可能对上市交易公司债券的交易价格产生较大影响的重大事件，投资者尚未得知时，公司应当立即将有关该重大事件的情况向国务院证券监督管理机构和证券交易场所报送临时报告，并予公告，说明事件的起因、目前的状态和可能产生的法律后果。前款所称重大事件包括：（1）公司股权结构或者生产经营状况发生重大变化；（2）公司债券信用评级发生变化；（3）公司重大资产抵押、质押、出售、转让、报废；（4）公司发生未能清偿到期债务的情况；（5）公司新增借款或者对外提供担保超过上年末净资产的 20%；（6）公司放弃债权或者财产超过上年末净资产的 10%；（7）公司发生超过上年末净资产 10% 的重大损失；（8）公司分配股利，作出减资、合并、分立、解散及申请破产的决定，或者依法进入破产程序、被责令关闭；（9）涉及公司的重大诉讼、仲裁；（10）公司涉嫌犯罪被依法立案调查，公司的控股股东、实际控制人、董事、监事、高级管理人员涉嫌犯罪被依法采取强制措施；（11）国务院证券监督管理机构规定的其他事项。

二、美国

美国 1933 年《证券法》重在统一规定联邦的证券发行与销售监管，原则性的规定体现在第 17 条、第 24 条禁止与证券发行有关的欺诈、虚假陈述等行为及其刑事责任，[①] 没有对利用内幕信息进行证券交易的违法犯罪责任问题作出明确的法律规定。美国 1934 年《证券交易法》第 10 条 b 款以反欺诈条款规制内幕交易，禁止侵害证券市场与投资者利益的欺诈行为；[②] 第 14 条 e 款禁止在公司股份收购要约、要约邀请、收购请求等环节就重大事项进行虚假陈述、遗漏重大信息或者从事虚假、欺诈等行为；[③] 第 16 条 b 款禁止公司董事、经理以及股份超过 10% 的股东从事短线交易牟取利润。[④]

由于 1934 年《证券交易法》有关禁止内幕交易违法犯罪的规定依旧比较原则，美国证券交易委员会在《证券交易法》的规范框架下制定了监管内幕交易的执法规则。美国证券交易委员会 10b－5 规则禁止在州际证券交易中实施以下行为：（1）欺诈性的交易策略、安排、技巧；（2）就重大事项进行虚假陈述或者遗漏重大事项的信息披露；（3）欺诈或可能欺诈市场参与者的交易、操作或者其他行为；[⑤] 14e－3 规则禁止在公司收购过程中利用重大的

---

① 15 U. S. C. § 77q；15. U. S. C. 77x.

② 15 U. S. C. § 78j.

③ 15 U. S. C. § 78n（E）.

④ 15 U. S. C. § 78p.

⑤ 17 C. F. R. § 240. 10b－5.

未公开信息从事相关证券交易，除非公司收购信息在交易发生的合理时间前已经公开。①

对于期货市场中内幕交易犯罪，美国主要以《商品交易法》为核心建构期货内幕交易刑法规制体系。《商品交易法》自 1936 年施行起历经多次修改，2009 年美国金融改革法案对期货交易环节的内幕交易违法犯罪作出最新修正：（1）禁止联邦政府部门及其雇员利用职务便利获取的能够影响州际商品期货、互换交易价格的未公开信息，从事相关商品期货、期权或者互换交易；（2）禁止联邦政府部门及其雇员以协助他人获取个人利益为目的，向他人泄露其利用职务便利能够获取的影响州际商品期货、互换交易价格的未公开信息；（3）禁止在明知联邦政府部门及其雇员泄露影响州际商品期货、互换交易价格的未公开信息的情况下，从事相关商品期货、期权或者互换交易；禁止盗窃、传播、私用联邦政府部门及其雇员掌握或者制作的影响州际商品期货、互换交易价格的未公开信息。信息未公开是指相关信息内容未进入公众渠道，或未在刑事、民事、行政等诉讼程序以及听证程序中公开，或未在政府报告、审计、调查等工作环节公开。②

美国 1933 年《证券法》对证券发行与承销环节的欺诈犯罪设置的法定刑为：1 万美元以下罚金，或者 5 年以下监禁，或者二者并处。③ 1934 年《证券交易法》原来对内幕交易犯罪设置的刑罚规定是可以判处 10 万美元以下的罚金或 5 年以下有期徒刑，或者二者并科。进入 20 世纪 80 年代以后，美国加大了对内幕交易犯罪的惩罚力度，1988 年《内幕交易与证券欺诈执行法》规定，对个人犯内幕交易罪的最高罚金额从 10 万美元提高到 100 万美元；对其他机构犯内幕交易罪的最高罚金额从 50 万美元提高到 150 万美元，对机构的负责人可同时给予 100 万美元以下或 3 倍于其受益金融的罚款；对自然人处以自由刑的最高刑期从 5 年监禁提高到 10 年监禁。随着经济社会的迅猛发展，美国《证券交易法》进一步将个人内幕交易犯罪的法定刑调整为 250 万美元以下罚金，或者 20 年以下监禁，或者罚金与监禁刑并处；单位内

---

① 17 C. F. R. § 240. 14e－3.

② 7 U. S. C. § 6c（A）.

③ 15. U. S. C. 77x.

幕交易犯罪的法定刑调整为500万美元以下罚金，或者单位成员20年以下监禁，或者单位罚金与个人监禁刑并处。①

三、英国

英国资本市场监管模式是以相关法律法规监管和自律性组织的自我管理相结合，且以自律监管为主。英国在对证券期货内幕交易的规制方面出台了一系列法律、法规。1939年《防止诈骗（投资）法》，目的在于有效控制资本市场上的欺诈行为，且对内幕交易行为规定了刑事处罚。1944年《投资业务管理法》和1948年《公司法》都对证券、期货欺诈行为进行了具体规定。另外对于禁止内幕交易的规定还散见于《借贷法》《股票交易法》《银行法》等法律条文中。1980年英国通过修改后的《公司法》，禁止从事内幕交易，违反者处2年以下自由刑或者罚金或者两者并科。1985年《公司证券法》及1986年《金融服务法修正案》都规定要求公司董事披露其所在公司股票持有量等，《金融服务法》第177条还授权英国贸易工业国务大臣指派调查员负责内幕交易犯罪的调查活动。同时，《股票交易模范法典》《公司接管和合并城市法典》也对内幕交易的禁止作了相关规定，以利于消除内幕交易。

英国1993年《刑事司法法》对内幕交易罪进行了体系性整合，对内幕交易罪的构成要件与抗辩事由进行了明确规定，对证券、交易、内幕信息、内幕人、信息公开等核心概念进行了准确界定，消除了内幕交易犯罪刑事司法实践中长期以来存在的法律适用争议。根据1993年《刑事司法法》的规定，内幕交易的构成要件为：（1）内幕信息知情人买卖与相关未公开信息具有价格影响性的证券；（2）内幕信息知情人明知或者有充分理由相信相关未公开信息可能影响证券交易价格，建议他人从事相关证券交易，无论被建议者本身是否知悉相关信息；（3）内幕信息知情人并非基于职务要求地向他人泄露可能影响证券交易价格的未公开信息；（4）上述三种行为必须发生于场

---

① 15. U. S. C. 77ff.

内交易市场。[①]

英国1993年《刑事司法法》规定了多项内幕交易犯罪的具体抗辩事由。首先，行为人提供合法证据证明以下情形之一的，不构成内幕交易、非法建议他人从事内幕交易：（1）交易行为发生时无法合理预期内幕信息与相关证券交易之间具有价格敏感性且能够由此获利；（2）基于合理的依据相信相关信息已经在广泛的范围内公开，确信基于该信息从事的证券交易不会对其他不具有信息的交易者产生不公平的效果；（3）没有掌握内幕信息其也会从事相关证券交易，或者在内幕信息形成之前已经确定交易计划与策略。其次，行为人提供合法证据证明以下情形之一的，不构成泄露内幕信息：（1）无法预期他人可能基于其泄露的信息从事相关证券交易；（2）即使行为人能够或者应当能够预期他人可能基于其指出的相关信息从事相关证券交易，但在行为时无法合理预期信息与相关证券交易之间具有价格敏感性且能够由此获利。最后，代表公共部门执行货币、利率、汇率或者债券管理政策。[②]

英国1993年《刑事司法法》对以下内幕交易犯罪的核心要素进行了概念界定。（1）证券的界定。1993年《刑事司法法》对资本市场犯罪采取统一立法模式，规定不属于公共部门的公司或非公司实体的股票、任何公司或公共政府部门的债券、存单、保单、期货、期权、证券组合、指数期货等均属于证券。[③]（2）证券交易的界定。证券交易是指获得或处理证券，或者直接、间接地通过其他人获得或处理证券。获得证券包括同意买入证券或者进入创制证券的合同；处理证券包括同意处分证券或者终止创制证券的合同。[④]（3）内幕信息的界定。内幕信息必须符合以下全部特征：一是与特定证券或其发行人有关；二是具有确定性或准确性；三是尚未公开；四是信息公开后对证券的价格或价值有显著影响。[⑤] 这意味着特定证券必须是信息导致价格受到影响的证券；信息必须是具有价格敏感性的信息。（4）内幕人员

① Criminal Justice Act 1993 § 52.
② Criminal Justice Act 1993 § 53；63.
③ Criminal Justice Act 1993，Schedule 2 Securities.
④ Criminal Justice Act 1993 § 55.
⑤ Criminal Justice Act 1993 § 56.

的界定。作为知悉内幕信息的内幕人员包括：知悉自己掌握的信息属于内幕信息；知悉自己从内部来源处获得内幕信息；担任发行证券公司的董事、雇员、股东；通过其办公场所、雇佣、职业等便利途径知悉该信息；直接或间接从上述人员处获取该信息的人员。① 可见，内幕人员的范围形成了一个以内幕信息来源主体与内幕信息传递主体为循环的行为主体圈。（5）信息公开的界定。内幕信息公开包括但不限于以下情形：根据场内市场交易规则通知投资者或者相关投资咨询机构顾问；经过公众检查并记录在案；通过市场参与者的专业知识与成本投入攫取了相关信息；在国外市场公开等。②

根据英国1985年《公司证券法》和1986年《金融服务法修正案》的规定，经过刑事诉讼程序被认定构成相关公司犯罪，可判处7年以下监禁或者与犯罪程度相当的罚金，或者二者并处；经简易程序定罪者，可判处6个月以下的监禁或者不超过2000英镑的罚金，或者二者并处。1993年《刑事司法法》对内幕交易罪的法定刑进行了完善：即席判决的内幕交易犯罪，处6个月以下监禁，并处或单处罚金；非即席判决的内幕交易犯罪，处7年以下监禁，并处或单处罚金；罚金刑的最高数额不能超过《刑事司法法》中规定的毒品犯罪、金融犯罪、恐怖主义犯罪等犯罪所规定的最高罚金刑。③ 1993年《刑事司法法》在罚金刑层面尝试协调内幕交易犯罪刑罚与其他经济犯罪之间的平衡关系。英国2000年《金融服务与市场法》在1993《刑事司法法》第五章内幕交易刑事处罚的基础上，扩大其规范范围，以市场滥用统称内幕交易与操纵市场等犯罪行为，但是，在刑罚上仍然维持最高7年监禁的法定刑水平。④

四、德国

对于内幕交易违法犯罪的法律规制，德国的立法实践进行了相对缓慢的

① Criminal Justice Act 1993 § 57.
② Criminal Justice Act 1993 § 58.
③ Criminal Justice Act 1993 § 61.
④ Financial Services and Markets Act 2000 § 118.

政策回应。[1] 20世纪90年代以前，德国并没有针对内幕交易犯罪进行专门立法，与上市公司内幕交易、私有信息滥用等有关的禁止性规定比较分散。德国《股份公司法》第93条、第116条作出一般性的规定，公司董事、监事如泄露或利用内幕消息图利的，应负民事赔偿责任；该法第404条规定了违背保密义务罪，法定刑为2年以下监禁或者罚金。另外，对于利用证券内幕信息从事相关交易的行为，通过一定程度的刑法解释，可以依照《德国刑法典》第204条私用他人秘密罪处罚，处2年以下监禁或者罚金。[2] 但是，由于没有明确的内幕交易犯罪化立法，按照其他滥用私有信息犯罪认定内幕交易有悖罪刑法定原则，加之内幕交易犯罪极为隐秘且缺乏有效监管内幕交易行政法律法规体系，从事内幕交易在德国证券市场上极为普遍。

直至1994年，德国《证券交易法》才规定内幕交易行为是可以用刑罚加以惩罚的犯罪行为。德国经济刑法中关于内幕交易犯罪的规定，从证券交易市场的机制保护上看，是基于这样的原理产生的：资本市场投资者的信心建筑于有价证券交易中存在机会平等，尤其是内幕人员，其不能以为自己或者为其他人的相关交易行为获得经济上的好处为目的，利用内幕信息或者滥用内幕信息。德国1994年《证券交易法》禁止利用私有信息进行内幕交易；私有信息是指尚未公开且公开之后会严重影响股票价格的信息；公司内部人（董事、监事等）受到私有信息交易的限制；犯内幕交易罪的，判处5年以下监禁或者罚款。[3] 然而，在德国反内幕交易监管实践初期，由于上市公司内部人相关证券交易不存在信息报告制度，内幕交易仍然难以受到《证券交易法》的有效限制。

德国于1998年全面修订《证券交易法》，该法直至2011年6月历经多次修补。德国新《证券交易法》对内幕交易犯罪构成要件、抗辩事由、刑事责任等问题进行了大规模完善。德国反内幕交易违法犯罪的法律主要集中在《证券交易法》第12条、第13条、第14条、第38条、第39条，上述条文

① André Bris & Erik Theissen, Do Insider Trading Laws Work?, 11 European Financial Management, 267 (2005).

② StGB §204 Verwertung fremder Geheimnisse.

③ WpHG 1994.

构成了证券内幕交易法律监管框架。根据德国《证券交易法》规定，以下行为构成内幕交易罪：（1）行为人使用本人账户或者第三人账户，利用内幕信息获取或者处理证券；（2）未经授权向第三方泄露内幕信息或者提供获取内幕信息的渠道；（3）基于内幕信息建议或诱导第三方获取或者处理证券。但是，上市公司基于回购程序购买自身证券，符合欧盟指令规定的，不构成内幕交易罪。[①] 所以，在德国，原则上任何接触或者获取内幕信息的人员不得在证券交易过程中使用内幕信息，同时，内幕信息违法犯罪的法律规定还管控着内幕信息披露的实体与程序规范，任何接触或者而获取内幕信息的人员必须对内幕信息的保密、发布、管理等承担法律责任。只有在证券回购等特殊情形下才存在内幕交易违法犯罪阻却事由。德国《证券交易法》规定的内幕交易罪法定刑为5年以下监禁或单处罚金。[②]

五、欧盟

欧洲是世界上资本市场最发达的地区之一。随着欧洲经济一体化的推进，内幕交易案件成为跨国犯罪的概率大大增加，欧洲各国加强了在打击内幕交易方面的国际合作。1977年，欧共体理事会提出了关于惩治内幕交易的理事会指令草案；1989年，欧共体理事会通过了《内幕交易监管指令》，要求各成员国必须在1992年6月1日前将该指令中的内容变成本国的国内法，对内幕交易在本国刑法以及相关法律中予以犯罪化。[③] 但由于欧洲资本市场监管统一性监管框架仍然不尽完整，加之资本市场投资者保护规则与执法联动机制尚未完备，导致《内幕交易监管指令》难以充分发挥功能。2003年，欧盟委员会出台了监管规则更为系统全面的《市场滥用指令》。欧盟《市场滥用指令》将内幕交易犯罪划分为三种类型：（1）内幕交易；（2）泄露内幕信息；（3）建议内幕交易。主要内幕人员或内幕信息持有人员基于内幕信息意图或者实际从事金融工具交易的，构成内幕交易；主要内幕人员向第三方泄露内

---

① WpHG 1998 § 14.

② WpHG § 38 Strafvorschriften（2）.

③ Council Directive 89/592/Eec of 13 November 1989 Coordinating Regulations on Insider Dealing ［1989］ Oj L334/30.

幕信息的，构成泄露内幕信息，除非该信息的传递系基于职务要求；主要或者次要内幕人员基于内幕信息向他人建议从事相关金融工具交易，构成建议内幕交易。[①] 其中，主要内幕人员是指直接接触、掌握、管理内幕信息的行为主体，主要包括证券发行主体的管理、监督机构成员，持有一定数量证券发行主体股份者，基于雇佣关系、执业领域等而获取内幕信息者。[②] 次要内幕人员是指通过主要内幕人员知悉内幕信息的人员。[③] 实际上就是通过内幕信息来源主体传递信息而获取内幕信息的主体。

六、日本

第二次世界大战之后，在美国法律的影响下，日本内幕交易监管基本上沿袭、移植了美国的立法经验，但由于两国国情的差异，这些法规大多未得到执行，日本证券实务界主要还是依靠证券交易所的自律性规则作为指导。例如，东京证券交易所于 1972 年协同证券商协会共同制定《涉及法人业务的证券公司工作人员服务准则》。各证券公司于 1987 年制定的《证券公司工作人员服务规则》《关于顾客档案管理的规则》《与上市公司业务有关的人员之服务规则》等多部规范性文件。由于 20 世纪 80 年代末期日本股市丑闻迭起，特别是 1987 年 9 月发生的“他提”（Tateho）化学工业事件，该事件失败于海外期货债券投资并遭受巨额损失，但是，“他提”交易银行阪神相互银行在公布此事实前，卖掉了所有“他提”股票，目的是避免损失。这一涉嫌大规模的内幕交易事件，在日本受到广泛的社会关注，该案的调查结果又使日本证券市场在世界范围内赢得了“内幕交易天国”的恶名。“他提”事件发生后，日本证券交易审议会设置了不公正交易特别部会，于 1988 年 2 月 24 日颁布了内幕交易规制办法，以具体化形式重新确立内幕交易禁止规定，并于 1989 年 4 月 1 日起实施。

---

① Directive 2003/6/EC of The European Parliament and of The Council of 28 January 2003 on Insider Dealing and Market Manipulation（Market Abuse），Article 1.

② Directive 2003/6/EC of The European Parliament and of The Council of 28 January 2003 on Insider Dealing and Market Manipulation（Market Abuse），Article 2（1）.

③ Directive 2003/6/EC of The European Parliament and of The Council of 28 January 2003 on Insider Dealing and Market Manipulation（Market Abuse），Article 3（a）.

日本国会于1988年通过了经修改的《证券交易法》，新设立了第190条第2款、第3款，该法在限制内幕交易方面主要规定有：（1）用一定方法指导企业发行上市股票等重要事实的知情者和从该知情者处获得信息者，在实施公布前不得进行该企业股票的买卖；（2）强化了禁止短线交易的"6个月规则"，使其更为严厉。该法对内幕交易在详细定义的同时，称为刑事处罚的对象也明确化了。此外，为了有效地防止内幕交易，日本证券市场的有关各方也都采取了相应的措施；日本证券业协会修改了《关于相互会员投资劝诱和顾客管理规则》，在规则中要求所有证券公司必须制定内幕交易管理细则，并要求证券公司的所有职工均置于该规则的约束之下。而且该协会还制定了内幕交易管理细则的蓝本，供证券公司自行制定时参考。同时，股票上市公司自身也采取了一系列手段以加强对内幕交易行为的防范。

日本对于期货犯罪立法素以严格完善著称，《商品交易法》第十七章详细规定了十几种期货犯罪行为，对期货市场中的内幕交易犯罪规定了3年以下有期徒刑和10万日元至300万日元的罚金刑，对法人犯罪立法规定了双罚制原则。值得一提的是，日本银行业也参与对内幕交易行为的规制，1988年8月，日本全国银行协会联合发表了《关于将内幕交易防患于未然的体现整顿大纲》，所有的加盟银行均据此建立了预防体制。2006年，日本对包括证券以及与证券有关的证券产品等在内的金融工具进行深度整合，将《证券交易法》全面修订为《金融商品交易法》，据此调整日本国内国债、地方债、投资基金、信托证券、抵押证券以及其他资产证券化产品的监管。① 根据日本《金融商品交易法》第166条的规定，对于上市公司、金融商品监管等具有法定权限的人员，利用在履行职责过程中获取的对金融商品投资具有重大影响的信息，从事相关金融商品交易的，构成内幕交易。② 基于严惩内幕交易政策考量，2006年《金融商品取引法》将内幕交易罪的法定刑调整为单处

① 金融商品取引法（きんゆうしょうひんとりひきほう、昭和23年4月13日法律第25号）第二条この法律において「有価証券」とは、次に掲げるものをいう。

② 金融商品取引法（きんゆうしょうひんとりひきほう、昭和23年4月13日法律第25号）第百六十六条会社関係者の禁止行為。

或并处5年以下惩役、500万日元以下罚金。[①]

第二节　内幕交易规制理论与实践的动态比较

内幕交易犯罪是伴随着资本市场的产生而产生并随之发展而发展的一种行为。对于如何确定内幕交易的法律概念问题，世界各国和地区并没有一个统一的法律定义。

美国是最早制定反内幕交易法的国家，但是其并没有对内幕交易进行明确的定义。根据《布莱克法律词典》对内幕交易作出的经典定义，内幕交易是指公司内部人或其他对公司承担信义义务的人利用重大且未公开的信息从事相关公司证券交易的行为。[②] 根据我国刑法及资本市场法律、法规规定，所谓内幕交易、泄露内幕信息罪，是指资本市场交易内幕信息的知情人员或者非法获取资本市场交易内幕信息的人员，在涉及资本市场的发行、交易或者其他对资本市场的价格有重大影响的信息尚未公开前，买入或者卖出该资本市场合约，或者泄露该信息，情节严重的行为。

因为世界各国和地区对内幕交易要素的认识还没有达到一致，所以反映在证券交易法上主要有两种对内幕交易行为的控制模式。

第一种是以美国为代表的广义内幕交易行为控制模式，包括行为人知悉公司内幕信息且从事证券交易或其他有偿转让行为，泄露内幕信息或建议他人买卖证券的行为，以及短线交易行为，即美国《证券交易法》第16条b款规定的公司的主要受益股东、董事或者官员在6个月的任何时间内购买和出售该发行人股票的行为。[③] 受美国反内幕交易立法模式影响的还有日本和我国台湾地区。例如，日本《金融商品取引法》规定的内幕交易包括三种：

① 金融商品取引法（きんゆうしょうひんとりひきほう、昭和23年4月13日法律第25号）第百九十七条の二　次の各号のいずれかに該当する者は、五年以下の懲役若しくは五百万円以下の罰金に処し、又はこれを併科する。

② Bryan A. Garner，*Black's Law Dictionary*（*Eighth Edition*），Thomson & West，2004，p. 2329.

③ 15 U. S. C. § 78p.

一是公司内幕人利用未公开的内幕信息进行有关证券的买卖；二是收购要约人、内幕人利用未公开的有关收购要约信息买卖证券；三是短线交易行为，即公司的高级职员和主要股东不得就其在该公司之股份，于买进股份后6个月内即行卖出，或卖出股份后6个月内即行买进。

第二种是以英国、德国等为代表的欧洲国家的狭义内幕交易行为控制模式。例如，英国禁止内幕人利用内幕信息进行买卖，禁止在内幕信息的基础上为第三人提供咨询或推荐，禁止传播内幕信息。又如，德国《证券交易法》第14条规定内幕人禁止如下行为：其一，利用自己知悉内幕事实的便利，为自己或者他人购买或者出让内幕证券；其二，未经授权将内幕信息告知他人或使他人接触内幕信息；其三，基于其所知悉的内幕信息，建议他人购买或转让内幕证券。[①]

纵观世界各国和地区有关禁止内幕交易行为的规定，我们不难发现，强调对资本市场上的内幕交易行为进行惩治已经成为各国和地区的共识，并且，许多国家和地区的反内幕交易刑事立法控制经历了从有到无、从宽到严、从严到厉的过程。因为资本市场是一个开放而公平的市场，所有的投资者都应基于平等的地位和均等的机会参与资本市场买卖。如果内幕人员利用其特殊地位或机会获取的内幕信息进行资本市场交易并从中渔利，不但违反公平、公正、公开的“三公”原则，而且会给没有获得内幕信息的投资者造成损害。由此可见，惩治资本市场上的内幕交易行为不仅符合资本市场发展的需要，而且也顺应保护广大投资者利益的现实需要。同时，在证券、期货违法犯罪中，相对于操纵资本市场犯罪而言，实施内幕交易行为并非技术性要求最强的犯罪，其社会危害性根植于资本市场信息分配不平衡、信息传递不均匀、信息管理不透明，加之内幕交易的犯罪行为具有封闭性的特点，是特殊群体之间口口相传的证券、期货犯罪类型，实践中较难予以有效查处。各国和地区均通过刑事法律规范这一最为严厉的制度性控制措施，对资本市场内幕信息滥用行为予以严惩。然而，由于社会制度及法律制度的不同，以及资本市场的发展阶段与程度不同，世界各国和地区有关内幕交易犯罪的法律规

---

① WpHG 1998 § 14.

定也有许多不同之处。这些法律制度安排上的不同可以归纳为以下几点。

一、内幕交易立法模式不同

有的国家和地区在刑法中对内幕交易行为加以规定；有的国家和地区则是在公司法或证券（交易）法、期货（交易）法中对内幕交易行为加以规定。经济共同体国家和地区则在统一的立法框架下通过单行准则、条例、指令等法律形式对内幕交易行为加以规定，如欧盟。当然，也有国家和地区既在公司法或资本市场交易法等行政、经济法规中加以规定，也在刑法中加以规定，如中国。这种立法模式的不同虽然与各国和地区的法律体系有很大的关系，但多少也反映了各国和地区对内幕交易行为的不同态度。

二、内幕交易法律责任形式不同

现在大多数国家和地区对于资本市场上的内幕交易行为的社会危害性已经有了充分的认识，而且许多国家和地区的有关法律均规定实施内幕交易行为者不仅可能承担民事、经济或行政法律责任，严重者也可能承担刑事责任。例如，中国、荷兰、美国、日本等国家，无论其是成熟的资本主义市场，还是全球新兴经济体，均对内幕交易设置了不同层次的法律责任。但是，也有一些国家的法律对资本市场上的内幕交易行为只规定要承担民事责任，而没有规定应负刑事责任。例如，孟加拉国、保加利亚、拉脱维亚、立陶宛等国家的相关法律就作了如此的规定。[①] 这种法律责任的不同规定，集中反映了部分国家和地区对资本市场上内幕交易行为的认识程度，体现了相关国家和地区对资本市场的监管程度。很明显的是，少数新兴市场经济体或者接近发达经济体地区的边缘经济体国家，由于对区际资本市场统一监管条约的遵循程度不高，没有及时对内幕交易犯罪化行动进行政策回应。

三、内幕交易罪名设置不同

包括中国大陆在内的大多数国家和地区在法律中规定追究内幕交易行为

① IOSCO, Insider Trading: How Jurisdictions Regulate It, Report of The Emerging Markets Committee of The International Organization of Securities Commissions, March 2003.

刑事责任的罪名通常为“内幕交易罪”和“泄露内幕信息罪”；也有国家和地区将内幕交易和泄露内幕信息的犯罪行为归入欺诈罪中；还有一些国家和地区则用其他罪名加以规定，如中国台湾地区的相关规定中有“泄露证券交易秘密罪”和“知情买卖股票罪”两个罪名。这种区别显然与各国和地区立法本身的规范性以及原有的罪名体系直接相关。应该看到，不管是广义的内幕交易行为控制模式还是狭义的内幕交易行为控制模式，凡是对泄露内幕信息行为进行控制的国家和地区，均规定有泄露内幕信息行为，即明文规定禁止泄露内幕信息的行为，且通常把泄露内幕信息的行为作为内幕交易罪行为方式之一，但是大多数国家和地区均未设置泄露内幕信息罪的罪名。

与我国《刑法》将泄露内幕信息罪设置为与内幕交易罪并列的选择性罪名的情况相比，各国和地区并未将泄露内幕信息罪独立成罪，其主要原因在于内幕交易的本质是基于内幕信息从事的资本市场交易行为。所以，无论是内幕信息知悉人还是通过内幕信息知悉人泄露信息从而获取内幕信息的人，其从事内幕交易的基础均在于内幕信息。尤其是后者，正是因为行为人泄露了内幕信息，才引起信息接收人利用该信息进行证券交易（假定人都具有趋利性），也即泄密与交易之间具有必然的因果关系，因此这种泄密行为在客观上就是一种内幕交易行为。但是，我国刑法理论和司法实践一般认为，所谓内幕交易，行为人理应具有一定的交易行为，如果行为人仅仅实施了泄露内幕信息的行为但并没有进行资本市场交易，那么行为人就只能对其泄露内幕信息的行为负责。

另外，采取广义的限制内幕交易行为和采取狭义的限制内幕交易行为的主要区别在于是否把短线交易行为纳入内幕交易的范畴，即许多国家和地区直接把短线交易归入内幕交易行为之中，而有些国家和地区则并未规定禁止短线交易或者将短线交易独立于内幕交易之外。

四、内幕交易法律规制实践不同

就目前世界各国和地区的司法实践分析，有关内幕交易案例虽然不少，但是，比较多案件的最后处理结果是对当事人主要追究民事、经济或者行政法律责任，而真正追究刑事责任则并不是很多。有些国家和地区甚至仅有刑事法律规定，而没有实际刑事判例。有些国家和地区规定了系统性的内幕交易犯罪刑事立法及其追责程序，但绝大部分以内幕交易提起公诉的案件以辩诉交易与大额金钱赔偿和解，并没有对相关行为人进行定罪量刑。究其原因，除各国和地区法律制度上的差异外，主要还是因为各国和地区的司法实践中普遍认为有关内幕交易犯罪，在刑法适用理论上还有许多难题并未完全解决，在查处手段上仍然需要进一步予以优化与完善。同时，从刑法本身应奉行的"谦抑原则"要求出发，对内幕交易违法犯罪案件谨慎追究刑事责任具有一定合理性。

五、内幕交易犯罪构成要件配置不同

目前对于内幕交易犯罪应有哪些构成要件的问题，始终是刑法理论上争议较大的焦点之一。各国和地区有关法律规定的不一致以及司法实践中人们认识的不同，导致理论上对有关内幕交易犯罪的主体、内幕信息的范围、内幕交易的客观要件等许多内容意见很不一致（其中一些主要的问题，本文将在后文专门作论述）。各国和地区有关资本市场的刑法理论和实践之所以产生这些分歧，主要还在于法律规定的不同，而且这些不同规定直接反映了立法者对内幕交易行为的评价态度。比较而言，中国刑法中的规定基本吸收了目前世界上大多数国家和地区法律规定的合理成分，对内幕交易犯罪的构成要件规定相对明确且具体。

六、内幕交易刑事处罚强度不同

美国一直都是内幕交易犯罪刑事处罚变革的倡导者。美国对内幕交易规定的刑事责任相对较重，且不断通过提高法定最高刑强化内幕交易犯罪的刑事处罚力度。欧洲国家内幕交易犯罪自由刑相对一致，例如，英国为 7 年监禁以下，德国为 5 年监禁以下，并重点以罚金刑调整内幕交易犯罪。亚洲国家体现出截然不同的内幕交易刑罚处罚政策导向，例如，中国内幕交易犯罪最高自由刑为 10 年，而日本为 5 年。两者差异较大。说明中日两国虽然同属亚洲资本市场中的核心，但由于经济发展程度与刑事政策导向不同，导致内幕交易刑事规制思路迥异。

内幕交易刑罚处罚强度立法发展的不平衡性主要是各国和各地区的文化环境、刑事政策思想、资本市场的发展水平以及人们对证券、期货犯罪的认识程度不同所造成的。与各国和各地区法律规定相比较，应该承认，我国《刑法》对内幕交易、泄露内幕信息犯罪的刑事责任的规定，在整体上处罚较重。我国《刑法》规定的最高刑为有期徒刑10年，排除美国严打内幕交易犯罪之外，比其他国家和地区均重。另外，对于罚金的规定，我国《刑法》与其他国家和地区进行比较，也有其独特之处，我国是以对违法所得的倍数罚金作为依据，即罚金数是根据违法所得的多少而加以确定的，而其他国家和地区则在法律中明确规定一定额的罚金数。这一方面反映了目前我国对犯罪规定的刑事责任一般均较重，也即在刑事政策上仍较多地坚持重刑思想；另一方面也反映了我们在这些问题上较多地吸取了欧美国家的一些有益经验。当然，同时也反映了我国的刑事立法者对惩治内幕交易、泄露内幕信息罪的重视程度。但是，现在的问题是如何严格地依法执行，特别是在刑事司法实践中如何积累经验，在刑法理论上如何积极探索，以真正做到有法必依。从司法实践中的情况分析，除了极个别内幕交易犯罪案件中的被告人被判处5年以上10年以下有期徒刑之外，我国绝大部分内幕交易刑事案件均适用《刑法》第180条内幕交易罪的第一档法定刑。如何根据内幕交易犯罪案件的具体情况准确定位法定刑档次？资本市场深度变革过程中，面对内幕交易的现实挑战，是否有必要通过提高法定刑震慑严重证券、期货犯罪？如何通过罚金刑等非监禁刑罚手段控制内幕交易犯罪？如何通过资格刑丰富和优化内幕交易的具体惩治方式？这都是刑法理论与实践者应当深思的问题。

七、内幕交易案件管辖制度不同

现在世界上许多国家和地区对于内幕交易案件的管辖权问题都作了特别的法律规定，一般均是规定由资本交易市场所在地的法院负责管辖有关资本市场上的内幕交易案件的审理。但包括中国在内的一些国家和地区的法律则并不对内幕交易案件的管辖问题作特别的规定，而是根据刑法总则规定强调由行为地法院管辖。应该看到，这些不同的规定各有利弊，将内幕交易案件集中由某一个法院专门管辖，对于提高审理水平并具体解决一些疑难问题不无好处，但这对于一些包括中国在内的地域广阔的大国而言，可能会给当事人参与诉讼带来许多不方便，从而影响案件的实际审理。当然将内幕交易案件与其他刑事犯罪案件一样确定管辖，虽然方便了当事人的诉讼活动，但案件审理的水平和质量则肯定会受到一定的影响。同时，随着资本市场全球化运作趋势的不断深入推进，证券交易与资金结算不仅在欧盟这样的经济一体化地区充分实现，欧盟、亚洲、南美等资本市场同样能够实现跨市场交易，但是，跨越国际市场的内幕交易违法犯罪给刑法理论与实务带来了更多证券、期货内幕交易犯罪的国际管辖疑难问题。

第二章

内幕交易行为的解构与内幕信息管理的实质

内幕交易是市场参与者基于其掌握的重大未公开信息而形成的证券等金融工具当前交易价格与内在价值之间存在价差的观点，并通过从事相关金融交易来实现这种相对于外部投资者而言的信息优势（基于职务、业务或者其他社会关系等知悉重大未公开信息）所可能带来的经济利益。对重大未公开信息更为迅捷的接触能力是知情人员在资本市场竞争中超越外部投资者的优质条件以及获取金融交易利润的客观基础。[①] 从制度保护市场效率的角度分析，法律制度之所以管制内幕交易，并且以最为严厉的刑罚措施控制内幕交易犯罪，是因为这种重大未公开信息的使用损害资本市场效率。但是，无论现有的法律经济学理论如何从定价、流动性、管理层激励、信息流转、信息产权、资产价值、公司治理等与效率有关的视角解释内幕交易行为的有效性与无效性，只能触及内幕交易造成的正反结果，实质上就是观察一种经济面貌的两个侧脸，无法探究行为现象背后的实质问题。

内幕交易起始于信息优势导致的信息掌控，发展为信息使用，终了于信息优势实现后的交易利益——分析内幕交易与资本市场效率问题显然应当聚焦于信息。对于金融商品交易价格具有影响的信息，最初的二元化来源划分

---

① Zohar Goshen & Gideon Parchomovsky, *On Insider Trading*, *Markets*, *and* "*Negative*" *Property Rights in Information*, 87 Virginia Law Review 1229, 2001, p. 1235.

应是资本市场与金融监管。信息来源于资本市场，表现为出现了与金融商品定价有关的新的市场行为（如上市公司取得重大科研突破，预期盈利大幅度增长）；信息来源于金融监管，表现为出现了影响金融商品市场价格的新政策（如调整货币政策）或者行政行为（如实施特定产业激励计划）。更深层次的信息类型划分则是着眼于信息使用行为对于资本市场的现实效应，即基于特定信息从事相关金融交易产生的是结构性组织效应还是系统性市场效应：前者是指利用与金融工具交易价格有关的未公开信息事实的金融交易行为，影响的只是其所隶属的组织（如作为股票发行人的上市公司、作为资本市场监管者的行政机构等）效率；后者则意味着内幕交易行为对整个资本市场的效率具有影响。信息来源与信息行为效应的差异对于评估内幕交易对于资本市场效率的影响具有实质性意义，因而也决定了制度是否以及如何介入内幕交易的监管。内幕交易是立足于金融市场监管信息而实施的，资本市场效率受损不言自明的同时，内幕交易监管自动转化为根源性的控制权力介入市场与反腐败问题；内幕交易基于资本市场信息展开，同时其现实效应能够拓展至市场整体的，则应当根据资本市场效应评估结果反思内幕交易监管问题；内幕交易行为效应局限于公司、金融机构等组织内部的，则应当在代理的框架下[①]阐释内幕交易刑法介入定位。

第一节　内幕交易与信息权力管理

国家工作人员利用金融监管或者国有资产管理权运作过程中获悉的重大未公开信息从事相关证券、期货、衍生品交易并谋取巨额利润的违法性正是全面且集中根植于其行为的道德背离与经济低效。资本市场是一个变

① 利用金融监管权力运作过程中职务行为获取的重大未公开信息从事相关金融交易的，其职务履行行为实际上也是一种广义的代理行为。但由于此类内幕交易行为类型的监管问题在下述“作为监管权力问题的内幕交易”部分的论证中能够直接作为代理问题进行分析，故此处的代理限定于狭义的代理，即经济行为意义上的授权与被授权。

化无常、风险莫测的金融系统，而市场中的绝大部分交易主体只是具有普通金融知识的普通投资者。投资者持有的资本配置市场实际上并不能得到收益回报的保证，他们只能希望在市场交易中能够获得公平的对待，同时寄情于法律规范与市场规则的制定者与执行者能够维护资本市场的信用体系。而公职人员利用金融监管权力或者国有资产管理职权获取的重大未公开信息从事相关金融交易，对于投资者对资本市场信任与信心会产生最严重的、毁灭性的损害，进而造成现有投资者撤离资本市场或者阻碍未来投资增量生成。利用监管信息实施内幕交易行为对市场信用与市场效率双重且明显的损害，正是这种市场滥用违法犯罪行为受到最为严厉管制制度的理性依据。

一、内幕交易中的信息权力

无论资本市场如何使用信息，无论信息是否以及如何影响资本市场，从现实政治生活与资本市场的实际情况来看，政治行为与监管权力始终是信息来源与信息流动的生命线。权力介入金融与资产管理的程度之深，决定了政治力量与管制行为对资本市场整体以及金融商品个体、组合的市场交易价格的影响无处不在。证券、期货行政监管机构职务行为（甚至是传闻可能实施的行为）对于市场整体行情①与个股或者类股价格表现②的重大影响能力自不待言。对于中国资本市场而言，相当数量的政府监管行为能够直接决定金融

---

① 例如，2012 年 9 月 27 日午后，市场传闻收盘后证监会将召开新闻发布会，宣布新股发行将转为注册制以及改革期间暂停新股发行，午后开盘后市场风云突变，股指放量拉升，金融、煤炭股领涨大盘，券商股集体大涨。截至收盘，沪指报 2056.32 点，上涨 2.60%，成交 603.4 亿元；深成指报 8486.27 点，上涨 3.57%，成交 550.0 亿元。午后成交量超过早盘 2 倍。参见陈燕青：《救市憧憬引发 A 股大涨》，载《深圳商报》2012 年 9 月 28 日，B1 版。

② 例如，2013 年 2 月，证监会公布《全国中小企业股份转让系统有限责任公司管理暂行办法》。消息一公布，新三板概念股早盘立即强势上涨，板块整体上涨 1.33% 领涨概念板块，长春高新上涨 6.67%，南京高科上涨 4.9%，兴业证券和长江证券涨幅逾 3.40%。参见何川：《〈全国中小企业股份转让系统有限责任公司管理暂行办法〉发布——多项新规为“新三板”聚人气》，载《经济日报》2013 年 2 月 4 日，第 9 版。

资产价格，造成市场剧烈（短期）波动①——我国金融市场具有多头监管的特点，一些承担部分金融监管职能的部委同样深度介入资本市场。例如，财政部金融司的职责范围涵盖了协调执行货币政策，拟订并监督执行银行、保险、证券、信托等非银行金融机构的资产与财务管理制度，对主权信用进行评级等。上述金融监管职责不仅直接影响金融政策进而作用于期货市场（尤其是利率期货），而且涉及相关金融机构资产配置信息，相关工作人员利用此类政策信息与监管信息，可以从事相关期货交易谋取个人利益。因此，证监会之外的发改委、财政部、审计署及其派出机构等承担部分金融监管职能的机构及其工作人员，也能够利用重大未公开的金融监管信息实施内幕交易。

信息权力滥用所产生的金融交易资产收益是显而易见的。一项实证调查证明，在 1993 年至 1998 年，美国参议员在资本市场中从事的金融交易收益表现超过市场平均水平约 12 个百分点，即使是与证券信息联系极为密切的上市公司内部人员也只获得了超过市场平均水平 7.5% 的收益；上述公职人员购买的证券整体表现为：购买前价格停滞或者交投清淡，购买后价格飙升，

---

① 以印花税政策对股市的影响为例——证券交易印花税 1990 年首先在深圳开征，当时主要是为了稳定初创的股市及适度调节炒股收益，由卖出股票者按成交金额的 6‰交纳。同年 11 月，深圳市对股票买方也开征 6‰的印花税，内地双边征收印花税的历史开始。1991 年 10 月，深市将印花税率从 6‰调整到 3‰，牛市行情启动，后上证指数从 180 点升至 1992 年 5 月的 1429 点，升幅达 694%。1992 年 6 月 12 日，国家税务总局和原国家体改委联合发文明确按 3‰的税率缴纳印花税，指数在盘整 1 个月后掉头向下，一路从 1100 多点跌到 300 多点，跌幅超过 70%。深市盘整 4 个月后，从 2517 点下调到 1538 点；2002 年 11 月 23 日到 2003 年 2 月 22 日，深市从 1538 点回升了 3422 点，升幅超过 220%。1996 年年初至 1997 年 5 月，印花税依然为 3‰，深市呈现大牛市行情，指数上涨 660% 多。1997 年 5 月 12 日，证券交易印花税率由 3‰提高到 5‰，沪指半年内下跌近 500 点，跌幅达到 30% 多。1998 年 6 月，证券交易印花税率从 5‰下调至 4‰，股指不升反降，两个月内震荡走低 400 点。1999 年 6 月 1 日为了活跃 B 股市场，国家税务总局再次将 B 股交易税率降低为 3‰，上证 B 指 1 个月内从 38 点拉升至 62.5 点，涨幅高达 60% 多。2001 年 11 月 16 日，印花税率再度调低至 2‰，股市又产生一波 100 多点的下行波段行情。2005 年 1 月 23 日，财政部又将证券交易印花税税率由 2‰向下调整为 1‰，股市轻微拉升后随即呈震荡下行趋势。2001 年 4 月至 2005 年年末，股市基本表现为熊市。2007 年 5 月 30 日，财政部将证券交易印花税税率由 1‰调整为 3‰，股市出现急挫，后又创出新高。参见钟国斌：《证监会研究降低印花税》，载《深圳商报》2012 年 8 月 3 日，B1 版；参见吴黎华：《证监会降费 155 亿“政策补仓”》，载《经济参考报》2012 年 8 月 3 日，第 1 版。

出售后恢复停滞或者清淡行情。[①] 对此，内幕交易理论中有观点认为，公职人员相对普通资本市场参与者而言拥有显著的信息优势，在大多数投资者耗费成本研究金融信息或者困扰于难以厘清行情头绪时，部分权力掌控者能够获取、使用重大未公开信息，并从市场交易中获取利润。[②] 即便是内幕交易合法化观点最为经典的诠释者曼勒也明确指出，主张对上市公司内部人员实施的内幕交易行为予以去监管化或者合法化，并不意味着公务人员内幕交易可以适用相同的法律经济原理与制度安排。相反，在法律规范建构与执行层面应当对公务人员内幕交易行为进行更为严格的监管。[③] 所以，如果说内幕交易对资本市场诚信与效率造成重大损害，那么危害最为严重的应当是由政府高官实施或者参与的内幕交易，内幕交易法律制度的管制重点自然也应当首先聚焦于公职人员内幕交易。[④]

内幕交易的核心内容是交易，故内幕交易在属性上属于市场行为；内幕交易的侵害对象是市场，故内幕交易在实质上构成对市场效率的实际损害与现实风险。但这丝毫不能否定公职人员实施的内幕交易包含着与市场效率侵害性相当的对国家信用与权力权威的破坏。公职人员贪污、受贿、渎职等职务犯罪行为剥夺了公民获得诚信公共产品与服务的权利。相应地，公职人员内幕交易行为榨取了资本市场投资者获取金融监管产品或者国有资产保值增值服务的权利。如果说重大未公开信息在上市公司以及资本市场层面的产权

---

① Alan Ziobrowski，Ping Cheng，James W. Boyd & Brigitte J. Ziobrowski，*Abnormal Returns From the Common Stock Investments of the U. S. Senate*，39 J. FIN. & Quantitative Analysis 661，2004，p. 662.

② Bud W. Jerke，*Cashing in on Capitol Hill：Insider Trading and the Use of Political Intelligence for Profit*，158 U. PA. L. REV. 1451，2010，p. 1461.

③ Henry G. Manne，Keynote Address，4 Journal of Law，Economics & Policy 225，2008，p. 229. 当然，在内幕交易有利于市场效率方面，曼勒仍然坚持公务人员与上市公司内部人员的内幕交易在资本市场效率上具有相同的积极影响，即能够促进价格发现，只是上市公司内部人员内幕交易合法化的经济论辩在公务人员内幕交易问题上并不适用。例如，允许上市公司内部人员实施内部交易作为其管理报酬补充的合理性，对于公务人员而言完全不具有正当性。因为除了职务与工作的经济报酬之外，公务人员不能基于其职务或者工作接受任何形式的额外或者外部报酬。

④ U. S. Securities and Exchange Commission，The Investor's Advocate：How the SEC Protects Investors，Maintains Market Integrity，and Facilitates Capital Formation，http：// www. sec. gov/about/whatwedo. shtml.

属性仍然存在公共产品与私有产品的争议，[①] 权力介入下形成的重大未公开信息显然构成公共产品，信息产权不可能归属于权力代理人。贪污的实质在于滥用公共管理权限非法占有国有产权；受贿的实质在于权利与财产性利益之间的腐败交易；[②] 渎职的实质在于放弃权力的正当行使而导致社会利益遭受重大损失，或者以国家社会人民的重大损失为代价换取私人的蝇头小利。[③] 同样具有权力滥用特质的公职人员内幕交易的实质，则是基于职务或者职务影响获取重大未公开信息并通过相关金融交易行为将市场信息优势兑现为资本得利。因此，公职人员内幕交易属于市场滥用与权力滥用的结合——是背弃公权信用的非法市场行为，也是损害市场效率的职务犯罪行为。

作为全球内幕交易监管最为严厉的资本市场，美国联邦法律体系中出现过各种类型的公职人员内幕交易刑事案例：联邦调查局特别探员将通过执法数据库知悉的重大未公开信息泄露给他人从事证券交易，法院判决其构成内幕交易并判决6年监禁。[④] 美联储费城地区银行债券监管部经理向一名证券交易中介工作人员定期泄露联邦政府证券保险、联邦贴现率等信息，经辩诉交易程序后承担6个月监禁、2年缓刑、200小时社区服务的刑事责任。[⑤] 海军部一名军官在一项认罪协议中承认其基于其职务而知悉的巨额军备采购合约信息购买供货商公司股票。[⑥] 货币审计办公室（the Office of the Comptroller of the Currency）工作人员在辩诉交易中承认利用其职务知悉的重大未公开信息买卖多家银行控股公司的证券。[⑦] 西弗吉尼亚博彩公司（弗吉尼亚州政府全资控股）的前董事、法律顾问获悉该公司计划开拓电视博彩业务后，立即购买了可能获取西弗吉尼亚州博彩公司电视博彩设备采购合同的

---

① Kimberly D. Krawiec, Fairness, Efficiency, and Insider Trading: Deconstructing the Coin of the Realm in the Information Age, 95 Northwestern University Law Review 443, 459－463 (2001).

② 参见谢杰、吕继东：《商业贿赂犯罪“经济往来”系列条款研究》，载《中国刑事法杂志》2007年第1期。

③ 参见谢杰：《受贿且渎职行为的罪数形态与处断标准》，载《贵州警官职业学院学报》2010年第6期。

④ United States v. Royer, 549 F. 3d 886, 890 (2d Cir. 2008).

⑤ Blyth & Co., 43 S. E. C. 1037, 1039 (1969).

⑥ Saunders, Litigation Release No. 9744, 26 SEC Docket 75 (Sept. 2, 1992).

⑦ Acree, Litigation Release No. 14231, 57 SEC Docket 1579 (Sept. 13, 1994).

上市公司的股票，均构成内幕交易。[①] SEC 工作人员基于刑法介入制定过程中获取的重大未公开信息与他人共谋买卖相关证券，构成内幕交易。[②] 农业部工作人员在农作物报告发布之前利用行业信息在棉花期货市场从事投机交易，构成内幕交易。[③] 但是，相对于美国上市公司高管、金融市场专业人士与一般参与者实施的内幕交易案件数量而言，针对公职人员内幕交易违法犯罪的执法、司法力度显得不如人意，美国学者甚至断言监管制度在公务人员内幕交易面前显得无能为力。[④] 同时，在禁止公职人员内幕交易立法上，美国制定了《阻止基于立法信息从事交易法》（Stop Trading on Congressional Knowledge Act，以下简称 STOCK 法）[⑤]，旨在禁止议员以及议会工作人员利用与立法有关的职务获取的重大未公开信息从事证券交易。但美国宪法规定的立法人员言论保护、立法信息保密以及立法权对执法机构预算控制等均直接限制了证券监管机构查处基于立法信息从事内幕交易的现实可行性与执法能力。[⑥]

近年来我国资本市场监管机构与司法机关同样惩处了若干国家工作人员内幕交易犯罪案件：原证监会官员肖某庆在担任中国证监会上市公司监管部副主任期间，获悉中石化即将启动第二批下属上市公司的股改和重组工作的信息，光大证券正在与中石化就借壳事宜进行谈判的信息后，指使他人利用其控制的多个账户买入北京化二股票，在借壳重组达成协议，北京化二股票

---

① United States v. Bryan，58 F. 3d 933，936（4th Cir. 1995）；U. S. v. ReBrook，842 F. Supp. 891（D. W. Va. 1994）.

② United States v. Peltz，433 F. 2d 48，49（2d Cir. 1970）.

③ Haas v. Henkel，216 U. S. 462，472（1910）；Peckham v. Henkel，216 U. S. 483，484（1910）；Price v. Henkel，216 U. S. 488，494（1910）.

④ Donna M. Nagy，*Insider Trading，Congressional Officials，and Duties of Entrustment*，91 Boston University Law Review 1105，2011，p. 1163.

⑤ Public Law 112－105. 华盛顿特区国会议员布莱恩·拜尔德与纽约州国会议员路易斯·斯洛特尔于 2006 年 3 月 28 日首次向国会农业委员会提交 STOCK 法议案，未获委员会支持。随后的两次重新提议均未获农业委员会通过。2011 年 3 月 17 日，在一系列的立法动议努力之后，STOCK 法议案提交至金融服务、农业、行政、司法、道德、规则等六大内务委员会。2012 年 STOCK 法议案由参议员约瑟夫·利伯曼提交参议院讨论并获通过（96∶3）；随后获众议院通过（417∶3）。2012 年 4 月 4 日总统奥巴马签署该法。立法经过参见 Adam Warr，*Congressional Insider Trading：Is Misappropriation Appropriate?*，5 Critical Studies Journal 1（2012）。

⑥ Andrew George，*Public（Self）－Service：Illegal Trading on Confidential Congressional Information*，2 HARV. L. & POL'Y REV. 161，2008，p. 164.

由此更名为“国元证券”复牌后，肖某庆指使他人将所控制的国元证券股票全部清仓，从中获利共计1亿余元。[①] 原中山市市长李某红利用国有资产管理的职务权限，获悉国有控股公司中山公用集团资产重组重大未公开信息，与亲属等共同利用该内幕信息从事中山公用股票交易，非法收益近2000万元，构成内幕交易、泄露内幕信息罪，被判处有期徒刑6年6个月、罚金2000万元。[②] 原南京市经委主任刘某春在参与中国电子科技集团公司第十四研究所及其下属企业国睿集团有限公司，与高淳县人民政府洽谈重组高淳陶瓷股份有限公司过程中，将重大未公开资产重组信息向其妻子陈某玲泄露，两人使用家庭控制的证券账户买卖上市公司高淳陶瓷股票，非法获利700多万元。[③] 在政策宣传层面，监管部门也突出了严厉打击公职人员内幕交易违法犯罪的倾向，强调应当重点治理国家工作人员利用职权在资本市场中进行利益交换与输送问题。[④]

但是，监管公务人员内幕交易违法犯罪在法律制度与实践操作运作层面存在难以逾越的困境。

二、信息的经济价值与监管的权能限制

监管权限广泛介入资本市场的现实局面意味着公共权力履行过程中涉及众多类型、数量的重大未公开信息，并且资本市场交易与宏观经济市场运行中形成的数据主要依靠政府机构进行信息编制与数据统计，控制公职人员滥用此类信息与数据谋取个人资本得利，势必需要建构与认同规制范围非常宽泛的内幕交易法律制度与规范解释，而执法与司法实际上无法予以有效覆盖如此宽广的监管领域。

---

① 参见刘晓虎、王晓东：《肖某庆受贿内幕交易案——因获取让壳信息而指使他人购买让壳公司股票，后借壳公司改变的，是否影响内幕信息的认定》，载《刑事审判参考》（2012年第2集·总第85集），法律出版社2012年版。

② 参见《反腐倡廉年度报告（2011）——2011年反腐典型案件》，载《检察日报》2011年12月27日，第6版。

③ 参见侯捷宁：《高淳陶瓷案曝出“官员内幕交易第一人”——南京市经委原主任刘某春被判有期徒刑5年》，载《证券日报》2011年12月15日，A3版。

④ 参见李丽：《监察部通报4起党员领导干部内幕交易案件》，载《中国青年报》2011年12月28日，第3版。

再以期货市场中的内幕交易为例，农业、有色金属行业、能源业等大宗商品主管部门、行业协会等在行政执法与行业监管中形成的立法执法、监管、政策、决定、数据信息等，均会对特定期货合约交易价格产生重大影响；甚至表面上与期货市场无关的监管信息都会影响期货合约价格，如房地产调控政策会引起螺纹钢、线材等现货市场供大于求进而引发螺纹钢、线材期货合约交易价格下降。[①] 从现有的内幕交易法律监管制度文本来看，对于监管机构及其工作人员的职务行为深度介入金融市场且构成资本市场价格变动重大要素的现实，立法基本上作出了合乎比例的规范反应，依托于法律文本的解释在无须扩张的条件下即可覆盖极为宽泛的行为领域。这不仅衍生出内幕交易违法犯罪理论边界极宽的质疑，而且客观上突显出执法与司法覆盖能力与实践资源的不足。

三、内幕交易与信息权力寻租

全球资本市场中，任何一种监管架构实际上都难以有效追究公务人员基于重大未公开信息从事相关金融交易的法律责任，数量有效的公职人员内幕交易犯罪案件无非是选择性执法[②]的结果或者随机性执法[③]的偶然。

在现实操作中完全可以预期内幕交易监管机构或者司法机关，面对公职人员作为违法犯罪主体的案件会陷入畏缩不前或者迟疑顾虑的状态。不同公共管理机构“在财政上的关联与互惠”,[④] 在权力上的牵制，在职业上的同质属性，在社会或者文化上的日常交往或者形成共同体，甚至是市场滥用监管机构及其工作人员自身希望在资本市场上实现交易利润等既有的利益，都会与惩治公职人员内幕交易赋予金融市场的利益形成冲突，从而导致负责市场

---

① 参见谢杰：《最新内幕交易犯罪司法解释的缺陷与规则优化》，载《法学》2012 年第 10 期。

② 此处的选择性执法是指针对国家工作人员实施的内幕交易违法犯罪进行追究并非监管制度常规化、机制化运作的结果，而是基于政治、利益关系等目的将特定公职人员的基于重大未公开信息实施的金融交易认定为内幕交易犯罪，且通常情况下相似类型的交易行为并不作为内幕交易监管机制覆盖的重点，甚至不是实际上的监管范围。

③ 此处的随机性执法是指国家工作人员涉嫌内幕交易通常在事实层面难以获取证据或者在法律层面难以建立确定的责任基础，特定的公职人员构成内幕交易案件应当被视为小概率事件。

④ Joseph N. DiStefano, Senators' Stock Picks Bring Profit, Scrutiny, PHILA. INQUIRER, Nov. 7, 2004, E1.

滥用违法犯罪的监管机构或者司法机关无法建构坚强的惩治公职人员内幕交易违法犯罪的立场。即使是在内幕交易监管机构独立性与监管强度相对较高的美国，监管公职人员内幕交易违法犯罪在实践操作上异常困难的现实多年来一直都没有明显改观。早至20世纪20年代，美国联邦最高法院前大法官约瑟夫·麦肯纳的一名法官助理被控利用审判过程中的重大未公开信息买卖相关证券，但最后由于美国联邦司法部顾忌该起内幕交易指控可能产生的负面影响而予以撤案。[①] 近至2012年，美国国会道德办公室宣布没有证据表明参议员斯宾塞·巴楚违反内幕交易法律，建议撤销斯宾塞·巴楚内幕交易一案。[②] 而参议员巴楚从事相关金融交易的事实是，其于2008年7月至11月至少从事了40次股票期权交易，赌市场会下跌，并从中获利16万美元，在交易期间，巴楚作为国会领导定期听取财政部部长鲍尔森与美联储主席伯南克的汇报，并获悉金融危机持续严重、市场不断恶化的宏观经济信息。[③]

可见，作为监管权力问题的内幕交易，不仅指向了一种现实状况——资本市场中存在行为波及面广、市场诚信破坏程度深、阻碍市场效率力度大的国家公职人员利用职务行为获取的重大未公开信息从事相关金融交易，而且折射出现有的内幕交易监管法律制度与权力配置结构对于控制权力腐败型的内幕交易行为而言是接近于低效甚至无效的。

第二节　内幕交易与代理成本

一、代理成本

对于源自市场主体经济行为的重大未公开信息而言，基于此类信息展开

---

① John B. Owens, *The Clerk, the Thief, His Life as a Baker: Ashton Embry and the Supreme Court Leak Scandal of 1919*, 95 Nw. U. L. Rev. 271, 272 (2000); Embry v. United States, 257 U. S. 655 (1921).

② Scott Higham, *Congress Ethics Office Clears Bachus of Insider Trading*, The Washington Post, May 1, 2012.

③ David Weigel, Spencer Bachus, Rogue Trader, Slate, Nov. 14, 2011.

的内幕交易行为的核心内容是上市公司中的信息知情人员利用内幕信息从事相关金融交易或将信息泄露给其他人员，或者是基金公司等金融机构中的信息知情人员利用所在组织的投资决策信息等，买卖相关金融商品或者将该信息泄露给其他人员。围绕着信息产权配置或者归属的组织与个体关系——代理关系——便成为解释内幕交易行为过程中不可回避的重要问题。现有的以代理关系为视角分析内幕交易的理论主要集中于上市公司股东与管理人员的利益冲突问题，[①] 即上市公司管理人员[②]在接受公司授权履行职务或者从事业务过程中主导或者参与了重大事件或者重大经营行为，其代理行为对于生成与重大事件有关的信息具有创造与被创造的关系，管理人员利用其参与创造的重大未公开信息从事金融交易并从中获取经济利益，是否与其代理行为应当促进公司股东利益最大化这一价值之间形成冲突。当然，由于在资本市场发行与交易的金融工具包括证券、期货、其他衍生品以及基金等金融投资单元，涉及不同的金融工具发行人、交易者与金融工具交易的监管者，代理关系中并不是只有作为金融工具发行人的上市公司的股东与管理人员之间的利益冲突，还包括参与金融交易的基金公司、信托公司等金融机构股东与管理人员之间的利益冲突。

---

① Alexandre Padilla, *Can Agency Theory Justify the Regulation of Insider Trading*, 5 The Quarterly Journal of Austrian Economics 3 (2002); James S. Ang & Don R. Cox, *Controlling the Agency Cost of Insider Trading*, 10 Journal of Financial and Strategic Decisions 15 (1997); Thomas H. Noe, *Insider Trading and the Problem of Corporate Agency*, 13 Journal of Law, Economics, and Organization 287 (1997).

② 在公司控制权相对集中的情况下，公司管理人员通常是由公司控制股东或者实际控制人通过各种机制安排的。故管理人员与公司之间的代理关系在部分情况下也可能转化为控制股东与非控制股东之间的代理，前者可以视为代理人，后者可以视为委托人。困难之处在于如何在制度上保证非控制股东不被控制股东剥削。在公司的特定集团能够控制影响所有者利益的决定时，控制股东与非控制股东之间的这种关系显著紧张。公司所有权集中程度越高，这种代理问题就越严重。参见 Luca Enriques & Paolo Volpin, *Corporate Governance Reforms in Continental Europe*, 21 Journal of Economic Perspectives 117, 122–125 (2007)。此外，能够构成内幕交易违法犯罪的行为主体显然也包括上市公司聘用的其他固定工作人员以及参与公司某项业务的财务顾问、律师等专业技术人员，此类非管理人员同样能够与公司之间形成代理关系。但是，内幕交易代理问题的重要文献一般将代理关系中的利益冲突表述为“管理人员与公司股东利益冲突”（the manager – shareholder conflict of interest）。参见 Adolf A. Berle & Gardiner C. Means, *The Modern Corporation and Private Property*, Cambridge University Press, 2005; Michael C. Jensen & William H. Meckling, *Theory of the Firm: Managerial Behavior, Agency Costs, and Ownership Structure*, 3 J. FIN. ECON. 305 (1976)。

公司授予管理人员代理权之后，管理人员在通过职务或者业务行为为公司股东创造价值的同时，公司需要付出一定的成本作为管理人员劳动的对价，即代理成本①。代理成本可以是公司基于监督管理人员高效履行职务而支付的行政管理费用；也可能表现为公司管理人员谋取其个人经济利益过程中对公司股东利益造成的损耗。评估上市公司等企业内部出现的内幕交易行为对于企业效率的影响，其核心在于分析代理成本——如果内幕交易有助于减少公司股东与管理人员之间的利益分歧，进而减少整体代理成本的，则内幕交易有利于提升公司运作效率；反之，内幕交易则损害公司效率。

在由非公职人员实施的内幕交易行为中，企业高级管理人员利用其行使决策与管理权过程中获悉的重大未公开信息从事相关金融交易是最为常见的。因为高级管理人员相对于企业一般工作人员而言，不仅对于信息的创造承载了更多的指导与参与工作，而且其职务能力决定了更有可能僭越企业信息保密规章。从经济激励的角度分析，与处于资本链条顶端的资本家和低端的普通员工不同的是，企业很难对行使代理权限的高级管理人员进行富有效率的利益激励。因为任何从一般员工发展到最高级别行政管理人员都可能迸发出具有经济价值的创新概念，企业很难在初始阶段就辨识出这些具有创造价值的管理人员，故很难事先设定富有效率的管理人员薪酬数额与结构。以基金公司、投资公司等机构中的基金管理人、投资经理人为例，公司的效益直接依托于高级管理人员具有创造性的金融交易或者投资决策所创造交易利润，无论事先如何通过薪酬安排优化管理人员经济收入与实际业绩之间的提成比例，或者通过股权激励绑定公司整体与管理人员个人的利益，最后都难以实现委托人与代理人双方均满意的效果。② 正如曼勒所言，真正的创新工作是

---

① 代理成本主要包括组织监督成本、约束成本以及剩余损耗（因管理人员决策与所有者利益最大化决策之间的分歧而造成的组织所有者的利益减损）。See Michael C. Jensen & William H. Meckling, *Theory of the Firm: Managerial Behavior, Agency Costs, and Ownership Structure*, 3 The Journal of Financial Economics 305, 1976, p. 308.

② 相对于企业管理人员个人直接从其信息创造过程中获取收益而言，任何基于实际效益为基础的提成比例或者其他股权分配计划都只能是间接的、远期的激励，因而无法直接、充分、立即满足管理人员的利益诉求。同时，为了满足高级管理人员利益激励而配置过高的薪酬安排也会损耗一部分归属于公司股东的经济利益。

无法预测的，它的价值在被设计与实施之前是无法判断的；真正的创新是无法规划与充满活力的，几乎不可能事先通过合同对其进行任何形式的安排。[①]这就意味着公司股东利益不断增长的动力源泉（企业创新）与其代理者的利益激励之间的分歧很难通过包括股权激励在内的单纯的薪酬制度优化予以解决或者协调。

基于控制企业与管理人员利益分歧的考量，主张内幕交易去监管化的理论认为，企业管理人员等内部人员可以通过内幕交易得到与其创新工作方向相同、时间相同的经济激励，在促进企业创新与股东利益增长的同时，能够成为一种提升企业效率的市场化机制。[②] 内幕交易使公司管理人员持续根据其创造的有价值的新信息更新其报酬而无须承担重新协商劳动合约的成本，从而促进管理人员将其个人财富更为紧密地与组织利益进行联系的工作激励。[③] 具体而言，管理人员通过各种工作创新的方式创造了对于资本市场重新对证券进行定价而言具有重要价值的全新信息，其本人也成为首批知悉这种新信息的行为主体。管理人员可以通过在市场公众知悉这种创新工作、证券价格充分反映利好信息之前，购买本公司证券并享受重新定价之后的经济利益。即使内部人员购买证券的能力与投资成本有限，也可以向其他人转让信息。内幕交易能够使上市公司内部人员“稳定地将其创新活动予以市场化”[④]，从而促进内部人员创新与激励实现统一。

对于企业而言，内幕交易不仅优化了用人单位在经理人劳动市场搜索合适人选的效率，提供了与管理人员创新精神相关的有用信息，而且在很大程度上减少了代理过程中的监督成本。[⑤] 企业都希望选择具有创造能力与一定风险承担意愿的管理人员，但在现实的经理人劳动市场中难以通过常规的评估机制对应聘人员进行有针对性的筛选。如果能够在企业与管理人员商谈合

---

① Henry G. Manne, *Insider Trading and the Stock Market*, Free Press, 1966, p. 132 – 133.

② Henry G. Manne, *Insider Trading and the Stock Market*, Free Press, 1966, p. 99 – 104.

③ Dennis W. Carlton & Daniel R. Fischel, *The Regulation of Insider Trading*, 35 Stanford Law Review 857, 870 – 878 (1983).

④ Henry G. Manne, *Insider Trading and the Stock Market*, Free Press, 1966, p. 138.

⑤ Dennis W. Carlton & Daniel R. Fischel, *The Regulation of Insider Trading*, 35 Stanford Law Review 857, 1983, p. 886.

约的过程中涉及许可内幕交易且折抵固定报酬条款的探讨，企业就能非常便捷地从众多招录中挑选更具创新精神与风险担当的管理人员。因为设置允许管理人员利用经营过程中形成的重大未公开信息买卖本公司证券及衍生品获取个人利益的机制，切实回报了那些创造有价信息且愿意承担交易风险与固定报酬损失风险的管理人员，并且愿意选择内幕交易报酬激励的管理人员基本上属于最愿意承担风险且具有创造价值能力与创新精神的管理人员，同时能够主动地通过创造价值谋取个人与组织的利益共赢，从而节省企业督促其积极创造价值的监督成本。

二、作为代理成本的内幕信息滥用

然而，内幕交易在降低代理成本的同时，其本身极有可能构成一种牺牲股东利益的、基于信息控制权而实施的、纯粹的私人获利行为，甚至可以直接认为内幕交易就是一种额外的代理成本——内幕交易实质上并没有提供一个促进上市公司股东与管理人员利益联盟的刺激动力的整体机制，而是在扭曲管理层报酬机制过程中创造了新的代理成本。[①]

首先，企业根据管理人员是否选择从事内幕交易来决定相应的固定报酬或者股权激励数额，会在根本上扰乱原本具有一定效率或者现实可操作性的事前报酬合约机制，即破坏以工作业绩、生产力为基础的薪酬机制。[②] 如果管理人员在与企业签订薪酬合约时选择更高的固定报酬且放弃基于重大未公开信息实施内幕交易的权利，企业就需要额外支出监督管理人员相关知情交易的成本，且知情交易监督成本并非一定能够发现并控制管理人员内幕交易行为。因此，实践中完全可能出现管理人员既获取高额固定报酬又不遵守合约从事内幕交易的情况。

其次，允许内幕交易可能与激励管理人员创新与创造价值并无关联，或

---

① Reinier Kraakman, *The Legal Theory of Insider Trading Regulation in the United States*, in European Insider Dealing: Law and Practice, Klaus J. Hopt & Eddy Wymeersch eds., Butterworths (Canada) Limited, 1991, p. 52.

② 即使像卡尔顿与费舍尔教授这样的内幕交易去监管化的积极拥护者也承认，禁止内幕交易能够防止内部人破坏传统且稳固的薪酬协议。参见 Dennis W. Carlton & Daniel R. Fischel, *The Regulation of Insider Trading*, 35 Stanford Law Review 857, 1983, p. 873。

者无法充分激励管理人员创新。相当数量的内幕交易者实际上并不是基于其开创了创新业务或者全新的管理模式而掌握了公司中有价值的新信息或者启动了有价值的重大项目。在当前资本市场中，公司管理人员实施的内幕交易行为通常只是完全与创新与价值创造无关、单纯基于其公司职务就可以获取的重大未公开信息，如利用其掌握的公司财务情况在财务报告未公开前从事相关证券交易。同时，即便重大未公开信息与创新或者价值创造相关，实践操作上也很难确保利用该信息从事相关金融交易的行为主体局限于制造新信息或者参与企业创新的人员。因为信息的扩散性决定了内幕交易利益具有明显的非排他性，会产生“搭便车”的情形——利用重大未公开信息实施相关金融交易的知情人员有相当部分只是无权参与公司管理的普通员工、专业人员等。[①] 这些知情人员通常只是在完成或者执行与重大未公开信息有关事宜的过程中获悉信息，而非参与创造这种全新的信息或者事件；而真正具有创造性的企业管理人员需要掌控他们所创造的新信息，持续垄断这种内幕交易利益，排除其他知情人员实施内幕交易消耗或者提前释放重大未公开信息在资本市场中的价值。如果企业内部真正的信息创造者不能垄断其创造的信息，就会降低其创新激励并对公司业绩产生消极影响。

最后，以内幕交易激励创新不仅将导致公司正常的商业与管理行为受到管理人员个人金融交易利润的影响，还会促使管理人员实施激进行为从而导致公司必须面对过度的风险。[②] 管理人员会利用公司的商业机会提升其在个人金融交易中的获利数额，[③] 通过操控商业决定优化其潜在的金融交易收益。[④] 例如，与上市公司重大合同签订与履行有关的信息会引发相关证券及

---

① Laura N. Beny, *Insider Trading Laws and Stock Markets around the World: An Empirical Contribution to the Theoretical Law and Economics Debate*, 32 The Journal of Corporation Law 237, 245 (2007); James D. Cox, *Insider Trading and Contracting: A Critical Response to the Chicago School*, 1986 DUKE L. J. 628, 1986, p. 653.

② Lucian A. Bebchuk & Chaim Fershtman, *Insider Trading and the Managerial Choice Among Risky Projects*, 29 J. FIN. & QUANT. ANALYSIS 1 (1994).

③ Lucian A. Bebchuk & Christine Jolls, *Managerial Value Diversion and Shareholder Wealth*, 15 J. L. Econ. & Org. 487, 487 – 88 (1999).

④ Robert J. Haft, *The Effect of Insider Trading Rules on the Internal Efficiency of the Large Corporations*, 80 Mich. L. Rev. 1051, 1982, p. 1056.

衍生产品市场交易价格的波动，在公司管理人员能够基于重大合同信息买卖相关金融商品的情况下，个人利益就介入了管理人员正常职务行为（代理公司进行商业决策与经营行为），上市公司签订重大合约、放弃该项交易计划、合约顺利履行或者以和解的方式处理合同纠纷等一系列商业决策与行为所造成的金融商品价格波动，都会影响买卖相关金融商品的公司管理人员的交易利润。其完全可能基于个人利益最大化的目的，通过持续控制商业决策与行为的方式反复制造价格波动并从中谋取利益。同时，公司证券交易价格波动越大，内幕交易的获利就越大。这会激励公司管理人员通过设计风险极大的项目为公司股东获取对应的高收益,[①] 从而使其有机会创造更具价值的新信息并从中获取更多的内幕交易，但过度的风险承担实际上并不符合公司股东利益。

内幕交易能否在降低代理成本的基础上提升组织运作效率的问题，实际上很难进行绝对的、直接的、定性的判断。公司与管理人员的利益是紧密关联的：在有效保障管理人员个人利益与防控其从事过度风险经营行为的情况下，内幕交易有利于提升组织效率；在其他情况下，或是利益冲突决定了无法许可管理人员内幕交易，或是允许内幕交易将会导致利益冲突从而损害公司股东利益。因此，在现行的资本市场环境与法律制度框架下，作为代理成本问题的内幕交易监管与去监管化论辩的价值并非在于形成强化或者取消内幕交易监管，而是尝试探索公司（委托人）与管理人员（代理人）在重大未公开信息使用问题上的利益共同点或者重合面。

在真实的企业运作实践中，管理人员个人利益是一种需要法律制度始终关注的诉求。并非所有流向管理人员的内幕交易利润都需要在制度层面予以禁止而不允许公司与管理人员在组织内部进行自由协商，抽象且绝对的禁止往往会损耗企业运营效率。如果公司价值与参与重大未公开信息创造的管理人员利益能够实现共赢，则应当在市场滥用违法犯罪防控政策上为公司与管理人员就重大未公开信息使用问题预留制度空间，允许双方通过市场化的方式进行安排。同时，即使特定的内幕交易类型能够促进公司运作效率，亦不

---

① Frank H. Easterbrook, *Insider Trading, Secret Agents, Evidentiary Privileges, and the Production of Information*, Sup. Ct. Rev. 309, 1981, p. 332.

能直接肯定在制度上对其进行去监管化的合理性，还应当进一步分析内幕交易对于资本市场整体效率的影响。对于利用未公开信息交易行为而言，基金公司管理人员等利用的重大未公开信息属于募集资金的投资决策等信息类型，知情交易行为只涉及是否损害公司股东或者募集资金提供者利益的问题；对于资本市场中的其他投资者而言也只存在信息能力上的差异问题，并没有损害资本市场其他投资者的利益，知情交易反而能够为资本市场投放额外的流动性。但对于内幕交易行为而言，上市公司内部人员等利用的是与上市公司经营或者财务有关的、能够影响证券及相关衍生品市场交易价格的尚未公开的信息，知情交易行为对于相关金融商品的定价、外部投资者的利益、市场竞争不公平而导致的流动性流失等均会产生影响，即内幕交易涉及资本市场整体效率问题。

所以，在排除公权力介入重大未公开信息形成的情况下，完全生成于市场的重大未公开信息被内幕交易利用之后，不仅应当在组织效率层面深度考察代理成本与内幕交易的关系，而且必须在更为宽泛的资本市场层面分析内幕交易与市场效率之间的关系。

第三节　内幕交易与信息市场

一、内幕交易对市场效率的影响

内幕交易究竟是有益于还是损害组织效率是一个局限在组织内部的经济评估问题。在内幕交易的行为结构中，如果只涉及重大未公开信息知情人员与企业所有者（股东）之间的关系，分析内幕交易是否能够实现股东与管理人员利益最大化问题是可行的。但是，相当部分的内幕交易不仅是组织内部的一种经济行为，更是一种对资本市场产生实质性影响的市场行为，需要在更为广阔的市场效率层面对内幕交易进行评估。[①] 上市公司高级管理人员实

① Kimberly D. Krawiec, *Fairness, Efficiency, and Insider Trading: Deconstructing the Coin of the Realm in the Information Age*, 95 Northwestern University Law Review 443, 2001, p. 445.

施的证券内幕交易行为，就是典型的对资本市场整体效率产生重大影响的内幕交易类型。潜在的上市公司外部投资者与持有重大未公开信息的上市公司内部人员从事方向相反的金融交易的可能性越大，外部投资者承担的市场风险越大，则资本市场对于理性外部投资者的吸引力越低，资本市场对于相关金融商品的定价越不被潜在的上市公司外部投资者认可。[①] 特定资本市场中的投资者与资本数量的减少与定价认可度的下降会导致融资成本上升与资本效率下降，[②] 最终引发该资本市场在全球金融市场竞争中被淘汰。

特定的内幕交易行为会因为有利于控制代理成本而在组织效率层面产生较大的积极效应，但同时也会由于损害定价准确性与降低流动性而对资本市场效率产生相当的负面影响。在引入作为市场效率问题的内幕交易概念之后，就有必要明确如何在统一的框架下评估组织效率与市场效率。一种设想是，对于确实涉及资本市场整体影响的内幕交易类型，必须评估其对组织内部与市场整体的综合性作用：如果内幕交易对于组织产生的积极效应大于对于资本市场造成的损害，应当允许内幕交易并通过民事诉讼对市场效率损害进行补偿。但是，一旦内幕交易行为超越了组织效率评估界限而对资本市场效率产生影响，就只能在资本市场整体层面评估内幕交易行为的效率问题；因为资本市场是发行证券等金融产品的组织运作的平台，任何影响市场效率的问题都要优先于组织个体效率进行排他性的评估。即使法律制度能够保证所有受到内幕交易损害的投资者均得到全额赔偿（在操作上不可能实现），由于资本市场整体效率损害（定价失准、流动性撤离等）无法通过补偿所有利益受损投资者的方式进行恢复，故特定的内幕交易行为只要损害市场效率，就不能再考虑组织效率。

定价准确性与市场流动性是法律与经济分析理论评估内幕交易对资本市场影响的重要尺度。定价效率是指市场价格及时且准确地反映了与金融资产

① Roberta S. Karmel, *Reconciling Federal and State Interests in Securities Regulation in the United States and Europe*, 28 Brook. J. Int'l L. 495, 2003, p. 545.

② Robert A. Prentice, *The Inevitability of a Strong SEC*, 91 Cornell Law Review 775, 824 – 25 (2006).

有关的所有信息的程度,[①] 是分析金融资产市场价格与内在价值是否相符的指标。特定金融商品的市场交易价格所反映的与该金融商品及其发行人有关的信息越充分，该价格越接近于金融商品真实价值，资本市场的定价就越准确。[②] 市场流动性表现为交易者迅捷地执行交易的市场水平，市场流动性越充分，交易指令执行的速度越快，交易成本越低。[③]

内幕交易介入市场后金融商品运行价格对基础资产真实价值关联信息的反应程度是判断内幕交易与市场定价效率关系的基础标准。以股票这种特定的金融商品种类为例，与上市公司未来业绩有关的信息以及市场价格对信息的反映程度是决定市场定价准确性的两大因素。[④] 如果内幕交易能够向市场释放并推动市场价格反映信息，股票的市场定价与价值之间的偏离度则较低，那么内幕交易对股票的定价准确性具有积极影响；反之，内幕交易对股票定价具有消极影响。

从现有的实证研究来看，对于内幕交易究竟能否提升定价效率问题从来没有形成过一致性认识。早期的实证研究认为，内幕交易行为能够推进价格快速变动并提升市场定价效率。[⑤] 因为资本市场实际上是可以自我察觉潜在的知情交易并将知情交易及其负载的信息整合于市场价格之中,[⑥] 尤其是与财务报告有关的信息，知情人员在信息公开之前的交易是提前反映财务预期利好与利空的重要指标。[⑦] 近期针对 1998 年至 2006 年美国存托凭证（American Depositary Receipts，ADR）的实证研究则发现，内幕交易监管制

---

① Nuno Fernandes & Miguel A. Ferreira, *Insider Trading Laws and Stock Price Informativeness*, 22 The Review of Financial Studies 1845, 2009, p. 1846.

② Li Jin & Stewart C. Myers, *R2 Around the World: New Theory and New Tests*, 79 J. FIN. ECON. 257, 2006, p. 258.

③ Marcel Kahan, *Securities Laws and the Social Costs of "Inaccurate" Stock Prices*, 41 Duke L. J. 977, 979 – 1020 (1992).

④ Merritt B. Fox, *Randall Morck, Bernard Yeung & Artyom Durnev, Law, Share Price Accuracy, and Economic Performance: The New Evidence*, 102 MICH. L. REV. 331, 2003, p. 346.

⑤ Stephen H. Penman, *A Comparison of the Information Content of Insider Trading and Management Earnings Forecasts*, 20 JFQA 1 (1985).

⑥ L. Meulbrock, *An Empirical Analysis of Illegal Insider Trading*, 47 J Fin 1661 (1992).

⑦ Stephen H. Penman, *Insider Trading and Dissemination of Firms' Forecast Information 55 J Bus* 479, 1982, p. 491.

度得以执行国家或地区的ADR具有更好的市场流动性、更低的信息不对称性以及更为准确的定价效率。[①] 这意味着控制内幕交易更有利于提升金融商品价格反映市场信息的全面性与准确性。就内幕交易个案层面的深度实证分析而言，研究显示目前仍然难以辨识内幕交易行为与外部投资者所从事的相关金融商品交易行为对于金融商品市场价格的区别性影响。[②] 例如，伊万·博伊斯基曾于雀巢公司收购康乃馨公司之前买卖后者证券，一项针对该起内幕交易案件的实证分析报告指出，尽管相关证据明确显示博伊斯基利用并购内幕信息从事相关证券交易，但数量分析未能测算出博伊斯基内幕交易行为与非知情证券交易行为之间在市场价格影响方面的差异。[③]

从理论上分析，内幕交易促进金融商品定价准确性，其根本经济机制在于内幕交易能够替代信息披露促进市场价格吸收尚未公开的、与金融商品及其基础资产价值具有密切联系的信息。而需要内幕交易以非信息内容公开的方式促进价格效率的经济前提，建筑在信息披露在特定情况下会损害市场效率的事实基础之上。应当承认，绝对性信息披露机制损害市场效率的弊端是现实存在的。资本市场法律制度尽管特别强调通过信息披露促进市场价格效率，但并不要求金融商品发行主体立即、全部披露所有重大信息。以证券为例，上市公司披露重大信息后商业竞争对手可以利用信息的“搭便车”行为进而损害上市公司在实体经济竞争中的优势地位，导致从根本上遏制其创新，故有必要在信息披露与证券定价效率之间寻求平衡。[④] 具体分析信息披露对上市公司潜在的商业利益损耗——信息披露是由上市公司承担个体成本的方式实现资本市场整体利益，但资本市场是一个覆盖上市公司及其投资者和大量的上市公司竞争对手及其投资者的融资与投资平台。上市公司信息披露内

---

① Kee H. Chung & Hao Zhang, *Insider Trading Regulation and Market Quality: Evidence from American Depositary Receipts*, 39 Asia – Pacific Journal of Financial Studies 340 (2010).

② Z. Goshen & G. Parchomovsky, *On Insider Trading, Markets and "Negative" Property Rights in Information*, 87 Virginia Law Review 1229 (2001).

③ Sugato Chakravarty & John J. McConnell, *Does Insider Trading Really Move Stock Prices?*, 34 The Journal of Financial and Quantitative Analysis 191 (1999).

④ Stephen M. Bainbridge, *Mandatory Disclosure: A Behavioral Analysis*, 68 University of Cincinnati Law Review 1023, 2000, p. 1025.

容越全面、时间越迅速，竞争者对于上市公司的信息掌控也就越充分。这意味着上市公司信息披露在一定程度上提升了其竞争对手的利益。有利于实现资本市场整体利益的信息披露（市场最优信息披露）程度介于不披露与完全披露之间，但信息披露义务主体显然会倾向于选择低于市场最优信息披露程度的实践操作；这就在相当程度上解释了为什么法律需要通过强制性披露规则推动上市公司信息披露。强制性信息披露补充了上市公司自愿信息披露不足以反映的那部分金融商品价格。然而，尽管强制性信息披露能够直接提升金融商品市场价格精确度，但如果强制性信息披露要求义务主体披露全部信息，会对资本市场制造较高且实际上也难以承受的成本。强制性信息披露制度必须为自愿性信息披露留出制度空间，这便促成了内幕交易替代信息披露优化市场价格准确性的现实可能。

基于此，法律与经济分析理论中的代表性观点指出，内幕交易在优化金融工具市场交易价格准确性的同时免去了证券等金融工具发行人披露尚未确定的未公开信息的成本，① 内幕交易行为提升了资本市场定价效率，故禁止内幕交易的法律制度并不合理。② 因为内幕交易行为本身确实能够向资本市场传递信息、制造市场趋势、影响与特定信息具有关联的金融工具市场价格，这种由内幕交易引发的交易量增长与价格变动推动相关金融工具市场交易价格趋向于重大未公开信息所内涵的真实价值。此外，以内幕交易替代信息披露对于上市公司实体经营而言具有重要价值。上市公司披露信息将损耗实体创新延伸出的信息价值，信息不确定性也会导致过早披露误导市场的法律责任，而内幕交易能够有效避免此类经济与法律风险，同时给证券交易市场注入相当的信息效率。③

应当承认，内部人员基于未公开信息所从事的知情交易助推资本市场定价效率优于信息披露的观点具有合理性的因素与成分。以即时或者早期信息

---

① Henry G. Manne, *Insider Trading: Hayek, Virtual Markets, and the Dog that Did Not Bark*, 31 J. CORP. L. 167, 2005, p. 169.

② Henry G. Manne, *Insider Trading and the Stock Market*, Free Press, 1966, p. 80 – 91.

③ Dennis W. Carlton & Daniel R. Fischel, *The Regulation of Insider Trading*, 35 Stanford Law Review 857, 1983, p. 863.

披露的法律责任成本为例，特定时间节点所披露的信息内容与最后发生的事实之间大致存在完全相反、显著偏离、偏离、略微偏离、基本一致、高度一致、完全一致等多种反映与被反映程度的关系。这种反映程度上的差异或者多种可能是由信息本身所具备的不确定性决定的；一旦信息表达与事实内容的偏离程度超过市场预期或者投资者认为信息披露主体存在虚构或者隐瞒真相，承担信息披露义务的上市公司就将面对大规模的潜在法律责任风险。披露信息可能导致的虚假陈述责任决定了信息披露义务主体倾向于不披露尚未完全或者相对成熟的信息（对最后发生事实反映程度相对较低的信息），并在事实发生相对确定的时间节点披露信息。新信息形成之后直至披露之前的价格信号可以由内幕交易向市场进行替代性传递。

二、资本市场的信息效率

内幕交易在实际操作中很难成为信息披露促进市场定价准确性的廉价替代性方案，其主要原因在于内幕交易与市场定价效率之间的利益冲突以及内幕交易促进信息效率的不确定性与低效性。

其一，内幕交易行为主体的个体利益与内幕交易替代信息披露优化市场定价效率所涉及的市场整体利益之间存在明显的利益冲突。

重大未公开信息知情人员并不会基于追求价格平衡的价值理念实施相关金融交易。内幕交易能否以及获取多少交易利润的根本机制在于其拥有的信息接触优势。知情人员对于信息的控制力越强，其获取利润的概率与数额就越高，这种基于内部人员主观意志足以整体排除外部投资者或者投机者信息竞争能力的优势只有在持续掌握、囤积、利用时才得以实现利益最大化。如果未公开信息通过价格信号的变化转移至公开市场，内幕交易的利益将会出现折损。如果市场价格充分反映重大未公开信息，将会根本性地限制知情人员利用其掌握的未公开信息实现经济价值的利益程度。即使客观上存在内幕交易获利与资本市场定价效率优化的双赢空间，内幕交易利益最大化与资本市场效率最大化的终极层面还是会存在价值冲突。未公开信息知情人员可能基于利益最大化的利己诉求而损害资本市场定价效率与企业运作效率。

其二，内幕交易是否以及在多大程度上促进金融商品市场价格朝着与其真实价值相应的反向进行运作，存在高度的不确定性与相对低效性。

实践中不能排除市场中的专业信息分析人员或者投资者难以辨识由内幕交易行为所释放的信息与价格信号。因为即使在合法的内部人交易场合，买卖本公司证券及其衍生品的内部人员也可能基于确保信息利益垄断的经济考量而刻意隐藏其交易行为或者控制其对市场的影响。在具体操作中，重大未公开信息知情人员可以通过分散交易量、使用“人头账户”等多种方式隐匿内幕交易行为本身可能向市场传递的信息内容。经结构化改造后的内幕交易排除或者模糊了知情人员身份、敏感时间大额交易等可能引起市场进行潜在信息评估的因素，绝大部分内幕交易被市场理解为流动性或者噪声交易。退一步分析，即使重大未公开信息的知情人员并不刻意对交易事实进行掩盖，内幕交易也可能难以向市场传递或者充分传递全新的信息内容。毕竟相当部分的内幕交易在数量上并未在同期市场交易量中占据显著地位，加之噪声交易对于证券价格和新信息进行充分反映的干扰，内幕交易的信息提示价值与优化定价效率会有很大的局限。[①] 重大未公开信息的内容指向利好（利空），知悉该信息的内部人员在信息尚未披露时做多（做空）金融商品，在其他影响该特定金融商品基本供求关系的条件没有响应变更的情况下，金融商品市场价格会相应上涨（下跌）。但是，资本市场中的金融商品具有高度的可替代性。随着市场产品内容与结构的不断优化，特定金融商品会存在诸多可替代投资品种，有限的内幕交易数量规模决定了其在绝大多数情形下都会湮没在众多相类似金融商品整体交易总量之中，很难通过价量“解码”的过程为市场有效传递潜在的价格敏感信息。内幕交易对于市场信息效率的潜在影响通常是不重要的。此外，内幕交易影响金融商品市场价格变动的过程缓慢、时间成本过高，其他市场参与者只能通过金融商品价格与交易量的变动解读潜在的内幕交易及其所指向的未公开信息，进而沿着内幕交易的方向参与市场交易。这个价量“解码”流程烦琐、复杂、零散、低效。所以，内幕交易所内含的信息在被市场察觉之前，金融商品市场价格可能会逐渐接近充分反

① Stephen M. Bainbridge, *The Insider Trading Prohibition: A Legal and Economic Enigma*, 38 Florida Law Review 35, 1986, p. 66.

映市场未公开信息的价格水平，但这显然是一个需要耗费相当时间与成本的价格变动过程。加上资本市场中还存在诸多不具有理性投资判断基础的噪声交易扰乱价格信号的有序释放，经过种种环节弱化之后，内幕交易引导金融商品市场价格的效率最终很难实现。

可见，实证研究结论与理论分析观点的激烈冲撞决定了内幕交易与资本市场定价效率关系难题在数十年的纠缠与困惑中仍然处于待解状态。内幕交易对资本市场流动性影响问题同样如此。实证研究对于内幕交易行为是否降低市场流动性问题并没有形成确定的结论性意见。有的调查发现，做市商、专业交易者等感觉到内部知情人员针对特定证券或者衍生品实施的交易比较活跃时，其买卖价差[①]趋于增大。[②] 有的研究认为，内幕交易并没有对市场流动性产生影响。[③] 也有数据显示，提供流动性的市场交易者短期内受到内幕交易影响，但长期来看其有能力弥补特定时间节点出现的损失。[④] 更有报告指出，内幕交易等信息不对称交易有益于做市交易等市场流动性因素。[⑤]

既然内幕交易对市场定价与流动性、影响性评估的分析路径，依赖于长期都无法解决内幕交易与市场效率关系的问题，并且导致资本市场法律制度始终在没有稳定的金融原理与实证研究结论的支撑下介入内幕交易违法犯罪规范控制，所以完全有必要转换内幕交易效率问题的评估视角。所以，提出有利于提升资本市场效率的内幕交易行为应当去监管化的基本判断显然是正确的。但目前法律与经济分析框架的局限性在于将资本市场效率问题完全等同于定价效率与流动性，而忽略了作为市场效率问题的内幕交易实质内容在

---

① 买卖价差是衡量市场流动性的重要标准。买卖价差越大，交易执行成本越大，市场流动性越差。参见孙培源、施东晖：《微观结构、流动性与买卖价差：一个基于上海股市的经验研究》，载《世界经济》2002 年第 4 期。

② Nicholas L. Georgakopoulos, *Insider Trading as a Transactional Cost: A Market Microstructure Justification and Optimization of Insider Trading Regulation*, 26 Cornell Law Review 1 (1993).

③ Kee H. Chung & Charlie Charoenwong, *Insider Trading and the Bid – Ask Spread*, 33 Financial Review 1 (1998).

④ Walayet A. Khan & H. Kent Baker, *The Impact of Insider Trading on Market Liquidity in the Nasdaq Market*, 21 The Journal of Applied Business Research 11 (2005).

⑤ Stanislav Dolgopolov, *Insider Trading and the Bid – Ask Spread: A Critical Evaluation of Adverse Selection in Market Making*, 33 Capital University Law Review 83 (2004).

于对资本市场信息效率的影响。内幕交易监管或去监管化、内幕交易犯罪化或非犯罪化的法律问题，归根结底是重大未公开信息产权配置的经济问题与资本市场信息效率保障的金融问题。定价与流动性视角是从资本市场的角度静态地、形式化地分析内幕交易与市场效率之间的关系，加之法律与经济分析受制于实证研究方法的局限、资本市场的地域化差异、理论抽象的认识分歧等多方面因素，实际上无法解释作为市场效率问题的内幕交易行为。既然是分析经济行为与市场效率影响与被影响联系问题，就必须从互动、联系的角度进行动态与实质的解释。因此，突破传统研究框架的法律与金融分析应当从内幕交易与资本市场效率之间的“连接点”——信息的角度解释内幕交易效率问题。内幕交易是基于重大未公开信息实施的，获取信息披露前后金融商品价差利益的资本市场交易行为。同时，根据前文有关 ECMH 的分析，金融商品市场价格是现有所有市场参与者就该金融商品预期现金收益折现价值的共识。对于强式效率市场而言，所有信息均体现在金融商品市场价格之中。但是，资本市场事实上无法完美评估所有市场信息，无法完美反映内部人员掌握的未公开重大信息，市场价格普遍性地偏离完美反映所有信息的真实价值或者所谓的正确市场价格，出现市场信息不对称所造成的价差。评估内幕交易效率问题的核心在于解释内幕交易行为对于资本市场信息效率的关系，即内幕交易如何影响金融商品市场价格反映市场信息的整体过程。

在解构内幕交易如何影响市场信息效率时，必须对信息进行类型化，从而进一步明确与强化基于何种信息类型而实施的内幕交易属于市场效率评价工具所能覆盖的市场滥用行为。① 资本市场中对于金融商品定价具有影响的信息可以划分为市场性信息与行政性信息：前者是指在市场竞争与运作过程中形成的、没有公共权力介入的、由市场自发形成的价格敏感信息；后者是指对于资本市场中的金融商品发行与交易价格具有影响的公共管理信息、金融监管信息等。行政性市场信息不仅包括政府或者国有资本在行政许可、参与资本市场投资或者公司经营过程中基于其组织机构的运作模式而形成的信

① 正如前文所述，作为市场效率问题的内幕交易只是所有内幕交易违法犯罪统一范畴中的一部分，基于权力监管信息以及代理信息而实施的内幕交易行为分别归属于权力问题与代理问题，不属于市场效率分析工具评价的范畴。

息（如国有资本投资主体或者政府对相关项目进行审批），而且覆盖各种金融监管信息，即监管机构在对金融市场进行管制与调控过程中形成的信息（如调整存款准备金率、开征或者取消印花税、对特定机构进行调查或者处罚等）。基于此类信息实施的内幕交易是权力腐败问题，不仅不会对资本市场效率产生积极影响，而且根本不应当适用效率分析工具进行评估。市场性信息可以进一步地类型化为内生信息与外发信息：① 内生信息是指生成于金融商品对应基础资产体内的，在其保值、增值的经济运作中内涵的与该金融商品定价相关的信息，例如，在证券发行人经营过程中（主要是）由内部高级管理人员筹划、执行、决策等职务行为而生成的营收增长（下降）、公司并购扩张（出让资产）等信息；外发信息是指与金融商品对应的基础资产真实实体价值并无直接关联的、由外部供求关系推动的、对金融商品定价具有重要价值的信息，例如，与证券发行人的经营行为无关的、由资本市场中的外部投资行为或者分析意见促成的证券需求量变化信息——基金公司增持特定证券、投资咨询公司发布上市公司分析报告等均属于外发信息。② 基于外发信息实施的内幕交易本质上属于代理成本问题，应当在代理框架下梳理可能涉及的多重利益冲突关系。将只有基于内生信息实施的内幕交易行为归属于市场效率问题，明确效率问题的基本内容与范围，其核心价值在于确定内幕交易刑法介入的重点指向。内幕交易对于资本市场信息效率的影响性评估，关键分析在于内部人员利用与金融商品及其基础资产价值有关的未公开内生信息实施相关金融交易，对于金融商品市场价格有效率地（及时、充分地）

① 需要说明的是，此处信息类型化的价值在于准确地解释基于不同的未公开信息类型所实施的内幕交易所对应的经济问题本质是不同的。以不同的视角与标准划分信息，还可以对资本市场信息进行其他完全不同的类型划分。例如，以信息涉及的范围为标准，可以将市场性信息大致区分为特定金融商品信息与特定市场领域信息。前者是指基于金融商品发行人（如上市公司）自身行为、内部事件等而形成的信息，包括经营状况、管理质量、商业计划、财务动态、历史数据、科研成果、发展策略、证券供求关系等。后者是指与特定金融工具有关的行业、区域、全国乃至全球经济动态等更为广阔的市场领域设定下的信息。

② 外发信息强调信息内容本身并不直接阐释或者说明金融商品基础资产实体价值，但这种外部供求关系因素仍然可能受到基础资产价值的影响或者制约。例如，基金公司大规模增持（减持）特定上市公司股票，该外发信息本身反映市场力量对于特定上市公司股票价格的定价意见，并不直接说明上市公司实体价值，但基金公司作出这一投资决策或者生成这一信息，仍然会受到上市公司基础资产价值的影响。

反映信息究竟会产生何种性质的影响以及这种影响的具体经济机制。①

所以，在分析内幕交易与市场效率关系时，不能忽略内幕交易行为机理的核心——信息。内幕交易归根到底是信息的使用问题——在权力运作的框架下，表现为滥用权力行使过程中获取的信息生产与支配权，以权力的腐败为代价获取个人经济收益。在代理的框架下，表现为在企业内部生成的重大未公开信息的使用权应否让渡给参与创造信息的管理人员。重大未公开信息的使用效果一旦波及资本市场，就出现了一个全新的信息潜在使用权利人，即资本市场中所有的潜在投资者。内幕交易者使用重大未公开信息不再是一个（在特定情况下）可以通过企业与管理人员进行协商从而实现效率最大化的问题，而是需要在解释信息、资本市场与信息市场以及内幕交易对市场定价与市场流动性影响等一系列问题的基础上，深度评估内幕交易与资本市场信息创造、传递、产权配置之间的关系，据此形成以优化市场效率为导向的内幕交易法律规制与内幕信息合规管理。

① 影响性质具体是指积极还是消极影响。内幕交易行为对于信息效率具有积极影响的，则应当对内幕交易违法犯罪进行去监管化；相应地，如果是消极影响，则验证了目前的法律制度在介入内幕交易违法犯罪控制的方向上是正确的。但是，更应当深入剖析内幕交易与信息效率之间影响与被影响关系的具体运作机制。这是刑法介入真正针对内幕交易的经济属性进行有效监管、发挥保护市场效率的关键之所在。

第三章

内幕交易的构成要素与内幕信息滥用的风险防控点

由于内幕交易、泄露内幕信息罪各个构成要素与证券期货实践具有紧密联系，从法律规制的角度进行准确把握存在一定的疑难，故有必要对本罪的构成特征进行论证与分析，为司法实践提供一个精准的内幕交易、泄露内幕信息罪的法律规格，同时也为证券合规实践指引明确的内幕信息风险防控要点，即信息、人员、交易行为相统一的防控体系。

第一节　内幕信息

内幕交易、泄露内幕信息罪的犯罪对象就是内幕信息。理论上一般认为，内幕信息知情人员、非法获取内幕信息的人员只有利用内幕信息进行证券、期货交易或者泄露内幕信息，才能构成内幕交易、泄露内幕信息罪。因为，禁止内幕交易并不意味着禁止内幕人员进行任何证券、期货交易，也即在没有利用内幕信息的情况下，内幕人员与其他投资者一样也应该具有从事证券、期货交易的权利。

一、规范依据

究竟何谓内幕信息，各国的法律有不同的规定。美国《证券法》《证券交易法》以及证券交易委员会监管规则等均没有对内幕信息概念进行明确的界定。在美国，内幕信息的定义是从判例法中发展起来的，具体包括实质性和秘密性这两个核心要素。内幕信息是指任何可能对某一（或某些）上市公司的证券价格产生实质性影响的尚未公开的信息。其中，所谓秘密性是指该信息尚未被普通投资者所知悉，它是相对于有效公开的信息而言的。有效公开是指向证券监管机关或证券交易所报告，或在公共媒体上公布，向足够多的投资分析师披露也等同于公开。在投资者大众获得某项信息之前，该信息仍然是非公开的。因此，信息在公开过程中，在传播过程中，未传播到广大投资者时，属于未得到有效公开，该信息仍应视为内幕信息。所谓实质性是指该信息公开后，会影响投资者是否愿意以当前的价格购买或出售该证券。也就是说，判断某个信息是否具有“实质性”，应当以该信息能否影响包括“投机”和“保守”投资者的合理的投资判断为标准。[①] 美国联邦最高法院在 TSC v. Northway 案[②]与 Basic v. Levinson 案[③]的法院意见中指出，一项未经公开的信息是否属于内幕信息，关键在于判断，作为一位理性的投资人，在知道该项信息之后，是否非常有可能认为此项信息对其投资决定产生重要影响；机械且缺乏弹性的内幕信息认定标准无法根据实际需要作出判断；从整体上判断，内幕信息的认定应当从事情发生的概率和在上市公司整体活动中的影响程度两项因素综合分析。

欧盟《市场滥用指令》对内幕信息进行了相对明确的定义：内幕信息是指那些尚未公开披露的，与一个或几个可转让证券的发行人，或与一种或几种可转让证券的准确情况有关的信息。如果该信息被公开披露的话，可能会对该证券的价格产生影响。[④] 在该定义中，内幕信息应当具有以下四个特征：一是信息尚未公开披露。二是信息真实、准确。这一要件可将内幕交易与利用谣传的其他欺诈行为区别开来，对“真实、准确”信息应有一个比较广义的理解，即只要不是谣传或不是凭空想象和印象，只要它是关于正在发展中

① 参见顾肖荣、张国炎：《证券期货犯罪比较研究》，法律出版社 2003 年版，第 277 页。

② TSC Industries, Inc. v. Northway, Inc. , 426 U. S. 438 (1976).

③ Basic, Inc. v. Levinson, 485 US 224 (1988).

④ Directive 2003/6/EC of The European Parliament and of The Council of 28 January 2003 on Insider Dealing and Market Manipulation (Market Abuse).

事物的准确信息，尽管尚未实现，尚未构成事实，都应该考虑进去。三是信息必须与可转让证券发行人或可转让证券的情况有关。对此，各国法律也有不同的规定。有些国家的法律将其范围规定得较小，仅限于上市公司内部的，即有关公司内部事务的信息，而不包括上市公司子公司或母公司的信息，尽管这些信息具有价格敏感性，如丹麦和西班牙的法律中就作了这样规定。有些国家采取逐项列举的方法，如德国和英国，但也仅限于上市公司内部的信息。而多数国家采取范围比较大的做法，即认为任何种类的任何信息，不论是上市公司内部的还是外部的，只要是与上市公司证券价格有关的，都可作为内幕信息对待。例如，有关市场行情、利率的变化、外汇政策、金融政策的改变等，甚至有关政治方面的重大信息也应包括在内。四是信息必须影响证券市场的价格波动。①

在亚洲国家相关证券法律规定中，日本《金融商品取引法》对内幕信息进行了相对明确的规定，所谓内幕信息，是指与上市公司业务或者其他问题有关的重要事实，具体包括上市公司业务执行决策机关决定的重要事实，有关上市公司销售额，经常性利润以及纯利润变动的重要事实，有关上市公司运营、业务、财产且对投资者判断有显著影响的重要事实等。②

根据我国《刑法》第 180 条（内幕交易、泄露内幕信息罪）的规定，内幕信息的范围，依照法律、行政法规的规定确定。因此，同上述世界各国有关内幕信息的法律规定一样，我国刑法规定的内幕交易、泄露内幕信息罪的犯罪对象也是由相关证券期货行政法律法规进行具体界定。《证券法》对证券内幕信息的范围进行了明确规定，同时，《期货和衍生品法》对期货内幕信息的范围进行了全新的规定。《期货和衍生品法》第 14 条规定：本法所称内幕信息，是指可能对期货交易或者衍生品交易的交易价格产生重大影响的尚未公开的信息。期货交易的内幕信息包括：（1）国务院期货监督管理机构以及其他相关部门正在制定或者尚未发布的对期货交易价格可能产生重大影

---

① 参见张军主编：《破坏金融管理秩序罪》，中国人民公安大学出版社 1999 年版，第 264 - 266 页。

② 金融商品取引法（きんゆうしょうひんとりひきほう、昭和23 年4 月13 日法律第25 号）第百六十六条会社関係者の禁止行為。

响的政策、信息或者数据；(2) 期货交易场所、期货结算机构作出的可能对期货交易价格产生重大影响的决定；(3) 期货交易场所会员、交易者的资金和交易动向；(4) 相关市场中的重大异常交易信息；(5) 国务院期货监督管理机构规定的对期货交易价格有重大影响的其他信息。

二、信息特征

对于内幕交易、泄露内幕信息罪的犯罪对象内幕信息应当具有哪些特征，我国刑法理论上观点基本相同，但在具体表述上又颇不一致。有学者认为，内幕信息具有两个特征：一是秘密性，二是重要性。[①] 也有学者认为，内幕信息的特征，一是未公开性，二是敏感性。[②] 还有学者认为，内幕信息有三个基本要素：一是应为内幕人员所知悉；二是应为未公开的信息，即公众尚未获取或经合法渠道无法获取的信息；三是应具有价格敏感性，即有可能引起公司证券价格的波动。[③] 另有学者认为，内幕信息具有以下特征：一是相关性，即该信息与证券发行及证券、期货交易等活动相联系。二是未公开性，即有关的重要信息和资料尚未通过法定的方式向社会公众和投资者公开，该信息尚处于保密状态。三是重要性，即该信息公开后能对资本市场价格产生下跌或上扬的实质性影响，从而使资本市场合约的持有人获利或遭受损失。[④] 更有学者认为，内幕信息应该具备四个条件：一必须是尚未公开的信息；二必须是真实、准确的信息，这样就将内幕交易与利用谣传的证券、期货操纵行为或虚假陈述的欺诈行为区分开来；三必须是与可转让证券发行人或可转让证券有关的信息；四必须是影响资本市场价格波动的信息。[⑤] 实际上，从《刑法》第 180 条（内幕交易、泄露内幕信息罪）的规定来看，刑法禁止的

---

① 参见赵秉志主编：《破坏金融管理秩序犯罪疑难问题司法对策》，吉林人民出版社 2000 年版，第 186 页；胡启忠等：《金融犯罪论》，西南财经大学出版社 2001 年版，第 268 页。

② 参见薛瑞麟主编：《金融犯罪研究》，中国政法大学出版社 2000 年版，第 262 页。

③ 参见郭立新、杨迎泽主编：《刑法分则适用疑难问题解》，中国检察出版社 2000 年版，第 86 页。

④ 参见马长生、张惠芳：《论内幕交易、泄露内幕信息罪》，载赵秉志主编：《新千年刑法热点问题研究与适用》，中国检察出版社 2001 年版，第 825－826 页。

⑤ 参见孙昌军、易建华：《关于内幕交易罪几个问题的研究》，载赵秉志主编：《新千年刑法热点问题研究与适用》，中国检察出版社 2001 年版，第 842－844 页。

是内幕信息知情人员或非法获取内幕信息人员在涉及证券的发行，证券、期货交易或者其他对证券、期货交易价格有重大影响的信息尚未公开前，从事相关证券、期货交易或者泄露内幕信息。可见，《刑法》文本中对内幕信息进行特征限定的要素集中表现为“对证券、期货交易价格有重大影响”与“尚未公开”。同时，从《证券法》《期货和衍生品法》等法律的规定分析，这些前置性法律规定同样是明确地从对证券、期货交易价格的重大影响与信息本身尚未公开两个角度对内幕信息的特征进行限定。结合特征表述法定性、简洁性与金融实务惯例的考虑，作为内幕交易、泄露内幕信息罪犯罪对象的内幕信息，具有两个特征：未公开性与价格敏感性。信息管理活动中应当紧密结合内幕信息的特征进行信息风险控制。

三、信息内容

内幕信息是内幕交易认定的前提与核心，内幕信息的内容应当严格遵循《证券法》规定的具体类型进行界定。一般情形下，上市公司并购策略转变无法归入重大的投资行为和（或）重大的购置财产的决定或者其他具体的重大事件类型，但仍存在被认定为重大事件的可能性。实践中应当严格区分上市公司的并购策略转变与具体收购行为，并依此路径区分重大信息的形成时间，否则可能导致内幕信息及其形成时间的双重混淆。证券行政执法实践中应当注重内幕信息界定的精细化表达，从而促进中国资本市场法治的长足发展。

从实践中的案例切入——2019年7月31日，证监会作出《中国证监会行政处罚决定书》（阳某某）（〔2019〕75号）（以下简称阳某某内幕交易案），认定阳某某的行为构成2014年《证券法》（2014年8月31日实施）第202条所述的内幕交易行为，决定没收阳某某违法所得197, 188, 114. 7元，并处以197, 188, 114. 7元的罚款。涉案金额巨大、历时漫长、刑事与行政程序认定结果冲突，诸多特殊因素使得阳某某内幕交易案在“中国过于宽泛的内幕交易执法制度”① 下受到法律与金融界实务和学术界人士的普遍关注。

① 郝山、陶永祺、卫绮骐：《中国过于宽泛的内幕交易执法制度——法定授权和机构实践》，载《交大法学》2014年第2期。

不仅如此，在阳某某内幕交易案行政处罚决定书中，证监会认定“中青宝转变投资策略，明确要收购业务成熟、有一定利润规模的优质游戏公司的决定，属于2014年《证券法》第67条第2款第2项规定‘公司的重大投资行为和重大的购置财产的决定’的重大事件，该信息公开前属于2014年《证券法》第75条第2款第1项规定的内幕信息”，首次将上市公司并购策略的转变认定为重大事件和内幕信息，并以此为前提对内幕信息的形成与公开过程、内幕交易知情人、内幕信息获取及内幕交易行为进行了事实认定与法律适用。因此，上述重大事件和内幕信息的界定在阳某某内幕交易案中可谓至关重要。

但无论是在2014年《证券法》第67条第2款规定的11种具体重大事件还是在第75条第2款规定的其余6种具体内幕信息中，均不存在包含“转变投资策略”的表述，因此如何对上市公司“转变投资策略”——更细致地说是并购策略的信息类型归属进行界定，从而具体认定本案中青宝的并购策略变化是否属于内幕信息，进而在此前提下讨论本案是否应当对并购策略变化与具体收购方案的重大信息形成时间进行区分，均构成阳某某内幕交易案关于内幕信息界定的关键问题，我们尝试对上述具体问题进行分析。

（一）上市公司并购策略转变的重大事件类型归属

1. 内幕信息与重大事件的类型及其关系

内幕信息的法律界定存在定义式、列举式、定义加列举式以及判例规则式四种不同的模式。[①] 我国采用的是定义加列举式。具体而言，我国2014年《证券法》第75条通过“定义＋列举＋兜底”的方式对内幕信息的内容进行了界定，在第2款列举的内幕信息内容的具体类型中又采用“援引＋单独列举”的方式，援引了第67条第2款规定的重大事件，从而将重大事件纳入了内幕信息的范畴。重大事件包括11项具体类型和1项兜底条款，内幕信息包括7项具体类型和1项兜底条款。（详见表1）

---

① 参见肖伟：《内幕信息的法律界定模式》，载《证券法苑》2014年第4期。

表1　2014年《证券法》中重大事件与内幕信息的类型

序号	条款	重大事件与内幕信息的类型
1	第75条第2款第1项（第67条第2款的重大事件）	（一）公司的经营方针和经营范围的重大变化；
2		（二）公司的重大投资行为和重大的购置财产的决定；
3		（三）公司订立重要合同，可能对公司的资产、负债、权益和经营成果产生重要影响；
4		（四）公司发生重大债务和未能清偿到期重大债务的违约情况；
5		（五）公司发生重大亏损或者重大损失；
6		（六）公司生产经营的外部条件发生的重大变化；
7		（七）公司的董事、三分之一以上监事或者经理发生变动；
8		（八）持有公司百分之五以上股份的股东或者实际控制人，其持有股份或者控制公司的情况发生较大变化；
9		（九）公司减资、合并、分立、解散及申请破产的决定；
10		（十）涉及公司的重大诉讼，股东大会、董事会决议被依法撤销或者宣告无效；
11		（十一）公司涉嫌犯罪被司法机关立案调查，公司董事、监事、高级管理人员涉嫌犯罪被司法机关采取强制措施；
12		（十二）国务院证券监督管理机构规定的其他事项。
13	第75条第2款第2至第8项	（二）公司分配股利或者增资的计划；
14		（三）公司股权结构的重大变化；
15		（四）公司债务担保的重大变更；
16		（五）公司营业用主要资产的抵押、出售或者报废一次超过该资产的百分之三十；
17		（六）公司的董事、监事、高级管理人员的行为可能依法承担重大损害赔偿责任；
18		（七）上市公司收购的有关方案；
19		（八）国务院证券监督管理机构认定的对证券交易价格有显著影响的其他重要信息。

此外，根据2014年《证券法》第67条第1款和第75条第1款对重大事件和内幕信息的定义，重大事件指的是“可能对上市公司股票交易价格产生较大影响”的事件，而内幕信息指“涉及公司的经营、财务或者对该公司证券的市场价格有重大影响的尚未公开的信息”。从两者的定义可以看出：

其一，内幕信息与信息披露的重大事件在性质上具有相同之处，均应具备重大性，即应当对公司股票或证券价格产生较大或重大影响，但重大事件本身的定义并未要求必须具备非公开性。

其二，虽然内幕信息除价格影响重大性外还包括“涉及公司的经营、财务”的信息，而重大事件条款未明确该等信息，但结合第67条第2款和第75条第2款的具体内容可以看出，第67条第2款的重大事件具体类型实际上已经包含部分与公司经营和财务相关的内容，而内幕信息所谓“涉及公司的经营、财务”信息本身也应当具备重大性。因此，重大事件与内幕信息不仅在具体内容上呈现交叉关系，在不考虑未公开性要件的前提下，甚至还可能在广义范围上相同。

有鉴于此，2019年《证券法》第52条第2款干脆放弃对内幕信息的单独列举，直接规定“本法第八十条第二款、第八十一条第二款所列重大事件属于内幕信息”。上述对“信息披露”章重大事件条款的援引，不仅有力地揭示了内幕信息与需进行信息披露的重大事件在重大性上的等同，更显示出内幕信息与重大事件的内容在不考虑未公开性要件的前提下亦应当具备范围上的一致性。

2. 上市公司并购策略转变的重大事件类型归属

（1）上市公司并购策略转变可否归入某一具体的重大事件类型

如前所述，2014年《证券法》第67条第2款具体的重大事件类型中均未出现投资策略或并购策略的表述，因而需对该款各项规定进行具体内涵的考察。阳某某内幕交易案行政处罚决定书认定，“中青宝转变投资策略，明确要收购业务成熟、有一定利润规模的优质游戏公司的决定”属于2014年《证券法》第67条第2款第2项规定“公司的重大投资行为和重大的购置财产的决定”的重大事件。该行政处罚决定书的认定使得上市公司并购策略转变的重大事件类型归属看似已尘埃落定，但实际上该认定在理论和实践层面上至少仍存有两大疑问：

一是如果认同上述行政处罚决定书的观点，那么上市公司并购策略转变究竟属于第67条第2款第2项中的重大投资行为还是重大的购置财产的决定抑或是两者均已涵盖，行政处罚认定对此并未予以明确。

二是如果认为上述认定的事实不属于第67条第2款第2项的范畴，能否将其归入其他重大事件的具体类型中。

对于第一个问题，首先，从文义解释的角度看，根据全国人大常委会法制工作委员会相关人员组织编辑的《中华人民共和国证券法释义》，重大投资行为是指公司进行数额较大的投资、对有较大影响的项目进行投资或者对公司的经营将产生重大影响的项目进行投资等行为。重大的购置财产的决定是指公司作出的以较大数额的资金去购买、置备某一财产的决定或者购买、置备某一有较大影响的财产的决定。[①] 因此，从文义上理解，无论是重大投资行为还是重大的购置财产的决定均应指向具体的投资项目或者财产，而无法涵摄并购策略等并非涉及具体的项目或财产的模糊概念。

其次，从行政执法惯例上看，在2004—2019年16年间发生的总共321起内幕交易行政处罚案件中，177起案件适用了2014年《证券法》第67条第2款第2项，且所涉事项大多为并购重组项目。但上述所涉重大事件的内容无一例外均为具体项目，例如，在证监会〔2019〕102号行政处罚决定书中，证监会认为“邦宝益智收购格灵教育事项构成上市公司重大投资行为”，又如，在证监会〔2017〕17号行政处罚决定书中，证监会认为“益盛药业拟发行股份购买资产的事项属于公司重大的购置财产的决定”。[②] 因此这一认定明显不符合监管部门的执法惯例。（见表2）

---

① 载中国人大网，http：//www.npc.gov.cn/npc/c2202/200011/29354ecf3ef444d095a48e8c4ab7a684.shtml。

② 笔者通过中国证监会网站（http：//www.csrc.gov.cn/pub/newsite/）高级检索功能，将文书标题限定为“行政处罚决定书”，全文内容限定为包含“内幕交易”，并通过逐个验证确认的方式得出2004—2019年内幕交易行政处罚案例及统计数据。

表 2 行政处罚决定书明确为重大投资行为或重大的购置财产的决定的情形

序号	文号	认定事实	认定类型
1	〔2019〕102 号	邦宝益智收购格灵教育事项	公司的重大投资行为
2	〔2018〕92 号	金一文化收购捷夫珠宝 100% 股权事项	公司的重大投资行为
3	〔2018〕84 号	长盈精密与三环集团共同投资设立合资公司的事项	公司的重大投资行为
4	〔2017〕17 号	益盛药业拟发行股份购买资产的事项	公司重大的购置财产的决定
5	〔2015〕29 号	齐星铁塔拟非公开发行股票募集资金，用于购买非关联方持有的南非金矿项目、金矿扩产建设项目以及补充流动资金	公司重大的购置财产的决定
6	〔2011〕57 号	三爱富的控股股东动议、酝酿、论证、决定将其核心业务以定向增发方式置入上市公司，实现整体上市的有关情况	公司重大的购置财产的决定

最后，从行政处罚决定书的内容上看，该行政处罚决定书亦未明确界定重大事件的内容究竟为公司的重大投资行为还是重大的购置财产的决定，而是先认为“转变投资策略……的决定”属于重大事件，随后又认为“中青宝的收购行为”属于重大事件，出现这一反复认定的可能正是出于并购策略转变本身的模糊性。然而，如果行政处罚决定书认为并购策略转变属于重大投资行为或者重大购置资产的决定或者两者兼备，则应当就符合其中任一情形或者均符合两种情形进行具体的论证，上述具体论证的匮乏表明并购策略的转变难以明确为重大投资行为或者重大的购置资产的决定，更进一步凸显了并购策略转变本身并不属于该具体类型的重大事件或者内幕信息。

综上所述，上市公司并购策略转变与重大投资行为和重大购置财产的决定存在本质上的不同，因而不宜适用 2014 年《证券法》第 67 条第 2 款第 2 项的规定。

不仅如此，对于第二个问题，综观 2014 年《证券法》第 67 条第 2 款及

《上市公司信息披露管理办法》（2021 年 5 月 1 日实施）等法律法规，仅仅是上市公司并购策略的变化尚不足以构成其他具体的重大事件，从而亦难以归入其他具体的重大事件类型。

（2）上市公司并购策略转变可否归入重大事件的兜底或定义条款

虽然上市公司并购策略转变无法归入具体的重大事件类型，但能否适用 2014 年《证券法》第 67 条第 2 款第 12 项“国务院证券监督管理机构规定的其他事项”呢？证监会《上市公司信息披露管理办法》第 30 条确实依据授权通过列举规定了其他重大事件的具体类型，以补充 2014 年《证券法》第 67 条第 2 款的规定，但在该管理办法及证监会其他文件中均无法找到针对上市公司并购策略转变的规定。

然而，如果无法满足包括授权事项在内的 2014 年《证券法》第 67 条第 2 款具体的重大事件类型，是否就意味着不可能构成第 67 条第 1 款定义的重大事件？对此，笔者认为，由于 2014 年《证券法》采用的是价格重大性标准，因而即便无法归入具体的重大事件类型，只要在具体情形下“可能对上市公司股票交易价格产生较大影响的”事件仍然有可能构成第 67 条第 1 款定义上的重大事件，第 67 条第 2 款并未排除第 67 条第 1 款在重大事件认定上的适用。

但必须注意的是，由于缺乏量化标准和具体事件类型的指引，为避免行政执法的随意性和不确定性，行政执法部门在认定无法归入具体类型的重大事件时不仅应当更为慎重，而且应当进行更加详细的事实陈述、证据列示和逻辑论证，以通过个案积累的方式建立更明确的执法规则和市场预期。

（二）阳某某内幕交易案中上市公司并购策略变化是否属于内幕信息

如上所述，一般情形下，上市公司并购策略的转变难以归入具体的重大事件类型。在特定情形下，如欲将上市公司并购策略转变认定为内幕信息，则需根据具体事实情形判断是否符合内幕信息未公开性和重大性的构成特征；只有同时符合上述两项特征，方能构成内幕信息。

1. 阳某某内幕交易案中上市公司并购策略的变化是否具备未公开性

未公开性又称为秘密性，指的是信息尚未公开，尚未被证券、期货投资者所知悉。法律规制内幕交易的目的，在于排除投资人因取得投资信息机会的不平等而造成的在证券市场上交易的不平等。内幕信息公开性标准主要有以下两种模式：形式标准与实质标准，[①] 前者指的是内幕信息的公开需要具备一定的法律形式才能认定为信息公开，后者指的是信息是否公开，以市场实际消化为准。[②] 具体判定上，根据证监会《证券市场内幕交易行为认定指引（试行）》（2007 年 3 月 27 日实施，现已失效），公开是指信息"在中国证监会指定的报刊、网站等媒体披露，或者被一般投资者能够接触到的全国性报刊、网站等媒体揭露，或者被一般投资者广泛知悉和理解"。因此，欲探求本案中上市公司并购策略变化是否属于公开信息，首先需对相关事实按时间顺序梳理。（详见图 1）

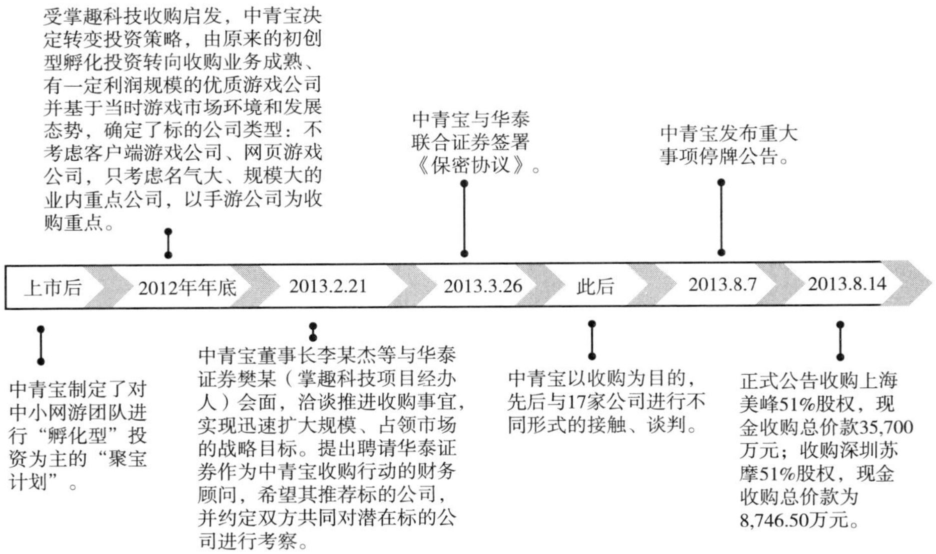

图 1　阳某某内幕交易案认定事实时间

根据上述事实，阳某某内幕交易案行政处罚决定书认定"内幕信息形成时间不晚于 2013 年 2 月 21 日，公开于 2013 年 8 月 14 日"，也就是认为 2013

① 参见李有星、徐鹏炯：《内幕信息重大性标准探讨》，载《浙江大学学报（人文社会科学版）》2017 年第 3 期。

② 参见黄伟文、李晓郛：《内幕信息秘密性要素的探讨》，载《金融法苑》2018 年第 3 期。

年8月14日公告收购上海美峰及深圳苏摩事项方构成内幕信息的公开，内幕信息自2013年2月21日起至该日前处于秘密状态。

然而实际上，早在2012年3月28日公开披露的《中青宝2011年年报》第7页即已载明，“……公司继续稳健推进‘聚宝计划’的实施，开展对外投资收并购的对外扩战略。随着计划的实施，公司参控股公司不断增多……”，第18页载明，“2. 收并购战略实施计划 报告期内继续以稳健的方式推进对外收并购战略……公司将继续实施对外投资的开展……公司希望通过投资收购兼并优秀的产品和团队，迅速提升公司的产品研发及运营能力，加速公司用户基础及市场份额的扩张，通过收购对象的研发及客户积累，迅速提升公司的竞争实力”。2013年2月27日公开披露的《中青宝2012年年报》第17页载明，“较为充裕的现金储备，为公司快速实现自身的规模化运营以及业内并购举措，提供了强有力的资金后盾”，第25页载明，“2. 并购战略实施计划 报告期内公司在高度把控风险的前提下继续以稳健的方式推进对外并购战略”。

上述事实可以证明，早在行政处罚决定书认定的内幕信息形成日之前，中青宝即已全面具体地公布关于并购战略及并购方向等公开信息，包括方向性调整、并购扩张、战略调整、对外投资现金充足、集中聚焦“网页游戏”“手机游戏”等业务、加强优质平台和团队的搜索评估等。

由此可见，阳某某内幕交易案行政处罚决定书在事实梳理和认定上出现了明显的遗漏和缺失，投资者完全可以从前述公司报告等事实中获知关于上市公司并购策略的信息，且该等信息与行政处罚决定书认定的内幕信息在内容上完全重合，无论是适用形式标准还是实质标准，上市公司并购策略信息均已处于公开状态，而事实上证监会也并未因为“泄露”上述信息而对中青宝董事长李某杰作出处罚，这也佐证了上述信息并非秘密的未公开信息。因此，阳某某内幕交易案中上市公司并购策略的转变并不具备非公开性。

2. 阳某某内幕交易案中上市公司并购策略的变化是否具备重大性

重大性又称为价格敏感性、重要性，指的是信息对公司证券的市场价格有重大影响。从2014年《证券法》第75条第1款的文义上看，“有”一词并不能确定是“可能有”还是“实际有”，但从第75条第2款及第67

条进行体系考察，并结合执法实践，可以看出重大性实际涵盖了两种情形，即可能对公司证券的市场价格有重大影响，以及实际上已经对公司证券的市场价格产生重大影响。①

2014年《证券法》第75条第2款列出了具体的内幕信息类型以及一项兜底条款。从证明要求上看，如果涉案信息符合具体的内幕信息类型，则可直接适用第2款具体的法条项目，而无需就符合第1款定义再作出特别说明。如果案件所涉信息不在该款列举的具体内幕信息范围内，则由证监会根据立法授权认定涉案信息是否属于内幕信息，此时需通过具体的事实、证据及论证证明涉案信息符合第1款对内幕信息的定义。但中国证监会在其处罚决定书中除依照2014年《证券法》第75条所列举的特定信息予以判断外，并未确定内幕信息重大性的认定标准。②

具体到本案重大性的认定，根据前述讨论，上市公司并购策略转变难以归入具体的内幕信息类型，因此必须由证监会根据立法授权进行认定。但从论证过程来看，一方面，本案行政处罚决定书中未列出任何事实和证据，也未展开任何逻辑论证，以揭示中青宝并购策略的转变实际上已经对公司证券的市场价格有重大影响。另一方面，阳某某内幕交易案行政处罚决定书没有对中青宝并购策略的转变可能对公司证券的市场价格产生重大影响进行任何合理和具体的论证。实际上，如前所述，中青宝实施并购战略是长期以来的公开信息，公司在年报中已经多次明确并购方向，因此此次并购策略的变化具有极强的延续性，仅为公司并购战略的延伸，符合一般投资者的合理期待，不可能对投资者决策造成重大影响。

不仅如此，从内幕信息与信息披露的关系上看，内幕信息与信息披露的重大事件均具有重大性的要件要求，《证券法》更是统一了临时信息披露与内幕信息的事件范围。本案中上市公司中青宝并未主动就并购策略转变进行临时信息披露，但并没有因为未公开披露该事项受到行政机关或自律监管机构的任何处罚。由此可见，在上市公司及监管机构看来，中青宝根本无须仅

---

① 参见李有星、徐鹏炯：《内幕信息重大性标准探讨》，载《浙江大学学报（人文社会科学版）》2017年第3期。

② 参见主力军：《欧盟禁止内幕交易制度的立法实践及启示》，载《政治与法律》2009年第5期。

就并购策略的变化进行信息披露，从而实际上承认了该并购策略变化的信息不具备重大性。

综上所述，阳某某内幕交易案中中青宝并购策略的变化不具备未公开性和重大性，不满足内幕信息的构成要件，因此该信息不属于内幕信息。

（三）并购策略变化与具体收购行为的重大信息形成时间是否应当区分

1. 并购策略变化与具体收购行为的区别

并购重组、借壳上市、债务重组等类型信息往往由多个阶段构成，涉及多个行为，证监会对此主要采用了“分拆式”与“复合式”两种处理路径，分拆式路径即对独立的事实分拆认定为不同的内幕信息，复合式路径则将多个事实整体认定为内幕信息。[①]

虽然阳某某内幕交易案并未涉及多项不同类型的内幕信息，但本案行政处罚决定书似乎仍然受到上述既有路径的影响，在整体认定与分拆认定之间徘徊不决。本案行政处罚决定书首先将并购策略变化及具体收购行为均列为内幕信息形成和公开过程的事实，从整体上认定“中青宝转变并购策略……的决定”为重大事件。但随后讨论的行为又发生了根本变化，转而认为“中青宝的收购行为”这一独立行为属于重大事件，“该信息公开前属于《证券法》规定的内幕信息……”这一方面忽视了两者之间的区别，从而在内幕信息的内容认定上将中青宝并购策略的变化与收购上海美峰51%股权和深圳苏摩51%股权的具体收购行为相混淆；另一方面也体现出本案行政处罚决定书面对复合型信息的混乱处理思路。

应当注意的是，尽管并购策略的变化与具体收购行为存在一定的联系，并购策略在某种程度上指导着具体的收购行为，但从内幕信息认定的意义上而言，两者存在本质的区别。并购策略的变化仅仅是一种原则性和方向性的变化，存在较大的不确定性，一般情形下难以构成重大事件，因此亦缺乏内幕信息的重大性。而具体的收购行为指向明确，具有较大的确定性，存在构成重大事件和内幕信息的可能。强行将并购策略变化等同于具体的收购行为

---

① 参见樊硕：《证监会内幕信息认定思路及“重大性”标准的实证研究》，载《法律文献信息与研究》2017年第1期。

存在逻辑上的根本障碍，不仅使两者之间清晰的界限模糊化，也将不可避免地损害行政处罚决定书的论证逻辑和说服力。

2. 并购策略变化与具体收购行为的重大信息形成时间是否应当区分

依据2014年《证券法》第67条之定义，只有当某一事实信息发展到具备重大性时方有可能被认定为内幕信息，因此计算内幕信息敏感期的起算点，即形成时间，实际上是对内幕信息重要性的判定，[①] 内幕信息的形成时间与内幕信息的内容认定之间进而属于相互衔接、逻辑统一的关系。在何时认定内幕信息形成，不仅关乎内幕信息的具体内容，而且对内幕交易行政处罚、犯罪甚至于民事诉讼赔偿范围而言都至关重要。

然而在现实中，包括并购重组事项在内的内幕信息从萌芽到发展形成往往经历不同阶段的事实，尚未发展至具备确切的重大性时可能已经为人所利用，因此司法和执法实践中基于我国资本市场现实对内幕信息形成时间进行了适当提前。《内幕交易解释》第5条第3款规定，"影响内幕信息形成的动议、筹划、决策或者执行人员，其动议、筹划、决策或者执行初始时间，应当认定为内幕信息的形成之时"。具体到并购重组类信息，我国上市公司并购重组环节内幕交易案件判例基本上将上市公司及相关并购重组方等拟交易主体确定的时间认定为内幕信息形成之时，因为并购本质上是上市公司股东或其实际控制人与特定交易对手间的资产交易，股东或实际控制人出让部分股份或整体退出上市公司，交易对手方支付对价，故并购拟交易双方到位或确定之时，可认定为内幕信息形成。[②]

阳某某内幕交易案行政处罚决定书认定"内幕信息形成时间不晚于2013年2月21日"。这显然是将"2013年2月21日，中青宝董事长李某杰、董事会秘书郑某芳、手游部门负责人朴某杰与华泰联合证券有限责任公司（以下简称华泰联合证券）樊某（掌趣科技项目经办人）、郑某在深圳会面，洽谈推进收购事宜，实现迅速扩大规模、占领市场的战略目标，提出聘请华泰联合证券作为中青宝收购行动的财务顾问，希望其推荐标的公司，并约定双

① 参见彭冰：《内幕交易行政处罚案例初步研究》，载《证券法苑》2010年第2期。
② 参见谢杰：《内幕信息形成时间判断规则研究》，载《证券市场导报》2013年第8期。

方共同对潜在标的公司进行考察”的事实发生时间作为内幕信息形成的时间。上述信息形成时间是依据《内幕交易解释》第 5 条第 3 款作出，即将 2013 年 2 月 21 日延伸为执行人员“影响内幕信息形成的动议、筹划、决策”的初始时间。

但从法律适用的角度来看，上述认定不无疑问：

其一，虽然李某杰系中青宝控股股东、实际控制人、董事长，对内幕信息的动议、策划、决策等有足够的影响力，但上述信息本质上仍然隶属于公司的并购策略等公开信息，并不符合《证券法》重大事件与内幕信息的规定。如前文分析，本案中的内幕信息应当限于具体的收购行为，因此亦只有实际控制人基于具体的收购事项作出动议、筹划、决策时才有可能被界定为内幕信息的形成时间。

其二，既然本案认定的内幕信息为上市公司转变并购策略的决定，但为何又将内幕信息形成时间认定为上市公司董事长与中介机构接洽的 2013 年 2 月 21 日，而非中青宝决定转变并购策略的 2012 年年底？这一认定是否意味着本案行政处罚决定书认为上市公司并购策略转变这一非具体事项本身无法构成内幕信息，而至 2013 年 2 月 21 日上市公司董事长与中介机构接洽时方可能构成内幕信息？

其三，即便是将 2013 年 2 月 31 日上市公司董事长与中介机构接洽认定为具体收购事项的延伸，亦欠缺合理性。我国上市公司并购重组环节内幕交易案件判例基本上将上市公司及相关并购重组方等拟交易主体确定的时间认定为内幕信息形成之时，但该次接洽内容仅为洽谈推进战略目标和聘请财务顾问，并没有任何实质性操作和进展，上海美峰和深圳苏摩等并购拟交易相对方此时更无从确定。因此，将 2013 年 2 月 31 日认定为内幕信息形成时间与证监会执法惯例亦明显不符。

其四，本案行政处罚决定书后文载明“2013 年 8 月 7 日，中青宝发布重大事项停牌公告，并于 2013 年 8 月 14 日正式公告收购上海美峰 51% 股权，现金收购总价款为 35, 700 万元；收购深圳苏摩 51% 股权，现金收购总价款为 8, 746. 50 万元”，并认为内幕信息“公开于 2013 年 8 月 14 日”，从而将内幕信息的公开时间认定为具体收购事项公开的时间，而非并购策略变化这一信息公开的时间，更从侧面佐证了行政处罚决定书未区分并购策略与具体收购事项形成时间的不当认定。

综上所述，由于并购策略变化与具体收购行为属于本质上不同的两种信息，因此在认定内幕交易形成时间时亦应当注意两者区分，具体收购行为适当提前延伸的形成时间不应当与并购策略变化信息的形成时间相混淆。

一般情形下，上市公司并购策略的变化无法归入重大的投资行为和重大的购置财产的决定或者其他具体的重大事件类型，但仍存在被认定为重大事件的可能性。应当严格区分并购策略变化与具体收购方案，否则容易导致在重大信息的形成时间认定上产生混淆，从而导致论证逻辑上的混乱。内幕交易执法实践应当严格遵循内幕交易界定的类型区分，实现内幕信息界定的精细化表达，从而避免实践中行政机关自由裁量权存在的宽泛性、行使的随意性及事后监督的不可及性，[①] 促进中国资本市场法治的长足进步。

第二节　信息价值滥用行为

根据《刑法》第 180 条的规定，内幕交易、泄露内幕信息罪在客观行为上表现为在涉及证券的发行，证券、期货交易或者其他对证券、期货交易价格有重大影响的信息尚未公开前，买入或者卖出该证券，或者从事与该内幕信息有关的期货交易，或者泄露该信息，或者明示、暗示他人从事上述交易活动。从罪状结构的角度分析，本罪客观行为要素可以进一步解构为两大部分：一是行为条件，即内幕交易、泄露内幕信息行为的实施前提和基础是内幕信息形成且尚未公开；二是行为模式，具体包括本人或者由本人实际控制的人实施相关证券、期货交易，或者泄露内幕信息，或者建议他人实施相关证券、期货交易。

---

① 参见陈洁：《内幕交易事实认定中自由裁量权的适用及其规制——以内幕交易“知悉”要件的推定为视角》，载《清华法学》2018 年第 6 期。

一、内幕信息的利用与规范解释

在内幕交易罪客观行为特征的实践把握上，最突出的疑难问题体现在如何理解行为条件要素，即证明行为人实施内幕交易犯罪行为，控方是否必须证明行为人“利用”内幕信息？这里所谓的“利用”，就是指行为人在涉及证券、期货的发行、交易或者其他对证券、期货交易价格有重大影响的信息尚未正式公开前，利用自己所知道的内幕信息，掌握有利的条件和时机，进行证券、期货的买入或者卖出。

对于利用内幕信息是否为构成内幕交易罪的必要要件，美国证券期货法律立法与司法实际上存在一定的分歧。从美国联邦法律的规定分析，指控内幕交易犯罪无须证明“利用”内幕信息。例如，美国《证券法》《证券交易法》《内部人交易与证券欺诈执行法》都建筑在戒绝交易理论的基础之上。根据戒绝交易理论，内幕消息知情人员或者非法获取人员，完全不能从事与内幕信息相关的任何证券期货交易。[①] 因此，上述美国联邦法律均否定“利用”要件是构成内幕交易的必备要件，内部人员只要在交易时知道“内幕信息”，不管交易是否利用了这些信息，都应受惩罚。但是，美国判例实践中坚持禁止私用理论。根据禁止私用理论，内幕信息知情人员或者非法获取者，禁止利用内幕信息进行证券期货交易谋取私利，但《刑法》并不绝对地禁止利用内幕信息进行相关交易的行为。[②] 所以，美国联邦法院的相关判例依然要求控方对利用内幕信息进行证明。

对于内幕交易行为是否必须具有“利用”要件，我国相关法律法规的规定并不完全一致。例如，《上市公司信息披露管理办法》（2007 年 1 月 30 日实施，现已失效）第 4 条规定：在内幕信息依法披露前，任何知情人不得公开或者泄露该信息，不得利用该信息进行内幕交易。可见，《上市公司信息披露管理办法》（现已失效）明确禁止利用内幕信息从事相关证券交易，内幕交易客观行为明确包括“利用”这一法律要素。但是，现行《刑法》第

---

① Nasser Arshadi, *Insider Trading Liability and Enforcement Strategy*, 27 Financial Management 2 (1998).

② United States v. O'hagan, 521 U. S. 642 (1997).

180 条的规定中则并未出现“利用”的提法。在刑法理论上，对于本罪的构成是否必须具备利用内幕信息要件的问题，各方面的观点也存在较大的分歧。

“利用”要件肯定论认为，从刑法规范的表面文义进行分析，只要内幕信息知情人员或者非法获取者在内幕信息公开之前进行了与该信息相关的证券、期货交易，就已经符合了内幕交易罪的构成要件，不需要实际利用内幕信息的证明。例如，有学者认为，利用内幕信息并不是构成内幕交易、泄露内幕信息罪的必要条件。[①] 因为，如认定内幕交易、泄露内幕信息罪的成立必须以内幕信息的利用为前提必将给指控带来极大困难。在实践中，很难证明内幕交易者的哪笔交易利用了内幕信息，哪笔交易又未利用内幕信息。在很多情况下，只要行为人否认利用内幕信息，即使其已进行了交易，也会使指控搁浅。相反，免去控方的一些证明责任，对内幕交易、泄露内幕信息罪的指控将大为有利。我国刑法规定，证券、期货交易的内幕信息的知情人员，在获悉内幕信息后，买入或者卖出证券、期货合约，即可定罪科刑。这实质上是一种严格责任。禁止知情人员在信息未公开前买入或卖出证券、期货合约。只要知情人员在知情后进行交易，就构成犯罪。应当指出的是，如果有确凿的证据证明知情人员所知悉的内幕信息与其所为的交易行为并无必然联系时，对其交易行为也不能定罪。[②]

“利用”要件否定论认为，行为人必须实际利用内幕信息从事相关交易活动，才属于内幕交易罪的实行行为。利用内幕信息进行证券、期货交易是成立内幕交易并构成犯罪的必要条件之一。[③] 是否利用内幕信息进行证券交易是划分罪与非罪的标准之一。因此，认定某一行为是否构成内幕交易、泄露内幕信息罪，应首先确定其是否利用或依据内幕信息，即使是内幕人员，如果没有利用内幕信息或依据内幕信息所作的买卖或建议行为，均不构成该罪。在实践中应摒弃法定内幕人员中心论，即只要是内幕人员实施的诸如买

---

① 参见庞良程：《证券内幕交易罪的构成及认定》，载《中央检察官管理学院学报》1998 年第 1 期。

② 参见邢怀柱：《资本市场犯罪及其立法评述》，载陈兴良主编：《刑事法评论》第 3 卷，中国政法大学出版社 1999 年版，第 120 页。

③ 参见周道鸾等主编：《刑法的修改与适用》，人民法院出版社 1997 年版，第 396 页；参见孙际中主编：《新刑法与金融犯罪》，西苑出版社 1998 年版，第 145 页。

卖、建议等行为，均认为是内幕交易的片面做法。[①] 有的学者进一步指出，《刑法》第180条虽然没有明文规定“利用内幕信息”的文字，但其表述方法实际上包含有“利用内幕信息”之意。只要对内幕信息“知情”，或非法获悉内幕信息，又在信息未公开前买卖或使人买卖该证券，也就是利用内幕信息进行交易，而不需要再规定利用内幕信息，以免产生歧义。其主要理由是：首先，从本条的立法精神来看，法律之所以要禁止证券内幕交易行为，其根本原因就在于防止内幕信息的知情人员以及非法获取内幕信息的人员在该信息公开之前，利用其持有内幕信息的优势进行证券、期货交易，非法获取利益或避免损失。因为这种交易违反了市场经济及证券、期货交易的公开竞争规则，是对上市公司以及其他不知情的投资者的一种证券、期货欺诈，具有明显的非公开性和不正当性。如果知悉内幕信息的人员并没有利用该信息优势进行交易，则属于正当合法的公平交易，是资本市场的健康运行状态，法律也就失去了对其进行规制的基础和必要性。其次，从法条的表述上看，第一，本条对犯罪主体表述为“证券、期货交易内幕信息的知情人员或者非法获取证券、期货交易内幕信息的人员”。对于第一类主体，即知情人员，《刑法》及《证券法》都没有指明是“应当知情人员”抑或是“实际知情人员”，如果没有“利用内幕信息”这一实质条件的限制，则对于“应当知情”而实际上却因某种特殊情况的确不知情的人员在内幕信息公开之前买卖证券、期货合约的行为也会认定为内幕交易、泄露内幕信息罪，对行为人来讲，法律岂非过于苛刻？同样，对于第二类主体中通过亲友关系或同事关系而被动接受内幕信息者而言，法律也过于严酷。另外，以非法手段获取证券、期货内幕信息的人员，其不惜代价非法获取内幕信息的目的当然在于利用内幕信息进行证券、期货交易，从而非法牟利或避免损失。第二，在行为的时间条件上，本条将证券、期货交易行为限制在“涉及证券的发行、交易或者其他证券的价值有重大影响的信息尚未公开前”，这一规定实质上也隐含着行为人掌握并利用持有内幕信息的优势，从而通过该信息公开的时间差进行不公开交易，以非法牟利或避免损失，表明了内幕信息和内幕交易之间具有一定

---

① 参见薛瑞麟主编：《金融犯罪研究》，中国政法大学出版社2000年版，第268页。

的因果关系。否则，有违刑法立法之基本精神。[①] 理论上也有相关观点在否定“利用”要件的基础上，特别强调知悉内幕信息与进行证券、期货合约买卖之间的因果关系的重要性。例如，有学者指出，在我国有关内幕交易的行政法规中，比较强调利用内幕信息这个要件。这说明内幕交易罪与利用内幕信息是不可分的。但是，在刑法中这一点并未得到明显体现。根据《刑法》第180条的规定，知悉内幕信息的人员，在内幕信息尚未公开前买卖证券、期货合约的，即构成内幕交易、泄露内幕信息罪。法律禁止内幕交易的目的，在于维护公开、公平的资本市场秩序和公众投资人的平等交易权，防止以不公平的方式获取利益或者避免损失。行为人虽然知悉内幕信息，但并非基于该信息买卖证券、期货合约，这时的交易行为与其他投资人的交易行为性质相同，没有不公平的事实存在。如果有事实证明，知悉内幕信息的行为人买卖证券、期货合约，不是因为知道了内幕信息，而是出于其他原因或目的，则不能认定已构成内幕交易、泄露内幕信息罪。当然，要查清行为人是利用内幕信息，还是基于其他原因买卖证券、期货合约，是相当困难的。在这种情况下，一般只要证明他在买卖证券、期货合约时是知悉内幕信息的，即可认定构成本罪，除非行为人能够证明他买卖证券、期货合约时没有利用内幕信息。[②]

从我国《刑法》第180条的规定分析，我们不难发现该条文并未将利用内幕信息作为构成要件，其立法原意一方面是因为司法实践中判断行为人是否利用内幕信息确实有相当大的困难，如果将此作为必要要件，可能给许多实施内幕交易的行为人提供一个逃避刑事责任的借口，同时也必然会又制造一个司法认定的难题。从资本市场犯罪司法实践的现实角度分析，查证内幕信息知情人员非法获取、在特定的时间节点从事相关证券、期货交易等事实已经存在极大的操作障碍，如果还需要控方进一步举证行为人主观上具有利用内幕信息的故意，客观上实施了利用内幕信息从事交易的行为，则内幕交

① 参见董丽静、龚卫：《证券内幕交易、泄露内幕信息罪的司法认定》，载赵秉志主编：《新千年刑法热点问题研究与适用》，中国检察出版社2001年版，第864页。

② 参见周振想主编：《金融犯罪的理论与实务》，中国人民公安大学出版社1998年版，第346－347页。

易罪的定罪难度过大，严重影响刑法规范的适用效率。另一方面，《刑法》之所以规定内幕交易、泄露内幕信息罪无非是想从根本上禁止知情人员或者非法获取内幕信息的人员从事证券、期货交易，从而维护资本市场的“三公”原则得以真正实现。因为，只要有知情人员或者非法获取内幕信息的人员从事证券、期货交易，就不可能有真正的“三公”环境存在。正因如此，《刑法》第180条只是从时间上，即在涉及证券、期货的发行、交易或者其他对证券、期货的价格有重大影响的信息尚未公开前对本罪的构成作出规定，而没有从是否“利用内幕信息”上提出要求，这显然也是刑事立法的初衷。对实践中的案例分析，同样也是不需要控方证明被告人存在利用行为。因此，对于内幕信息风险防控而言，应当严格从时间管理层面对相关证券期货交易进行风险防控，杜绝在内幕信息形成与公开的时间区间从事与该信息有关的证券、期货交易。

当然，由于本罪的构成是以情节严重为前提的，所以，尽管利用内幕信息并非本罪的构成要件，但这并不意味着行为人的交易行为和泄露行为可以与内幕信息无关；相反，行为人如果构成犯罪，其交易和泄露行为应该与内幕信息具有关联性。

从证券、期货交易信息平等、内幕信息人对上市公司承担的信义义务等角度分析，内幕交易罪对涉案交易行为的司法认定不能忽略行为人利用内幕信息与买卖证券期货之间的关联性。内幕信息知情人员或者非法获取者利用内幕信息从事交易，损害了证券、期货投资与交易的公平性，具有刑事可罚性。但是，如果行为人并没有实际利用内幕信息，即使其属于内幕信息知情人员或者非法获取者，只要其确实按照事先制订的证券、期货交易计划、既定的投资习惯或者对市场的判断分析进行证券、期货交易，就不存在相对其他投资者不平等的信息优势，不能认定其符合内幕交易罪行为要件的法律特征。因此，虽然《刑法》第180条并没有直接列出实际利用内幕信息买卖证券、期货这一要件，但要求内幕信息知情人员、非法获取内幕信息人员从事的相关证券、期货交易必须与内幕信息具有关联，应当是符合刑法规范目的界限的解释论意见。内幕信息知情人员或者非法获取者必须以该内幕信息作为其是否买卖证券、期货的重要因素，才符合以内幕交易罪进行刑事处罚的规范目的。

二、并未利用内幕信息的抗辩

“利用”内幕信息不是内幕交易犯罪的构成要件，但是，这并不意味着分析行为人是否利用内幕信息本身对于本罪的司法实践没有意义。因为，辩方提供证据证明其没有利用内幕信息从事相关证券、期货交易是内幕交易犯罪重要的抗辩事由。如果内幕信息知情人员或者非法获取人员，在内幕消息尚未公开期间，掌握利好消息时购买证券、期货，掌握利空消息时卖出证券、期货，必须举证证明买卖证券、期货的交易行为并非基于内幕信息而实施。行为人无法通过证据切断其持有内幕信息与买卖证券、期货行为之间的关联性的，推定其实际使用内幕信息，承担不利的刑事诉讼后果。对于内幕交易罪实际利用内幕信息从事交易这一行为而言，在个罪举证责任分配合理性原则的视野下，由行为人承担举证责任属于刑法对其的合理期待与公平要求。对于控方有证据表明买卖证券、期货的行为人，于相关交易之前掌握内幕信息，对于在这样极度敏感的时间阶段实施的相关证券、期货交易行为，刑法应当可以合理推定该节买卖证券、期货的交易行为利用了内幕信息。行为人有义务提出未实际利用内幕信息这一免除内幕交易罪刑事归责的证据。2011年《最高人民法院关于审理证券行政处罚案件证据若干问题的座谈会纪要》(2011 年 7 月 13 日实施) 第 5 条以司法解释性文件的形式认可了内幕交易行政诉讼中被处罚人对其未利用内幕信息从事相关证券交易承担证明责任——监管机构提供的证据能够证明以下情形之一，且被处罚人不能作出合理说明或者提供证据排除其存在利用内幕信息从事相关证券交易活动的，人民法院可以确认被诉处罚决定认定的内幕交易行为成立：(1)《证券法》第 74 条规定的证券交易内幕信息知情人，进行了与该内幕信息有关的证券交易活动；(2)《证券法》第 74 条规定的内幕信息知情人的配偶、父母、子女以及其他有密切关系的人，其证券交易活动与该内幕信息基本吻合；(3) 因履行工作职责知悉上述内幕信息并进行了与该信息有关的证券交易活动；(4) 非法获取内幕信息，并进行了与该内幕信息有关的证券交易活动；(5) 内幕信息公开前与内幕信息知情人或知晓该内幕信息的人联络、接触，其证券交易活动与内幕信息高度吻合。由于利用内幕信息并非《刑法》第180条规定的内幕交易罪构成要件，因此，刑事诉讼中完全可以将上述法律要素作为控方证明内幕信息知情人员、非法获取内幕信息人员从事内幕交易的基本法律规格。

三、不作为型内幕交易

在内幕交易、泄露内幕信息罪客观行为特征的总体把握上，还需要研究的问题就是不作为的内幕交易是否属于本罪客观行为一种表现形式。理论上和实践中存在这种情况：即行为人原先准备买入某一证券或期货合约，或者准备卖出手中的某一证券或期货合约，但是，在获知有关内幕信息后却停止了原来准备实施的买入或卖出行为，从而获取了利益或者避免了可能遭受的损失。对于这种行为应如何认定？从形式上分析，这种情况中的行为人在事实上利用了自己所获知的内幕信息获取了利益或者避免了可能遭受的损失，与行为人利用内幕信息实施积极交易行为的实际效果是一样的。

因此，刑法理论上有观点认为，应当存在不作为型内幕交易罪，因为，内幕信息的知情人员负有一个法律的义务，即不利用内幕信息进行谋取利益或转移风险。而且，这一证券法上的义务已经被刑法通过规定内幕交易罪所承认，应当能成为不作为犯罪中的作为义务。不过，与一般的不作为犯罪相比，不作为型内幕交易罪有一个鲜明的特色，即在应当交易时（是指若不利用内幕信息，则行为人必定会进行的交易），却利用内幕信息所带来的信息优势，不进行有关交易。这种利用内幕信息不交易或延迟交易的行为与传统的内幕交易行为所造成的危害结果相比，前者除了比后者更隐性化或者说因果关系没那么显而易见外，本质上没有什么差别。[①]

这种所谓不作为的行为不能构成内幕交易罪，具体理由实际上是比较充分的：

第一，从罪刑法定原则的角度出发，这种所谓不作为的行为不能构成内幕交易罪。《刑法》第180条明确规定，“在涉及证券的发行，证券、期货交

---

① 参见陈柱钊：《不作为型内幕交易罪》，载《长春工程学院学报（社会科学版）》2007年第2期。

易或者其他对证券、期货交易价格有重大影响的信息尚未公开前，买入或卖出该证券，或者从事与该内幕信息有关的期货交易……”，据此规定，“买入、卖出或从事其他交易”等行为均只能以作为的方式进行，不作为的方式根本不可能实现“买入、卖出或从事其他交易”。虽然行为人在知悉内幕信息后，根据内幕信息没有买入或者卖出原打算买入或者卖出的股票，获得了一定的非法利益或避免了一定的必要损失，有失公平，具有一定的社会危害性，但有关的行政法规和法律都没有规定此种不作为为违法或者犯罪行为。因而，应当严格遵循罪刑法定的原则，不将其作为犯罪处理。

第二，内幕交易犯罪必须有交易行为存在，从某种程度上来说，交易是内幕交易犯罪的本质所在，如果没有交易也就不会有内幕交易犯罪。这是因为，内幕交易犯罪中，行为人掌握内幕信息本身并不能成为遭至刑罚惩罚的理由，也即如果行为人没有因此而进行证券、期货交易，就不可能给社会带来任何危害。由此可见，在资本市场上，内幕交易当然应该有实际“交易”行为的存在，没有“交易”行为存在，也就无所谓有内幕交易犯罪的存在。而在资本市场上的交易行为均表现为一种积极的买入或卖出的行为方式，实际上不可能存在所谓消极的不作为形式的买入或卖出的行为方式。

第三，虽然在理论上和实践中确实可能存在行为人在获知有关内幕信息后停止了原来准备实施的买入或卖出行为的不作为型内幕交易罪，但从司法实践和证据角度出发，由于在不作为型的内幕交易罪中，并不存在见诸于客观的作为以及显性的危害结果，并且由于作为义务的成立仅仅基于行为人有要进行交易的设想，证据搜集难度较大，证明难度很大，无法在法庭上形成前后衔接的、有力的证据链来证明不作为型内幕交易罪。况且，如果当行为人的“要进行交易的想法”有过波动或这种想法不太确定时，那么将使证明变得更加复杂。因此，这种行为在实践中根本无法适用内幕交易罪。①

第四，刑法中不作为均应该以特定的作为义务的存在为前提，没有这种特定的作为义务也就不应该有不作为犯罪的存在。在资本市场上，行为人在获知内幕信息后，只有不进行交易的义务，而根本就不存在有所谓必须进行

---

① 参见刘宪权：《金融犯罪刑法学专论》，北京大学出版社2010年版，第361页。

交易的义务，其作为证券市场的自由人，有权自主进行交易，市场并不因为他们知晓了内幕信息而强制他们进行交易，或因为知晓了内幕信息，强制他们不得进行交易。虽然从自身的优势地位出发，他们利用了这种不对等的信息优势，转移了风险或者获取了由这种信息优势带来的利益，但由于没有现实的交易行为，并且由于义务的缺失，这种不交易的行为不构成刑法中的不作为。也即在某种程度上，行为人在获知内幕信息后，不进行交易是其应该做的，即使其从中得到了利益或实际避免了损失，也无可厚非。在资本市场上，我们不应该期待投资者（包括内幕人）只能亏损不能获利，这种要求是不符合市场规律的。因此，虽然行为人的行为可能具有所谓“隐性”的社会危害性，即其获取了由信息优势转化而来的经济利益或转移了本应遭受的风险，但绝不能因此而认定其构成内幕交易罪。

第五，内幕交易犯罪的危害性不仅仅在于行为人违反公平竞争的原则，获得了不正当利益或使自己避免了损失，更重要的是在于行为人的这种行为从根本上破坏了资本市场的正常交易秩序。而行为人在获知内幕信息后不买或不卖，仅仅只是行为人自己得到了利益或者避免了可能遭受的损失（且这种利益并非通过交易行为得到的），资本市场的秩序并未遭受不良影响，公平竞争的原则也并未遭受直接的破坏。

第六，所谓不作为型内幕交易罪有主观归罪或惩罚思想犯的嫌疑。刑法的发展经历了中世纪或封建时期的“主观主义刑法”，到古典刑法学派的“行为刑法”，再到实证法学派的“行为人刑法”，最后发展到今天的取“行为刑法”和“行为人刑法”之长并将其融合的现代主义刑法，其间主观归罪或惩罚思想犯的刑法，由于其非人道性和不可证明性，已经被扔进了历史的垃圾桶。由于不作为内幕交易缺乏客观的行为和有形的危害结果，而且利用信息优势作出不交易决定的过程完全无需借助外部的行为，甚至不需要有物理意义上的身体动静。因此，惩治“不作为型内幕交易罪”的行为有主观归罪或惩罚思想犯的嫌疑，有悖于今天的刑法理念。

第七，将不作为型内幕交易行为犯罪化有悖于法律不强人所难的原则和人趋利避害的本性。一个人原来具有从事某项活动的主观计划，但后来因外部因素的改变，其基于趋利避害的本能而不再按原计划进行活动，这是非常合情合理的。然而，如果我们刑法将此种情形也予以犯罪化，无疑使人处于一个两难的境地。因为如果行为人原本是计划卖出的，在获知内幕信息后其不卖出就可能构成内幕交易罪，卖出则必须承担不能获利甚至亏损的结果，而如果行为人原本是计划买进的，在获知内幕信息后其不买进就可能构成内幕交易罪，买进则必须承担亏损的苦果。而且，从行为人的主观方面来看，其在获取内幕信息之前只具有进行一般商业交易的故意，获取内幕信息后也不过是一种盈利或避损的想法，而这些应该是市场经济社会中任何一个正常人的做法，在道德上都不应受到谴责，更何况予以法律制裁了。

综上所述，虽然行为人利用内幕信息实施消极交易的不作为行为与行为人利用内幕信息实施积极交易行为的实际效果相当，但两者具有本质的差异，前者并非刑法中的不作为，也即不属于刑法意义上的行为，不构成犯罪，因而由其产生的实际效果也就不做刑法评价了，而后者则是刑法意义上的客观行为，该行为可能构成内幕交易罪，由其产生的实际效果则是犯罪严重程度的考量依据。

第三节　内幕信息知情人员与非法获取人员

世界各国在立法上禁止内幕交易、泄露内幕信息行为的实质，在于禁止内幕人员利用基于其身份所取得的信息便利谋取不正当利益或减少自己的损失。由此而言，对于内幕交易、泄露内幕信息罪的犯罪主体认定，也即确认行为人是否属于内幕人员，是认定内幕交易、泄露内幕信息罪的关键所在。

最早的内幕人员仅指发行证券的上市公司内部人员，因为他们是最有可能接触到发行公司商业秘密的人员。但在司法实践中发现除公司内部人员外，其他人也有可能预先获取内幕信息并以此获利，且此类人员的范围远远大于公司内部人员，行为涉及的范围及效果的严重性也绝非传统内部人员可比。因此，世界各国和地区的相关法律中基本上都规定内幕人员包括一切可能优先接触内幕信息，且对此信息负有不得私自泄露或利用得利的人员。理论上一般认为，之所以要将这些非上市公司内部人员的暂时性内幕人员包括在内幕交易罪的主体之内，主要是因为：公司为了本身的最大利益，往往会将公司的“内部消息”告诉他们，以便他们为公司提供尽可能好的服务。因此，这些人虽然不是公司的职员，但在前述情况下，对公司和股东亦负有“信用义务”。因为他们与公司已经建立了一种特殊关系，所以将重要的内情告知他们，这些人也不得滥用因工作关系所获悉的消息。

我国《刑法》把内幕交易、泄露内幕信息罪的主体分为两类：内幕信息知情人员和非法获取内幕信息人员。对于内幕信息知情人员，我国《刑法》第 180 条规定，证券、期货交易内幕信息知情人员的范围，依照法律、行政法规的规定确定。我国法律对于证券内幕人员的界定也不仅仅局限于上市公司内部人员，实际上包括了有可能优先接触公司内幕信息，且对于该信息负有不得私自泄露或利用得利的其他人员。也即对于内幕人员的界定，关键并不在于其是否为内部人员，而在于其是否能够通过合法途径接触或获得内幕信息。对于期货内幕信息知情人员而言，我国期货和衍生品法律更强调禁止期货管理机构、交易所等行政管理活动中接触重大政策信息、期货交易信息的人员从事相关期货交易活动。这主要是由于期货交易价格主要受到大宗商品、债券、外汇等现货市场管理信息、期货合约供求关系信息、产业政策信息、外汇管理信息等未公开信息的影响，法律有必要对与这些领域与环节中从事信息管理或有权接触相关信息的人员设定禁止内幕交易的义务。

一、内幕信息知情人员

理论上一般认为，法定的内幕人员并不是在任何情况下都被禁止从事内幕交易的，只有在同时具备三个条件时，法律才予以禁止。这三个条件主要包括：其一，知悉特定交易中所利用的内幕信息。如果法定内幕人员并不知悉特定交易中的内幕信息，其也就不负有披露或者不披露该信息的义务，因而也就不能令其对所进行的证券、期货交易行为承担法律责任。其二，对内幕信息的知悉与其职务或者业务有关。如果因亲友等非职务或者业务关系而知悉内幕信息，则不属于内幕人员。其三，内幕信息是在合法的职务或者业务关系中，而不是非法利用职务之便而知悉的。如果某人的职务范围不包括知悉内幕信息，而他利用熟悉其他岗位上的工作人员或工作环境的方便条件而超越权限获取内幕信息，就不是内幕人员了。[①]

二、内幕信息非法获取人员

非法获取内幕信息人员是指上述内幕信息知情人员以外，通过非法方法或途径从内幕人员处获取内幕信息的人员。其所获取内幕信息的非法方法或途径，包括通过盗窃、骗取等手段获得内幕信息，也包括可能采取的私下交易、贿取或套取等手段取得内幕信息。[②] 具体而言，非法获取内幕信息的方法包括：（1）以骗取、窃取、窃听、监听等非法手段获取内幕信息；（2）利用行贿等非法方法获取内幕信息；（3）从“知情人员”处索取或者刺探内幕信息，或者利用胁迫“知情人员”获取内幕信息；（4）通过私下交易等不正当途径获取内幕信息等，[③] 这些方法手段本身是积极的且具有违法性。但是，刑法理论上对于获取内幕信息的手段本身是消极的且并不具有违法性的内幕信息获悉行为（例如，获取的内幕信息系内幕人员主动告知的，或者行为人无意中听见的，或者行为人拾得他人遗失的内幕信息资料等）是否属于“非法获取”的问题颇有争议。有的学者认为，通过消极且不违法的行为获取内幕信息，不属于内幕信息的知情人员，又不属于非法获取内幕信息的人员中所谓的“中性人员”，“中性人员”就是通过既不违法也不合法的中性方式获取了内幕信息并利用该内幕信息获利的人。[④] 也有学者认为，非法获取内幕信息的人员仅指“直接接受或接触第一手情报的人”，法律要求这些人负有保密义务，而那些从“直接接受或接触第一手情报的人员”处得到的“第二手”“第三手”传来信息的人，他们没有保密义务，不能成为内幕交易罪的主体。[⑤] 但是，不同意见认为，“非法获取内幕信息的人员”不仅仅是指行为人故意地采取非法的手段获得内幕信息，主要是指一种客观上的非法，即除了法律规定的内幕信息知情人员以外的任何人只要知悉该内幕信息就是非法。

---

① 参见张军主编：《破坏金融管理秩序罪》，中国人民公安大学出版社 1999 年版，第 286 页。
② 参见赵秉志主编：《刑法学（下册）》，中央广播电视大学出版社 2003 年版，第91 页。
③ 参见王作富主编：《刑法分则实务研究》，中国方正出版社 2003 年版，第 546 – 547 页。
④ 参见喻福东：《证券内幕交易罪概念的重新界定》，载《求索》2006 年第 2 期。
⑤ 参见章惠萍、徐安住：《论内幕交易罪》，载《河北法学》2002 年第 1 期。

从理论上看，刑法理论中向来有主观的不法与客观的不法之争，现在刑法学界一致同意客观的不法说，即不法行为纵非出于故意或过失，或仅系无责任能力人之所为，在客观上亦不免于违法之评价，足以影响行为人之法律地位。如果将这里的“非法”限定为“故意地非法”，将大大增加指控非内幕人员犯本罪的难度，因为“故意地偷听”和“偶尔地听到”在实践中根本无法区分，司法机关难以取得相应的证据区分两者之间的界限。①

对“非法获取”的理解不能过于狭窄，仅仅将其限于积极的且具有违法性的方法手段，而应从较为宽泛的角度加以解释。从“非法获得”的内涵分析，实际上应指“不该获得而获得”的情况，其中“不该获得”是指行为人与内幕信息之间并无职务或业务上的信赖关系，也即行为人属于被相关法律法规禁止接触或获取证券、期货交易内幕信息的人员。由此可见，这里的“不该获得而获得”本身就是对特定范围内幕信息知情权的违背。当然，这里的“不该获得而获得”本身并不可以构成犯罪，行为人如果构成犯罪还需要进一步实施内幕交易或再泄露行为，否则不能构成内幕交易、泄露内幕信息罪。正因如此，对于“非法获得”作宽泛理解和解释，即不管非内幕信息知情人员是采取什么样的方式，只要最终的结果是获得了其不该知悉的内幕信息，就属于非法获取，并不会扩大内幕信息、泄露内幕信息罪的打击面。

---

① 参见王政勋：《证券、期货内幕交易、泄露内幕信息罪研究》，载《中国刑事法杂志》2003年第4期。

第四章

内幕信息的法律逻辑

内幕信息的认定一直是内幕交易、泄露内幕信息罪司法实践中的疑难问题，其难点集中于内幕信息未公开性与价格敏感性这两大特征的具体认定。刑法理论有必要结合法律规定与相关案例，在细致地分析内幕信息特征的基础上，针对内幕信息认定疑难问题提出司法适用规则与建议。

第一节　内幕信息的法律特征

一、未公开性

内幕信息未公开性是指该信息尚未公开，尚未为资本市场上的有关证券、期货投资者所获悉。根据《刑法》第 180 条的规定，内幕信息知情人员、非法获取内幕信息的人员只有在涉及证券的发行，证券、期货交易或者其他对证券、期货交易价格有重大影响的信息尚未公开这一时间节点之前本人或者建议他人从事相关证券、期货交易或者泄露内幕信息，才构成内幕交易、泄露内幕信息罪。可见，任何信息一旦被公开披露，便由内幕走向公开，内幕人员利用这种信息进行证券、期货交易就成为法律所容许的行为。因此，明确一个信息是否属于未公开的信息就成为界定内幕信息的关键所在，而内幕信息是否公开的认定问题又直接决定着相关行为是否构成犯罪的判断结果。

对于如何判断相关内幕信息是否实际公开，国外学者提出了一种非常重要的理论，即有效资本市场理论（Efficient Capital Markets Theory）。根据有效资本市场理论的观点，在一个有效的资本市场中，价格充分地反映了与上市公司有关的市场上的可获取信息。[①] 由于资本市场中所有的有价值信息都体现在证券价格上，因此，以最快的速度对这些价格反映信息进行操作，可以实现利润最大化。[②] 特定证券价格等同于投资者对信息的观察结果。[③] 某项消息一旦被相当数量的投资者知悉，相关公司的证券、期货价格便会很快地发生变动，或涨或跌，从而来反映证券、期货公司对市场这种消息的感受与反应。也就是说，当某项消息对资本市场能产生有效影响时，该消息便被认为属于公开的消息。反之，则仍属于尚未公开。可见，有效资本市场理论强调从市场信息实际公开的角度判断内幕信息是否仍旧处于秘密状态，将这种理论应用于内幕交易犯罪的司法实践，必须建筑在对涉案证券特定时间段内的交易价格、交易量以及历史交易数据进行统计与比对。美国证券、期货法律实践中比较倾向于运用有效资本市场理论，有的联邦巡回上诉法院的判例中明确采用经济学分析方法，对涉案的证券进行数据分析，从证券价格反应的角度判断涉案内幕信息是否实际公开。[④] 由于我国资本市场犯罪理论与实践对于有效资本市场理论的理解尚不深入，对于该理论所依托的经济分析，金融理论上仍然存在一定的认识分歧，直接应用于司法实践并不稳妥，所以，我国法律规定以及司法解释并没有采纳有效资本市场理论的观点判断内幕信息是否实际公开。

我国证券法理论中有观点认为，信息公开的标准有三个：其一，在全国性的新闻媒介上公布该信息；其二，通过新闻发布会公布信息；其三，市场

---

① Eugene F. Fama, *Efficient Capital Markets: A Review of Theory and Empirical Work*, 25 Journal of Finance 383, 1970, p. 384.

② Eugene F. Fama, *Foundations of Finance: Portfolio Decisions and Securities Prices*, Basic Books, 1976, p. 136.

③ Ronald J. Gilson & Reinier H. Kraakman, *The Mechanisms of Market Efficiency*, 70 Virginia Law Review 549, 1984, p. 552.

④ United States v. Nacchio, 573 F. 3d 1062, (10th Cir. 2009).

消化了该信息，即市场对该信息已作出反应。[①] 在上述时间节点之前的内幕信息始终处于尚未公开的状态。我国资本市场犯罪理论中有较多观点指出，从信息公布时起到市场传播、消化、分析，从而引起资本市场价格变动的一段时间，都应属于信息尚未达到公开化的程度。内幕人员在此期间利用该信息进行相关证券、期货合约买卖或建议未知该信息的他人买卖相关证券、期货合约，也应当认定为内幕交易罪。[②] 实际上，我国2014年《证券法》对于信息公开进行了明确规定。2014年《证券法》第70条规定："依法必须披露的信息，应当在国务院证券监督管理机构指定的媒体发布，同时将其置备于公司住所、证券交易所，供社会公众查阅。"可见，内幕信息的公布和公开应以有关信息和文件刊登在中国证监会指定的报刊上为准。显然，我国法律对于证券二级市场信息公开采取的是形式公开的标准，即信息公开的标准是在报刊或其他形式的公报上公布。未经合法途径向公众披露的仅为内幕人员知悉的信息，均为内幕信息。所以，只要证实行为人的交割单所载日期先于其交易行为所利用信息的合法公开日期，就认定为利用的信息属于"未公开"的信息。

当然，采用形式公开的标准在公平性方面确实存在一定的疑问。因为资本市场上的内幕信息一旦公布于众后，一般的投资者事实上需要一定的时间进行消化和理解，而在此之前，掌握内幕信息的人员可能早已提前消化和理解了信息的内容。如果有关信息一公布就允许知情人员进行证券、期货交易的话，对措手不及的广大投资者而言，同样也是极不公平的。[③] 这里存在的问题便是，内幕信息公开之后多久才算是实际公开？对此，美国司法实践提出了一些具体标准，比如，"新闻发布会后十分钟内""股票行情信息出现在

---

① 参见陈晓：《论对内幕交易的法律规制》，载梁慧星主编：《民商法论丛》第5卷，法律出版社1996年版，第89页。

② 参见董丽静、垄卫：《证券内幕交易、泄露内幕信息罪的司法认定》，载赵秉志主编：《新千年刑法热点问题研究与适用》，中国检察出版社2001年版，第868页；参见孙昌军、易建华：《关于内幕交易罪几个问题的研究》，载赵秉志主编：《新千年刑法热点问题研究与适用》，中国检察出版社2001年版，第842－844页；参见张军主编：《破坏金融管理秩序罪》，中国人民公安大学出版社1999年版，第267页。

③ 参见刘宪权：《金融犯罪刑法学专论》，北京大学出版社2010年版，第346页。

股票行情显示器上之后二分钟内”等。目前我国有关证券法律中对此没有专门规定。我国刑法理论上有观点认为，应当根据本地社会实际情况作出相应的规定。凡是发行人内部人员或者其他知悉内幕信息的内幕人员，必须在重大信息通过传媒公布后的一定时段以后才被允许进入该种股票的交易，否则其利润将归公司所有，或者认定其构成内幕交易。[①] 也有学者认为，可以5日为限，即规定当消息公布后经过5日，就认为市场已消化了该信息。[②] 随着信息披露技术的发展，对于当前而言，内幕信息的公开问题实际上变得更为明确。根据司法解释的规定，内幕信息的公开，是指内幕信息在国务院证券、期货监督管理机构指定的报刊、网站等媒体披露。

二、价格敏感性

内幕信息价格敏感性（price sensitivity）的判断问题一直是中外内幕交易犯罪司法实践中一个相当疑难的问题。从国外关于内幕信息价格敏感性的判断实践来看，比较有代表性的是欧盟与美国的法律标准。根据欧盟《市场滥用指令》的规定，价格敏感性是指信息一旦公开将对金融工具交易价格或者交易量造成重大影响。[③] 在美国的判例法实践中将内幕信息价格敏感性称为实质性（material）。在内幕信息实质性的具体判断上，美国联邦最高法院是以理智投资者作为认定标准，即如果一个理智的投资者，在他作出投资时，可能认为这个被忽略的事实是重要的，那么它就是重要的。换句话说，这个被忽略的事实公开后，极有可能被理智的投资者看作改变了自己所掌握的信息的性质，那么，这些事实也就是重要的。如果投资人知道这些消息时，非常可能会认为该信息对他们作出投资决定有重要影响。从投资人的角度看，如果他们将这条消息，与他们已经获知的其他消息合并在一起，便会对相关股票的价格，给予重新评价。美国法院经常以这种理智投资者的可能决定为

---

① 参见张军主编：《破坏金融管理秩序罪》，中国人民公安大学出版社1999年出版，第270页。

② 参见魏东：《关于内幕交易、泄露内幕信息罪司法认定的若干问题再研究》，载赵秉志主编：《新千年刑法热点问题研究与适用》，中国检察出版社2001年版，第852页。

③ Directive 2003/6/EC of The European Parliament and of The Council of 28 January 2003 on Insider Dealing and Market Manipulation（Market Abuse），Article 1.

标准来判断某项消息是否属于“重要消息”。[①]

在我国，有关法律中均规定了内幕信息价格敏感性要素。刑法内幕交易、泄露内幕信息罪的法律规定将之具体表述为“对证券、期货交易价格有重大影响”。我国采用列举的方式具体规定价格敏感性信息的内容，具有明确性与相当的可操作性，符合罪刑法定原则的要求，但是，这种列举不可能穷尽一切，尽管《证券法》、《期货和衍生品法》、《上市公司信息披露管理办法》（现已失效）等设置了一定的兜底条款，但由于缺乏“对证券、期货交易价格有重大影响”中“重大影响”的实质定义，反而又造成内幕信息价格敏感性缺乏一定的可操作性。可见，仍然有必要对“重大影响”的信息进行实质界定，辅之以列举形式规定的价格敏感性信息类型，从而保证对内幕信息价格敏感性进行科学与准确的认定。

内幕信息不是单纯的静态内容，而是一个从信息萌芽、发展、形成、持续影响证券、期货交易价格直至最后公开的动态过程。如何具体地认定内幕信息形成时间与公开时间，即如何确定内幕信息价格敏感期，在司法实践中存在极大难度。从理论上对规范文本进行分析，内幕信息价格敏感性就是信息对价格的重大影响性，即能够影响到理性投资者的投资行为，从而影响到证券、期货交易价格。但是，从实践角度对内幕交易行为进行动态分析，我们可以看到，证券、期货法律法规所规定的各种类型的内幕信息是上市公司在业务经营、公司治理等企业实践活动以及期货交易、监管、政策制定过程中形成的重大信息，其本身具有从可能性向现实性转化的特点，这种处于变动中的不确定状态决定了在发展过程中的信息是否影响证券、期货交易价格也处于可能性状态。内幕信息价格敏感期时间范围判断的难点在于内幕信息形成时间的确定，由于内幕信息具有复杂性与发展性，司法实践中无法静态地确定一个内幕信息形成时间的判断规则，只能在充分掌握内幕交易法律原理的基础上，采取类型化认定的思路予以具体分析。

第一，只有真实的信息才可能形成内幕信息，但内幕信息的形成并不要求达到确定性的程度。

---

① Basic，Inc. v. Levinson，485 U. S. 224（1988）.

证券市场是信息市场，信息是投资决策的基本依据。谣传、猜测和无根据的信息都不是内幕信息，据此进行的交易也不能认定为内幕交易。处于发展中的真实且确切的信息，尽管尚未实现或构成事实，都应认定其具有真实性。以我国证券市场内幕交易最为多发的资产重组环节①为例，上市公司接受资产注入或进行股权重组，相关信息成为内幕信息的前提在于有证据予以证实。一般而言，资产重组涉及上市公司与资产交易对手方，其运作过程包括资产重组交易对手方的重组设想形成、咨询财务顾问、形成可行性方案、上市公司与交易对手方初步接洽与沟通、形成初步重组方案、就重组协议进行反复协商、形成一致性意见、向证监会进行初步报告、提交正式的资产重组报告、公开重组协议等一系列环节。只要上市公司与资产重组交易对手方就资产重组计划进行实施与推进，就能够证明该信息所指向的重组事项是确实存在的，具备了内幕信息的真实性条件。资产重组推进最终能否确定地转化为事实，实际上还需要视交易双方的谈判与监管层的审核情况而定，但资产重组最终未能实现或者正处于发展阶段，并不影响此前内幕信息的确切存在。因此，在证券内幕信息价格敏感期的认定中，不能根据相关信息未能实现，或相关信息始终处于不确定状态，推论内幕信息始终没有形成。

第二，有关信息发展到可能对证券交易价格产生重大影响的程度实际上属于法律规定的“有重大影响”，即可成立内幕信息，证券交易价格现实的关联性变动可以作为相关信息重大影响的一种有效验证但非必要条件。

影响证券交易价格的可能性是指根据证券市场理性投资者与基本证券常识的判断，有关信息一旦公开，上市公司证券的交易价格在一段时期内与市场指数或相关分类指数会发生显著偏离。例如，有关上市公司收购问题的未公开信息属于内幕信息，相关投资者拟通过定向增发、现金购买股权、股权置换等方式收购上市公司资产，涉及上市公司股权结构、资产的重大变化，未公开之前显然是与公司重大财务活动有关的内幕信息。根据基本证券常识足以判断相关投资方拟收购上市公司这一信息可能影响该上市公司股票交易价格，属于内幕信息，该信息一旦公开或者泄露，上市公司市值波动势必明

① 参见李竞：《我国A股市场资产重组中的内幕交易》，载《经济论坛》2010年第10期。

显异于同期市场指数波动。

刑法理论上的不同观点认为，内幕信息不能以对资本市场价格有重大影响为构成要件，就如内幕交易并不以交易者是否达到了牟利或避损的目的或在多大程度上达到了该目的为构成条件一样。利用某一尚未公开的重大信息进行证券交易时，该信息是否会对证券价格产生重大影响，除了该消息本身外，还取决于许多因素，而且其影响往往要经过一段时间才能显示出来。如果将“对资本市场价格有重大影响”作为认定内幕信息并进而作为认定内幕交易的前提条件或必要条件，那么内幕信息只有在内幕交易行为发生一段时间以后才能认定，并且还会出现这种情况，即某一重大信息在这项交易中可认定为内幕信息，而在另一次交易中则不能被认定为内幕信息，因为它没有对价格产生重大影响。这样，利用尚未公开的重大信息，只要价格未发生重大变化，将不构成内幕交易，禁止证券内幕交易的法律制度，对内幕人员交易行为的限制以及作为这些制度依据的公开、公平、公正原则将难以存在或失去存在的意义。① 有的学者则认为，对证券、期货价格有重大影响的信息必定是重大信息，而重大信息由于其他因素的作用并不都会对证券、期货价格产生重大影响。《刑法》之所以规定内幕信息必须以对资本市场价格有重大影响为构成要件，正是为了强调内幕交易违法行为与内幕交易犯罪行为的区别。也即对于内幕交易违法行为只要利用了《证券法》所列的内幕信息买卖证券、期货即可构成违法；而对于内幕交易犯罪行为则要求较高，必须以对证券、期货价格有重大影响为必要要件，如果行为人只是利用了内幕信息进行证券、期货交易，但并未对证券、期货价格有重大影响，就不能构成犯罪而只能作为违法处理。对于违法行为与犯罪行为的构成要件作出不同的要求，且构成犯罪的要求严于构成违法的要求，是完全必要的。特别是对于资本市场犯罪的规定更应该如此，如果不强调一些较严格的构成要件要素，实践中就很可能扩大打击面，这样当然不会有利于市场经济的发展。②

然而，我国刑法认定某个内幕交易行为是否构成本罪主要采用的是行为

---

① 参见穆津：《我国禁止证券内幕交易立法与执法的若干问题》，载《深圳大学学报（人文社会科学版）》1997 年第 3 期。

② 参见刘宪权：《金融犯罪刑法学专论》，北京大学出版社 2010 年版，第 350 页。

无价值论，并以情节严重作为构成犯罪的条件，也就是说只要行为人基于内幕信息进行交易，并符合刑法规定的“情节严重”标准，即可构成内幕交易罪。因此，只要行为人实施的内幕交易行为符合上述追诉标准，即使内幕信息最终并没有对证券或期货价格产生重大影响，也可以对行为人以内幕交易罪定罪处罚，而并不会出现“利用尚未公开的重大信息，只要价格未发生重大变化，将不构成内幕交易”的情况。内幕交易、泄露内幕信息罪并不以相关内幕信息对证券、期货价格实际出现重大影响为必要要件。因为对价格是否产生影响取决于证券市场而不取决于这种信息的本身。所以，相关重大事件发展到可能影响证券、期货交易价格的程度，就应当认定内幕信息已经形成。

第三，内幕信息本身所具有的类型复杂性特点决定了司法实践中无法设定统一的内幕信息形成时间判断规则，应当根据判例总结各种典型类型的内幕信息形成时间判断，合理判断内幕信息是否形成。

在“杭萧钢构”内幕交易案中，内幕信息表现为上市公司签订重大合同，该种内幕信息属于双方的法律行为。司法机关以谈判双方就项目的价格、数量、工期等内容基本达成一致意见之日作为内幕信息形成时间。[①] 这应当是一种合理的认定结论。因为交易双方就合同基本要素形成共识决定了合同成立与生效已经具备了现实的基础，如果将该项可能签订重大合同的信息披露，足以引发上市公司股价波动。虽然不能绝对性地排除谈判双方最终无法签订合同的可能，但信息能否转化为事实并不影响内幕信息的形成时间认定。

在“广发证券”内幕交易案中，内幕信息指向借壳上市，即非上市公司通过将资产注入市值较低的上市公司，得到该上市公司一定程度的控股权，利用其上市公司地位，使非上市公司的资产得以上市。根据证券市场常识与理性投资者标准进行分析，非上市公司确定借壳上市方案之日意味着资产运作行动即将全面展开，可能影响目标上市公司的证券交易价格。司法机关以

---

① 参见陈海鹰、朱卫明、叶建平：《泄露内幕信息罪、内幕交易罪的若干问题探析——由“杭萧钢构案”展开》，载《法治研究》2008 年第 3 期。

广发证券内部制作《广发证券股份有限公司借壳上市方案》，确定以辽宁时代、延边公路为备选壳的借壳上市方案之日为内幕信息形成时间，[①] 同样也是合理的。

在“天山纺织”内幕交易案中，内幕信息指向上市公司资产重组，即由被告人姚荣江担任总经理的凯迪投资公司重组上市公司天山纺织。司法机关以新疆维吾尔自治区、自治区国资委、金融办、凯迪投资等召开非正式会议拟定天山纺织重组之日为内幕信息形成之日。[②] 该项资产重组安排系国有资本主导的引入民营资本，因此，无论会议形式是否正式，会议是否形成重组具体方案，国有资本认可的具体民营资本确定且介入重组之时实际上就可以认为重大资产重组信息已经形成。在“高淳陶瓷”内幕交易案中，内幕信息同样指向上市公司资产重组，即由中国电子科技集团第十四研究所（以下简称十四所）通过资产置换及非公开发行等方式对上市公司高淳陶瓷进行重大资产重组。司法机关将资产重组合作框架第一次书面化的时间认定为内幕信息形成时间。[③] 虽然重组上市公司高淳陶瓷并非国有资本主导，而是各类市场资本通过交易、安排等措施完成资产重组，但仍然应当以资产交易方的实质性确定这一节点作为内幕信息的形成时间。从高淳陶瓷的重组情况分析，重组框架文件在第一次书面化之后虽然经历了不断的修改与完善，但作为重组交易方的十四所的内幕自始至终予以保留。故十四所重组高淳陶瓷的资产交易总思路一经确定，重组信息事实上就已形成。

从上述对证券内幕交易判例的分析可知，内幕信息类型多样，不同的内幕信息有其特定化的形成逻辑。上市公司重大合同的成立具有双方性与博弈性，只有在合同双方就核心要素达成共识时，才能够认定内幕信息形成。非公众公司借壳上市的主动性集中于今后可能控制上市公司的母公司，非公众公司选定壳意味着其后续采取的措施单方面即可影响上市公司股价，故确定

---

① 参见詹志强：《中国“券商内幕交易第一案”内幕》，载《检察日报》2009年1月22日，第6版。

② 参见周浙玲：《天山纺织重组内幕交易详情曝光》，载《中国证券报》2011年1月18日，第8版。

③ 参见苏江：《涨停王高淳陶瓷内幕交易真相》，载《21世纪经济报道》2011年1月15日，第13版。

壳公司就代表此类内幕信息形成。上市公司资产重组实际上是上市公司控股股东或实际控制人选择特定对手及其提出的方案，退出上市公司并获取对价的交易过程。上市公司控股股东或实际控制人对于是否进行资产重组具有选择性，因此，只有在其确定交易对手时才能认定内幕信息业已形成。任何脱离上市公司内幕信息的具体类型、发展特点、公司业务实践等判断内幕信息形成时间的意见均不能为司法实践所采纳。

第四，内幕信息价格敏感期截止于信息实际公开之日，即有关信息被证券市场的所有投资者以及社会公众了解与知悉之时。

证券发行人、上市公司必须严格按照《证券法》、证监会《上市公司信息披露管理办法》（现已失效）等规定依法真实、准确、完整地披露信息，所以，在证券发行、交易过程中对证券价格有重大影响的内幕信息的披露规则具有明确的法律规定性。根据《证券法》的规定，对上市公司股票交易价格产生较大影响的内幕信息，上市公司应当按照规定将有关该重大事件的情况向国务院证券监督管理机构和证券交易所报送临时报告，并予公告，说明事件的起因、目前的状态和可能产生的法律后果。信息公告应当在国务院证券监督管理机构指定的媒体发布，同时将其置备于公司住所、证券交易所，供社会公众查阅。

基于《证券法》关于信息披露的规定，理论上一般主张适用内幕信息的形式公开标准，即尚未被公众知晓的重大信息在证券监管机构制定的媒体予以发布之时，应当认定内幕信息业已公开。① 但也有观点认为应当采纳实质公开标准，即内幕信息按照法定形式披露之后，必须经过一定时间被市场消化，才能认定为内幕信息已经公开。② 笔者认为，一般情况下，应以上市公司按照规定的时间与约定的方式通过公众媒体（新闻发布会、网络、报纸、期刊等）向社会公开或者向证监会、证券交易所报告作为内幕信息公开的时间。但是，内幕信息形成之后、尚未通过正式形式公开之前，相关证券交易

① 参见顾肖荣、张国炎：《证券期货犯罪比较研究》，法律出版社2003年版，第403页。

② 参见刘宪权：《内幕交易、泄露内幕信息罪若干疑难问题探析》，载《犯罪研究》2003年第2期。

价格明显异常波动，已被市场消化公开，或者证券专业分析人员通过技术分析推断相关信息，向客户或者公众公开分析结论等，应以市场价格异常波动、公布分析结论等实际公开之日作为内幕信息公开时间。

第二节　信息挖掘的法律性质

一、金融现象与法律争议

金融市场中存在的一种现象与行为是，在内幕信息未公开前，有些投资者（投机者），尤其是机构投资者中的金融分析师，利用资本市场公开的信息、资料、对上市公司或其管理人员进行调查所获知的信息等，对资本市场作出分析预测，或者以这种预测结果为依据进行交易，而相关分析结果与未公开的内幕信息相一致，从而使相关人员在证券、期货交易中获取了巨额利润。国外资本市场通常将这种行为称之为信息挖掘（information snatching）。

对于信息挖掘行为能否构成内幕交易或者泄露内幕信息，理论上存在一些不同的看法。肯定的观点认为，行为人运用公开的信息和资料，对证券市场作出的预测和分析，如果这种预测一向被证实非常准确，并且对市场价格造成严重的影响或者危害，按内幕交易处理不无道理。[①] 相反意见认为，内幕交易、泄露内幕信息行为之所以为世界各国法律所禁止，其根本原因就在于，这种行为使得内幕交易的行为人与普通投资者所进行的交易不是建立在平等的基础上，而是处于“一明一暗”的交易状态。内幕交易的行为人对于某种股票价格的走势因其对内幕信息的知悉而“心中有数”，而普通投资者则只能借助于一般的技术分析和财务分析乃至于自己的猜测进行交易。借助没有确切消息的猜测显然是投机行为，而这也正是资本市场危机四伏的原因所在。而无论基于这种猜测进行交易所导致的结局如何，这种行为显然是不能论之以内幕交易、泄露内幕信息罪的。而实际上，股评文章的性质也同样

① 参见白建军：《证券欺诈及对策》，中国法制出版社1996年版，第29－30页。

如此。股评文章究其实质而言，也是一种猜测，只不过由于这种猜测是由具有丰富证券专业知识、熟悉证券市场运行规律的证券专家，运用科学的分析手段对分开的信息资料进行分析研究所得出的结论，因而，其正确性一般远高于普通人所作出的猜测。但无论这种预测的准确度多高，都改变不了“猜测”的实质。显然，法律不能因为一个人的预言相当精确就剥夺其发表意见的权利，这是现代法治社会公民享有言论自由的必然结论。[①] 在现实生活中，具有一定社会危害性的行为是很多的，没有必要、也不可能将所有具有社会危害性的行为，都用法律尤其用刑法加以调整。对于股评文章，尽管它可能对证券交易价格有一定的影响，但这种影响和法律规定的内幕信息比较，它的影响较小。因为它所依据的材料、信息已经公开。这种已经公开化的材料、信息对证券价格已经施加了影响，因此，通过这种信息作出的股评实质上就是对已公开的信息进行消化和再消化的过程，已不符合内幕信息的特征。另外，如果将类似的信息都作为内幕信息，势必扩大了内幕信息的范围和内幕人员的范围，不符合刑法的立法本意。[②]

二、实质解释与合规管理

对于内幕信息未公开前，利用已经公开的信息资料对市场作出分析和预测，并从事有关证券、期货交易的行为，不应该纳入刑法调整的范围之内，但也不应当完全忽视以信息搜集、攫取为名义实际是非法获取内幕信息行为存在的可能。

首先，应当明确的是，市场投资者（投机者）的分析和预测行为，无论对市场有多大的影响，无论与内幕信息本身的内容如何接近甚至完全相同，这毕竟是利用已经公开的市场信息、资料得出的预期，而不是利用尚未公开的内幕信息得出的结果。内幕交易的前提条件是必须有内幕信息存在。如果对利用并非内幕信息进行交易的行为加以惩治显然违背了刑法立法的原意。

其次，资本市场本身需要有人对市场的发展等作出一定的分析和预测，

① 参见张军主编：《破坏金融管理秩序罪》，中国人民公安大学出版社 1999 年版，第 269－270 页。

② 参见薛瑞麟主编：《金融犯罪研究》，中国政法大学出版社 2000 年版，第 263 页。

这些分析和预测纯粹是个人的见解。资本市场只要存在，就必然有人们对资本市场的分析和预测。而且，在资本市场上交易者不可能不对市场进行分析和预测，尤其是机构投资者，基于其专业能力与信息收集实力，其对市场进行分析和预测往往能够为一般投资者提供重要的决策参考。应该承认，有关的分析和预测当然会对市场和人们的交易行为产生一定的影响，这是不可避免的，如果对作出分析和预测并进行交易的行为也要加以惩治是不符合市场发展的客观要求和规律的。

最后，需要高度重视的是，信息挖掘行为与内幕交易、泄露内幕信息行为之间的界限存在一定的模糊。在当前的资本市场操作中，包括证券公司、公募基金以及私募在内的很多投资机构或者个人投资者，无视内幕交易、泄露内幕信息的违法性，部分投资机构以上市公司调研为名，将市场公开信息挖掘行为异化为非法获取内幕信息行为。对于市场分析人员、投资者等主体通过各种手段从上市公司及其内部人员处“拉”“搞”“套”内幕信息的行为，实践中应当引起关注，对于以信息调研为形式而实质上属于非法获取内幕信息的行为，应当认定为内幕交易或泄露内幕信息，相关机构在业务实施过程中应当引起重视，避免陷入法律风险。

第五章

内幕交易的司法规则与风控措施

内幕交易在实务中存在一系列的司法认定疑难问题，这也为证券合规实践带来了一定的不确定性。尤其是在近年来司法实践中出现的内幕交易案件，对于如何认定内幕信息的形成时间，如何判断内幕交易犯罪的行为主体，如何认定内幕信息知情人员建议他人实施相关证券、期货交易行为，如何把握主观故意等众多难点问题，理论与实践存在相当大的争议与分歧。有必要综合运用资本市场法律原理与金融知识，充分论证上述疑难问题的司法判断规则，为内幕信息风险管理提供规则指引。

第一节　违法性问题

资本市场犯罪是法定犯，构成资本市场犯罪的前提是相关行为违反行政法律法规，内幕交易犯罪显然不能例外。因此，在内幕交易犯罪的司法认定中，首要问题就是要判断涉案的交易行为是否违法。

一、行政违法性认定及其影响

内幕交易罪刑事违法性的司法认定不能仅仅是对证券法相关规定的静态援引，而是必须对整个内幕交易过程中行为的刑事违法性进行全面的证明，即司法实务部门通过严格的司法审查，论证内幕交易行为的违法事实及其规范依据。

然而，在当前的资本市场犯罪刑事司法实践中，司法实务部门自主性地对内幕交易罪刑事违法性问题进行论证与分析的能动性作用受到了明显的限制。并且，该种限制并非源于外部性力量的压制，而是司法实务部门面对证券、期货专业性问题主动采取“司法克制”的态度，转而依托专业性证券、期货行政监管部门的力量判断内幕交易罪的刑事违法性。在以内幕交易罪为典型代表的涉及证券、期货专业知识的刑事案件中，对于涉案行为违法性判断的依据，主要是中国证监会的行政处罚决定书、违法行为认定函等行政法律文书以及证监会在行政程序中搜集的书证、物证、证言等证据。例如，在非法经营类资本市场犯罪案件中，司法机关通常将证监会对非法经营证券、期货业务的性质所出具的书面结论、复函等作为认定行政违法性的核心依据甚至是唯一依据。

刑法理论上有观点认为，以证监会行政程序中形成的处罚决定、书面复函、调查笔录、认定函等文件材料，在刑事司法程序中不具有司法效力，不应当以此为依据认定内幕交易等资本市场犯罪行为的违法性。[①] 在近期的司法实践中，相当数量内幕交易犯罪案件中的辩护意见就直接反对控方将行政机构违法认定函等文件材料作为指控涉案行为违法的依据。例如，在上海祖龙公司、陈榕生内幕交易案中，辩方提出证监会出具的认定函不具有证据可采性。[②] 但是，审判实践中很少有对于行政机构违法性认定进行否定的判决。由此可见，在证券合规实践中，必须充分关注证券监管部门日常行政处罚中形成的关于内幕交易违法性认定的执法规则，定期进行检索、分析、归纳、学习，防止本机构在与内幕信息有关的工作中面临信息管理或者交易行为上的行政违法性风险。

二、刑事违法性的司法审查

对于内幕交易罪等资本市场犯罪案件中相关行为的刑事违法性认定问题，司法实务部门必须进行独立且全面的司法审查与判断。证券、期货监管部门

---

① 参见吕蕾：《资产注入遭遇“暗礁”行政认定函能否推定其罪——专家热议证券内幕交易的“罪与非罪”》，载《上海法治报》2010 年 7 月 9 日，第 A8 版。

② 参见福建省厦门市中级人民法院刑事判决书，(2009) 厦刑初字第 109 号。

制作的行政处罚决定书、行政复函等可以作为司法审查的证据，但不能直接作为定案依据，而应当对此类证据的合法性、关联性等进行刑事转化、综合论证、分析以及司法释理。

首先，证券、期货监管部门提供的书面文件可以作为公文书证纳入全案的证据体系，具有可采性。国家机关在法定职权范围内行使职权所制作的书面文件，包括各种命令、决定、通告、指示、信函、证明文书等，属于公文书证，可以作为刑事案件的证据。证监会作为国务院证券监督管理机构，依照我国《证券法》有关规定，具有认定内幕信息的法定职权。证监会根据稽查的事实、证据，并结合《证券法》的有关规定出具认定函，对涉案行为的违法性进行说明，符合法律规定。

其次，证监会在行政程序中形成的相关证据及其在刑事程序中出具的文书具有证据可采性，并不意味着司法机关可以直接按照公文书证中的结论性意见认定案件事实与相关行为的刑事违法性。证监会认定内幕信息的法定职权限于行政程序，其对内幕交易行为违法性进行确认的行政法律文件具有的既定效力仅覆盖行政程序环节，证监会无权对涉案内幕交易行为的刑事违法性进行认定。所以，在证监会出具认定函件等公文书证的情况下，司法机关必须对其所阐释的理由与结论进行独立分析，不能直接按照证监会提供的意见认定案件事实与法律性质。司法机关不得以节省司法资源、金融技术性知识能力低于证券、期货执法部门等理由直接将行政法律文件作为认定内幕交易行为刑事违法性的依据。

最后，证券、期货行政监管部门在查处内幕交易违法案件过程中形成的证据材料，经过合法性认定与转化之后，可以作为刑事案件的证据使用。司法实践中，资本市场犯罪案件通常由行政执法部门在调查结束后移送司法机关，所以内幕交易罪的司法审查必然滞后于行政调查。大量的能够证明资本市场犯罪行为刑事违法性的证据势必都由证监会等行政执法部门先行调取、采集、固定、制作。[①] 内幕交易等资本市场犯罪涉及大量交易数据、资金流

---

① 例如，在朱某明操纵证券市场犯罪案件中，涉案的交易行为涉及全国48家证券营业部、273个资金账户、6509个证券账户，证监会总共制定了58卷证据材料移送公安机关，办案工作量极大。参见吴卫军：《操纵证券市场罪的理论与实务难点分析》，载陈辐宽主编：《金融证券犯罪疑难问题解析》，中国检察出版社2009年版，第22页。

动、账户信息等证据材料，司法机关只能在经过审查认可这些证据合法性的基础上，对涉案行为的违法性进行判断，不可能作为取证主体重新采集资本市场犯罪的证据。因此，认定内幕交易行为刑事违法性的具体依据只能是证券、期货执法部门移送公安机关的证据。此类能够证明内幕交易行为刑事违法性的依据进一步可以区分为直接依据与间接依据：（1）证券、期货执法机构向证券、期货公司，证券、期货交易所等机构调取的记录证券、期货交易流水数据、资金走向、账户资料等信息的书证、物证、电子证据等客观性材料，经司法机关确认具备证据合法性的，可以直接作为司法机关判断内幕交易行为刑事违法性的依据。（2）证券、期货执法机构在办案过程中形成的涉案人员供述、证人证言、调查笔录等主观性材料，在刑事司法中不具有证据合法性，必须经过司法机关依法转换为刑事诉讼证据，从而成为判断利用内幕交易行为是否刑事违法的间接依据。

综上所述，在内幕交易犯罪案件中，涉案行为的违法性是一个必须通过证据予以证明的问题，这也是构成内幕交易犯罪的违法性基础。在行为违法性具体认定层面，司法实务部门应当进行独立的司法分析，而不能直接依据内幕交易行政处罚过程中的行政法律文件直接认定涉嫌内幕交易行为的违法性。

第二节　泄露内幕信息

一、泄密：第一层次信息传递

理论上一般认为，泄露内幕信息的行为是指行为人将处于保密状态的内幕信息公开化，通过明示、暗示、书面或口头等方式，透露、提供给不应知悉该信息的人员，使信息受领人据此而进行证券、期货买卖。泄露内幕信息的行为既包括公开范围上的泄露，即将内幕信息告知不应或无权知道该信息的人员；也包括时间范围上的泄露，即在保密期届满前解密，让可以知悉或有权知悉的人员提前知悉。泄露的内容是使受领人得知可以作为证券、期货交易依据的内幕信息的全部或主要事实，如果只是透露一点风声，不能作为受领人进行证券、期货交易依据的，就不构成泄露行为。泄露内幕信息行为通常有泄密和再泄密之分。

泄密是指内幕人员直接将其掌握的内幕信息泄露给他人。对于泄露内幕信息行为应从法律上加以惩治其中严重者应按犯罪处理，这已经成为世界各国和地区的共识。之所以将泄露内幕信息作为犯罪处理，原因在于与掌握内幕信息者直接进行证券、期货交易相比，虽然泄露内幕信息者本人不一定有直接的证券、期货买卖行为，但通过为他人提供内幕信息，完全可能间接地参与了证券、期货交易，并从中获得利益或避免损失。另外，与掌握内幕信息者直接进行证券、期货交易相比，泄露内幕信息的行为对资本市场、投资者及发行人所造成的损害往往更为严重。因为，内幕信息的知悉人员一般范围较小，不仅人数较少而且财力有限，他们买卖证券、期货的数量不会太大；而泄露内幕信息则可能在受领人之间辗转告知，使得参与证券买卖的人数和交易量剧增，从而引起严重后果。同时，只要相关证据能够进行合法且准确的固定，泄密行为在司法实践中一般不存在认定上的疑难。

二、再泄密：信息继续传递

再泄密是指非内幕人员在获取内幕信息后，又将该内幕信息泄露给他人。应该看到，在传播面广泛的内幕交易中，再泄密往往扮演相当重要的角色。美国“IBM 收购莲花公司内幕交易案”是全球内幕交易判例史上再泄密最“经典”的案例。1995 年，IBM 是当时全球最大的 IT 公司，而莲花公司（LOTUS）是美国最优秀的软件公司之一，其在办公软件市场占据统治地位。IBM 看中了莲花的技术优势，于 1995 年 3 月向莲花公司提出友好兼并的建议。不过莲花公司 CEO 吉姆·曼兹坚信莲花的困难是暂时，不必出售公司，故资本市场对此一直无法作出判断，在合并消息公布前，莲花股价一直徘徊在 30—35 美元。经过 IBM 与莲花公司的谈判，最后双方对合并达成了共识，1995 年 6 月 5 日，IBM 宣布正式收购莲花，收购价高达每股 60 美元。6 月 11 日，IBM 最终以每股 64 美元收购了莲花 97% 以上的股票，总金额 35.2 亿美元，消息令人震惊。在收购的过程中，内幕信息实际上一直处于泄露的状态。

1995年4月底，IBM公司的一位女秘书劳瑞娅·卡萨诺在复印材料时，得知IBM正考虑收购莲花，于是她一直关注着事态的进展。IBM与莲花达成原则协议后，劳瑞娅知道收购项目已成功，IBM公司将于6月5日左右对外宣布。劳瑞娅便将此信息告诉了丈夫罗伯特·卡萨诺，但是，夫妇俩此前从未进行证券交易，没有股票账户，便将消息告诉好友格林，由格林购买一些莲花股票和期权，在消息公布后抛出，共获利1.7万美元，并付给女秘书夫妇3500美元作为提供内幕消息的报答。与此同时，罗伯特曾打电话给其另一好友杰瑞·曼佐尼，后者根据内幕信息购买了莲花公司的股票和看涨期权，净赚2.75万美元，并以4000美元作为回报。杰瑞·曼佐尼又将该内幕信息告知其表弟彼德·曼佐尼和两位同事理查德·科夫兰斯克与约翰·麦伟利。理查德·科夫兰斯克又将内幕信息告知其亲属多梅尼克·阿尔巴和三个商业伙伴詹姆斯·里贝里诺、杰拉德·威尔斯以及拉尔夫·塞佩。其中，多梅尼克·阿尔巴再将信息告知朋友约瑟夫·德斯科以及商业伙伴斯皮涅利，斯皮涅利进一步将信息告知其哥哥克劳迪奥。这一内幕信息通过上述人员进行的信息传递共有6层之多，相关人员都购买了一定数量的莲花公司股票或看涨期权。美国证监会最终发现，共有25人根据IBM公司女秘书的内幕消息在6月2日购买了莲花股票和期权，共获利超过100万美元。这起内幕交易案件中涉及的25名被告，只有一人是内幕信息的直接来源者，即劳瑞娅·卡萨诺，其他均通过再泄密获得内幕信息。最终，上述被告全部被法院判决构成证券欺诈或者以证券欺诈与美国证券交易委员会达成和解。[①]

我国刑法理论对于非内幕人员获取内幕信息后建议他人买卖或再泄密的行为如何处理的问题颇有争议。有观点认为，对非内幕人员获取内幕信息后建议他人买卖和再泄密不作区分，只要有建议他人买卖或再泄密的行为都有可能构成犯罪，区分是否构成犯罪的标准是非内幕人员获取内幕信息究竟是主动的还是被动的。如果非内幕人员自己积极、主动地获取内幕信息，不论行为人采取的具体手段是自己盗取，还是设法从内幕人员那里探听（如通过

---

① Securities and Exchange Commission v. Lorraine K. Cassano, et al., Civil Action No. 99 - CV - 3822 (S. D. N. Y.).

向内幕人员行贿而获取内幕信息)，不管行为人事后根据该信息是建议他人买卖证券、期货合约，还是向他人泄露该内幕信息从而使他人利用该信息买卖证券、期货合约，都一律按内幕交易认定。如果证实非内幕人员是被动的信息接受者，不论后来实施了建议行为还是泄露内幕信息行为，就不宜认定为内幕交易罪。这是因为，在主动获取的情况下，非内幕人员对获取的内幕信息负有不得利用该信息并保密的义务，不论是事后建议还是泄露内幕信息，都是对该义务的违反，承担责任理所应当。在被动知悉的情况下，非内幕人员因为是消极的内幕信息的知情者，不存在承担保密的义务，因而即使第三人根据该信息进行了交易，也不应当认定为内幕交易。[①] 但也有不同意见认为，对非内幕人员获取内幕信息后建议他人买卖证券、期货合约与再泄密进行区分，认为非内幕人员获取内幕信息罪后建议他人买卖证券、期货合约的构成犯罪，但再泄密的，不应作为犯罪。因为，根据我国《刑法》第 180 条的规定，内幕信息知情人员的范围，依照法律、行政法规的规定确定。由此可以推出，法律、行政法规没有限制的行为，即使行为具有社会危害性，也不应用刑罚加以制裁。[②] 理论上还有观点认为，非内幕人员获取内幕信息的手段，有的很难说到底是合法获取还是非法获取。因为在合法获取和非法获取中间可以有一个中性行为——既不合法也不非法的情形。对这种行为也应犯罪化。因为内幕交易、泄露内幕信息的可责性表现在这种行为对市场和投资者危害，这种危害是从交易行为中体现出来的。不论什么人，只要从事这样的利用、泄露行为，特定的社会危害性就会体现出来。[③]

非内幕人员在获取内幕信息后建议他人买卖或再泄密的行为是否有可能构成犯罪，应该严格根据刑法规定具体问题具体分析。对于非内幕人员在获取内幕信息后再泄密的情况，有可能构成犯罪。理由是，《刑法》第 180 条规定，非法获取证券、期货交易内幕信息的人员，即非内幕信息知情人

---

① 参见张军主编：《破坏金融管理秩序罪》，中国人民公安大学出版社 1999 年版，第 277－278 页。

② 参见薛瑞麟主编：《金融犯罪研究》，中国政法大学出版社 2000 年版，第 269 页。

③ 参见郦毓贝：《内幕交易、泄露内幕信息罪主体特征研析》，载赵秉志主编：《新千年刑法热点问题研究与适用》，中国检察出版社 2001 年版，第 821－822 页。

员……泄露该信息，情节严重的，应构成泄露内幕信息罪。可见，刑法条文并未将非内幕人员再泄密行为排除在犯罪之外。非内幕人员再泄密行为之所以可以构成泄露内幕信息罪，最重要的三点理由在于：其一，不应知悉内幕信息的人员从获取内幕信息时起就应承担保密的义务。因为不管其获取内幕信息的途径怎样，最终的结果是得知了内幕信息的内容，当得知了内幕信息后，相关人员也就具有了承担保密的义务。其二，从行为人的主观故意来看，当行为人在明知自己通过非法手段获得的是证券、期货交易内幕信息之后，还故意泄露给他人，其主观恶性程度与证券、期货交易内幕信息知情人员的泄露行为并无不同。其三，从泄露内幕信息罪的后果来看，这一犯罪的后果主要是由泄密行为引起的，没有行为人的泄密行为，也就不可能产生其后的内幕交易后果。

第三节　建议他人交易

一、规范依据

《刑法》（2006 年修正）第 180 条（内幕交易、泄露内幕信息罪）明确规定了两种行为方式：其一，内幕交易行为；其二，泄露内幕信息行为。2009 年，《刑法修正案（七）》为《刑法》第 180 条增加了一种行为模式：建议行为，即行为人在其获知内幕信息的基础上，通过明示或暗示的方式建议他人进行证券、期货交易的行为。例如，提出交易时机，交易证券、期货合约的种类，交易证券、期货的价位，交易量的大小等。

在《刑法修正案（七）》修改内幕交易、泄露内幕信息罪构成要件之前，对于内幕人员根据内幕信息建议他人进行证券、期货买卖是否应当属于本罪的行为方式的问题，刑法理论与司法实践中颇有争议。这主要是因为，我国《刑法》（2006 年修正）第 180 条虽然没有将建议行为规定在内幕交易犯罪行为之中，但是，2014 年《证券法》第 76 条规定：证券交易内幕信息的知情人和非法获取内幕信息的人，在内幕信息公开前，不得买卖该公司的证券，或者泄露该信息，或者建议他人买卖该证券。可见，颁布于刑法之后的我国证券法明确将“建议他人买卖证券”的行为归入内幕交易行为的范畴之中。基于此，刑法理论上有观点认为，建议行为属于内幕交易、泄露内幕信息罪的行为方式。本罪的客观行为应该表现为三个方面：一是行为人利用内幕信息进行证券、期货买卖。二是行为人泄露内幕信息。三是行为人根据内幕信息建议他人进行证券、期货买卖，即内幕信息的知悉者根据内幕信息对他人的证券、期货交易提出倾向性的意见。[①] 还有意见认为，将建议他人买卖证券不作为犯罪处理的观点是不妥的，因为从理论上讲，内幕交易中的买卖证券、期货合约应该包括知情人员自己买卖证券、期货合约和建议他人买卖证券、期货两种情况；从实践中看，这种行为具有社会危害性，对于情节严重的，应以犯罪论处。[②] 当然，理论上也有意见指出，对建议行为需要区别对待，若接受建议者不知情也没有依据该建议进行证券、期货交易，则建议者不构成内幕交易、泄露内幕信息罪。除此之外，行为人明确将内幕信息告知他人，并建议他人买卖该种证券、期货合约，或者行为人虽未明确将内幕信息告知他人，但其建议他人买卖证券、期货合约的方式却能使他人心领神会该建议与内幕信息有关，则属于泄露内幕信息罪。[③]

然而，对此持否定意见的学者认为，作为行政处罚对象的内幕交易行为并非都可能成为犯罪行为。《刑法》第 180 条规定的作为犯罪的内幕交易行为，并没有包括行政法规所指的所有内幕交易行为，而只是部分行为，即只是限于内幕人员利用内幕信息自己买卖证券、期货合约或者非法获取内幕信息的人员自己买卖证券、期货合约，其中并没有包含行政法规中的其他内幕交易行为。例如，内幕人员根据内幕信息建议他人买卖证券、期货合约及非内幕人员通过其他途径获得内幕信息，并根据该信息买卖证券、期货合约或者建议他人买卖证券、期货合约的行为，不能作为犯罪认定，只能作行政处

---

① 参见张军主编：《破坏金融管理秩序罪》，中国人民公安大学出版社 1999 年版，第 264 页。

② 参见魏东：《关于内幕交易、泄露内幕信息罪司法认定的若干问题再研究》，载赵秉志主编：《新千年刑法热点问题研究与适用》，中国检察出版社 2001 年版，第 854 页。

③ 参见董丽静、垄卫：《证券内幕交易、泄露内幕信息罪的司法认定》，载赵秉志主编：《新千年刑法热点问题研究与适用》，中国检察出版社 2001 年版，第 866 页。

罚。内幕人员向他人泄露内幕信息，使他人利用该信息进行内幕交易的行为，只能以泄露内幕信息罪认定。[1]

应该看到，在《刑法修正案（七）》实施之前，尽管我国《证券法》明确将建议他人买卖证券的行为纳入内幕交易罪中，但是当时的刑法中并未将建议行为纳入犯罪范围，虽然刑法颁布在先而证券法颁布在后，但是在有关刑事责任的问题上，刑法当然要比证券法效力大。可见，将建议他人买卖证券的行为纳入内幕交易罪中并非刑事立法的原意，没有将建议行为纳入内幕交易罪也并非刑事立法的疏漏。在当时的资本市场现实条件下，我国刑法之所以作如此规定，究其原因无非是：如果将建议行为纳入犯罪范围，可能涉及面太广，同时，由于建议行为本身较为复杂，当时的司法实践尚未积累起一定程度的反内幕交易犯罪经验，立即将建议行为纳入内幕交易、泄露内幕信息罪的规制体系并不符合当时的司法实务现实。

然而，不容置疑的是，建议行为利用的是行为人掌握的未公开的内幕信息，这在客观上完全应当成为一种纵使或促使他人利用内幕信息进行相关证券、期货交易。在通常情况下，由于实施建议行为者是在掌握内幕信息的情况下建议他人进行证券、期货交易的，因此，行为人的建议往往起到鼓励、推动和指导的作用。这种情况中虽然行为人可能自己并没有直接从事证券、期货交易，有些甚至可能没有直接从中获利，但是，从实质上分析，建议者客观上是借他人之手进行相关证券、期货交易，这必然导致利用内幕信息进行证券、期货交易范围的扩大并对资本市场造成更加严重的破坏，其社会危害性是显而易见的。因此，《刑法修正案（七）》将建议行为作为内幕交易、泄露内幕信息罪的一种行为方式，具有合理性。当然，从动态的刑法规范适用层面考察，《刑法修正案（七）》增加了明示、暗示他人从事内幕交易的行为要件，确实容易导致司法认定困难与混乱。这主要是由于内幕信息知情人员或非法获取人员明示、暗示他人从事相关交易的行为本身具有特殊性，并不像内幕交易罪中典型的内幕信息知情人员或者非法获取者直接进行的证券、期货交易行为一般容易认定。

---

① 参见胡启忠等：《金融犯罪论》，西南财经大学出版社2001年版，第268页。

二、行为类型

根据司法实践中的情况来看，通过明示、暗示的方式建议他人从事相关交易的行为具有多种表现形式：(1) 信息获悉者明示、暗示他人从事相关交易，被对方采纳并实施；(2) 信息获悉者进行明示、暗示，没有被他人采纳并实施；(3) 在透露内幕信息内容的基础上，信息获悉者明示、暗示他人从事交易；(4) 在没有透露信息内容的情况下，信息获悉者建议他人从事交易，他人基于其专业金融知识及具有相关从业背景等原因，无须信息获悉者提供进一步的信息内容与交易理由等。

正是由于明示、暗示他人从事相关交易行为及其后续结果的复杂性，以及行为与结果排列组合后样态的进一步复杂化，决定了在判断内幕交易罪明示、暗示他人进行相关交易这一行为要件的同时，必须查实并明确以下问题是否影响建议他人从事相关交易行为要件的认定：(1) 在内幕信息知情人员、非法获取人员仅仅提出建议，被建议者没有采纳信息获悉者的意见进而从事相关证券、期货交易，能否成为阻却内幕交易、泄露内幕信息罪成立的事由？(2) 明示、暗示他人从事相关交易构成犯罪是否以透露内幕信息为必要，即建议者没有透露内幕信息，被建议者接受其明示或者暗示而从事相关证券、期货交易，能否成为阻却内幕交易、泄露内幕信息罪成立的事由？

对于上述第一个问题，即被建议者是否从事相关证券、期货交易行为是否阻却纯粹建议行为的犯罪性，笔者持肯定的观点。因为单纯的明示、暗示行为既没有泄露内幕信息本身的内容，也没有进一步产生后续的内幕交易行为，与内幕交易打击利用内幕信息从事非法证券、期货交易行为的本质存在较大距离，不应当作为本罪打击的对象。主要理由是：其一，他人没有依据内幕信息获悉者的明示或者暗示从事相关交易的，已经缺失了内幕交易罪语境下行为的“交易性”，不应当认为其符合内幕交易罪的行为要件；其二，内幕信息知情人员、非法获取人员没有透漏任何内幕信息的内容，显然也不构成泄露内幕信息罪。

对于上述第二个问题，即内幕信息的知情人员或非法获取人员是否必须将内幕信息告知被建议者，才能构成《刑法》第180条规定的明示、暗示他人从事相关交易，刑法理论上的一种具有代表性的观点认为，构成建议行为不以告知被建议者内幕信息为前提。因为在现实生活中，内幕信息知情人员往往受过严格的法律、金融等专业知识的培训，对自己所实施的行为性质以及由此所可能造成的后果，一般都是明知的。而相当一部分内幕人员，为规避法律，在知悉某一证券、期货交易的内幕信息后，不是将内幕信息直接告知其亲朋好友，而仅仅对其亲友所进行的证券、期货交易提出倾向性的意见。由于行为人职务或者地位的特殊性，使得其根本无须说明提出这一建议的理由，其亲友也是心领神会的。依此建议行事，虽然其亲友不知道内幕信息，但在其所进行的证券、期货交易中所处的地位与其知道内幕信息进行的证券、期货交易几无二致，而后一种情况显然是典型的内幕交易行为，既然如此，与后一种情形神似而仅仅形不同的前一种情形，有何理由不将其认定为内幕交易呢？如果认为，内幕人员仅有建议买卖而并未将内幕信息的具体内容告知被建议者可以不作为内幕交易、泄露内幕信息罪，无疑给犯罪分子留下相当大的隙漏，使相当数量的内幕交易行为难以纳入刑事制裁的视野，从而在一定程度上宽纵了犯罪分子，不利于证券市场的健康发展。[①] 对此，笔者认为，在透露内幕信息的基础上建议他人从事相关证券、期货交易的行为是否具有刑事可罚性，刑法规范本身实际上已经给出了答案。《刑法》第180条已经规定了泄露内幕信息的行为属于犯罪，完全可以结合被建议者是否实际从事相关证券、期货交易的事实提出定性规则：（1）告知他人内幕信息，并明示或者暗示其从事相关交易行为，被建议者没有进行相关证券、期货交易的，应当认定为泄露内幕信息罪；（2）被建议者实际进行相关证券、期货交易的，其行为同时符合内幕交易、泄露内幕信息的构成特征，直接认定行为人构成内幕交易、泄露内幕信息罪。

三、明示、暗示

《刑法》第180条（内幕交易、泄露内幕信息罪）并没有直接使用“建

---

① 参见张军主编：《破坏金融管理秩序罪》，中国人民公安大学出版社1999年版，第276页。

议”的表述，而是将建议行为更为明确地规定为“明示、暗示”。“明示、暗示”也就是向他人作出提示或建议，“明示”和“暗示”的行为其实就是对不同表现形式的“建议”行为的表述，两者并无本质区别。[①] 其本质上都是指行为人提示或者建议他人从事证券、期货交易活动，具体是指提示或建议他人买入或者卖出该证券，或者从事与该内幕信息有关的期货交易。[②] 在早前的司法实践中，有关内幕交易和泄露内幕信息的犯罪都很难取证，而且，内幕人员一般具有较强的反侦察能力，往往自己不从事交易，而是以明示或暗示的方式让他人操作，之后参与分成，而《刑法修正案（七）》修改后的《刑法》第180条规定“明示、暗示他人从事上述交易活动”构成内幕交易犯罪行为，相对来说降低了司法取证的难度，有利于提高执法效率，加强了刑法对资本市场的保护力度。[③]

从明示与暗示具体的行为内容上分析，所谓“明示”，就是清楚明白的指示，即通过书面或口头的方式明确告知他人买入或者卖出与该内幕信息有关的证券或者期货合约，指示的手段没有限制，可以是命令，也可以是利诱，还可能是胁迫，总之是通过直接表意的方式唆使对方从事交易；所谓“暗示”，就是不明确表示意思，而用含蓄的言语或示意的举动使人领会，这里主要是指行为人以使对方能够推知的方式间接指示，既包括以积极的行为暗示，也包括通过消极的不作为甚至是沉默来暗示。只要该言行能让相对人领会到该交易具有内幕信息背景且能够通过交易相关标的获得利益即可构成“暗示”。因为从事金融交易，尤其是短线交易的市场主体对于此类信息往往十分敏感，对一些含蓄的言行也能够心领神会，产生与明示同样的效果。至于如何确定对方能否领会，则应当根据一般市场主体的理解和判断能力衡量。例如，内幕信息知情人不明确说明内幕信息的具体内容，只是含蓄地向他人透露“某支股票有重大利空或者利好消息，可以重点关注”，这样的说法就能让人领会到内幕信息的存在，应当认定为“暗示他人从事交易”。但如果

---

① 参见刘宪权：《金融犯罪刑法学专论》，北京大学出版社2010年版，第352－353页。

② 参加谢望原：《简评〈刑法修正案（七）〉》，载《法学杂志》2009年第6期。

③ 参见葛磊：《新修罪名诠解：〈刑法修正案（七）〉深度解读与实务》，中国法制出版社2009年版，第27－28页。

只是笼统地说“我觉得买点也没有太大风险”等类似的言语，就难以让人感知到存在重要的、敏感的内幕消息，不应当认定为“暗示他人从事交易”。此外，正如前文所述，还需要进一步分析接受信息的一方是否实际实施了有关的内幕交易行为。正如有的学者所言，如果被建议者没有实施内幕交易，建议者显然不构成内幕交易犯罪，就不存在甄别是否构成“暗示他人从事交易”的必要。① 还有必要强调的是，无论是明示还是暗示他人从事相关交易活动，实际上都使对方在某种程度上知悉了相关经营信息，因此，当对方向自己提出咨询意见，行为人只是单纯被动提供不确定的相关交易建议，对方根本无从察觉相关经营信息的，即使行为人在提供建议时事先已经知悉相关经营信息，也并不能被认定为明示或暗示他人从事相关交易。②

第四节　内幕交易故意

一、故意的规范构造

犯罪故意的实践判断一直是经济犯罪、金融犯罪案件司法实践的疑难问题。在内幕交易犯罪案件的司法实践中，行为人是否具有内幕交易的犯罪故意同样也是控辩双方的争议焦点。笔者认为，对于普通的经济犯罪案件而言，犯罪故意的认定确实较为疑难，特别是金融诈骗类案件，非法占有目的在实践中难以直接证明，只能根据具体案件事实情况进行司法推定，且容易引起控辩纷争。然而，资本市场犯罪的特殊性决定了内幕交易犯罪故意的认定具有区别于一般经济犯罪的特点。对于内幕交易犯罪故意的认定，应当从内幕交易案件中的一系列事实中证明行为人的内幕交易故意，其关键则在于缜密地梳理与内幕交易故意有关的核心事实。

---

① 参见刘衍明：《内幕交易罪的理解与适用》，载《中国检察官》2009 年第 6 期。

② 参见缑泽昆：《〈刑法修正案（七）〉中“老鼠仓”犯罪的疑难问题》，载《政治与法律》2009 年第 12 期。

实践中把握内幕交易故意应当注意以下典型事实：（1）内幕信息知情人从事违规交易的时间节点。行为人自己或者控制的证券交易账户资料显示其买卖标的股票的时间点紧临内幕信息形成时间，证明违规交易的时间点与内幕信息的形成相互吻合，可以初步推断明知内幕信息形成而从事与之相关的违规交易。（2）内幕信息知情人从事违规交易所依托资金的具体来源与走向。调拨资金是行为人利用内幕信息从事违规交易进而牟取巨额利润的现实基础，而证券资金账户能够清晰地记录行为人所调拨资金的具体脉络。在内幕信息形成时间前后，内幕信息知情人调拨大量资金进入股票资金账户用于买卖与内幕信息有关的上市公司股票，表明其资金调拨行为与内幕信息所指向的重大事实之间存在密切关系，行为人主观上具有利用内幕信息买卖有关上市公司股票的故意。（3）涉嫌内幕交易行为所形成的交易数据。证券资金账户能够记录包括行为人动用资金总额、具体交易时间、买入卖出资金数量与股票数量等所有违规交易的数据。如果交易数据显示，在内幕信息形成之后、公开之前，行为人利用利好信息，集中资金买入相关上市公司股票，或者行为人获悉利空信息，集中卖出有关上市公司股票，则表明行为人在证券交易存在巨大风险的情况下，精准且集中地围绕内幕信息进行做多牟利或者减持套现，其犯罪故意明确表现为通过内幕交易获利或者避损。（4）行政监管部门介入调查后行为人的异常反应。随着证券内幕交易打击力度不断加强与执法监控能力的持续提升，行政监管部门介入调查证券内幕交易案件越发及时。内幕交易者在证监会展开调查后的异常行为，例如，短时间内全部套现、联合提供伪证等，这些异常行为均能够反映行为人企图掩盖内幕交易行为的心理状态和真实意图。

资本市场中的犯罪行为实际上始终处于法律监控的范围之内。[①] 因为证券期货交易市场建构了完备的风险控制制度与数据信息管理制度。证券期货交易所、经营机构、结算机构等具备严格的业务数据管理制度，规范保存交易数据、清算数据及其他相关业务数据。通常情况下，持仓报告、交易数据

---

① Frank H. Easterbrook, *Monopoly, Manipulation, and the regulation of Futures Markets*, 59 Journal of Business 103, 1986, p. 106.

等电子信息按照保密规定由交易所、经营机构存储；相关交易涉嫌内幕交易的，司法机关根据刑事诉讼法律程序规范调取交易信息进行违法性分析。这就决定了内幕交易故意的认定实际上可以不依赖于被告人的供述，充分把握上述与内幕交易犯罪故意密切关联的客观事实，通过对网络技术存储的交易数据分析、全案行为体系以及派生证据的认定，完全可以对内幕交易故意进行综合判断。

二、认识错误

在内幕交易犯罪故意的司法认定中，还有一个争议问题就是对象认识错误的处理。如果行为人在主观上误把某种不属于内幕信息的消息当作内幕信息或将内幕信息加以利用或予以泄露，该如何处理？对此，有的观点认为，不能按内幕交易罪处罚，因此而造成实际损害的，可按一般违法行为追究行政责任。如果行为人将内幕信息误认为是一般信息或不是内幕信息而加以利用或泄露的，则构成内幕交易罪。[①] 有的意见则认为，根据刑法关于认识错误的理论，如果行为人主观上把某种不属于内幕信息的信息当作内幕信息或者将内幕信息误认为不是内幕信息而进行交易或予以泄露的，应分别情况予以认定：行为人误把不属于内幕信息的信息当作内幕信息而进行内幕交易或予以泄露的，则行为人的行为构成内幕交易、泄露内幕信息的未遂犯罪；如果行为人将内幕信息误认为是一般信息或不是内幕信息而进行交易或泄露的，因行为人主观上没有内幕交易和泄露内幕信息的故意，只存在过失，不能构成内幕交易、泄露内幕信息罪。符合其他条件的，可依法构成玩忽职守罪、过失泄露国家秘密罪。客观上未造成重大损失的，属于一般违法行为。[②] 笔者认为，从理论上分析，上述第二种观点无疑是正确的。但是，构成本罪行为人的行为只有达到情节严重的程度，且有关交易和泄露行为应与内幕信息具有关联性。由于受到这些条件的影响，事实上如果行为人主观上把某种不

---

① 参见周道鸾等主编：《刑法的修改与适用》，人民法院出版社 1997 年版，第 397 页；参见郭丽红：《论内幕交易罪的犯罪构成》，载《汕头大学学报》2000 年第 1 期。

② 参见马长生、张惠芳：《论内幕交易、泄露内幕信息罪》，载赵秉志主编：《新千年刑法热点问题研究与适用》，中国检察出版社 2001 年版，第 831 页。

属于内幕信息的信息当作内幕信息进行交易或泄露，就不可能出现所谓关联性问题，从而也很难达到情节严重的程度；而如果行为人将内幕信息误认为不是内幕信息而进行交易或泄露，由于主观上缺乏故意，当然就不能构成犯罪。就此而言，笔者认为，如果行为人主观上确实存在对象认识错误的情况，一般不应该构成本罪。

第六章

内幕交易司法解释的实践应用与合规指引

最高人民法院、最高人民检察院于2012年3月29日联合发布《内幕交易解释》。作为我国首部资本市场犯罪司法解释，《内幕交易解释》对内幕信息知情人员，非法获取内幕信息人员，内幕信息敏感期，内幕交易、泄露内幕信息定罪处罚标准等资本市场犯罪刑法理论与实践中长期存在争议的刑法适用疑难问题进行了规定。[①]《内幕交易解释》的实施对于指导司法实务部门办理资本市场犯罪案件，强化资本市场法律监管力度，有效维护资本市场秩序，保护广大投资者合法权益，具有重大且深远的影响。[②]《内幕交易解释》目前是解决我国内幕交易犯罪案件疑难问题的唯一刑法解释，不仅对于参与我国资本市场的金融交易者起到了重要的规范指引作用，而且由于其规定的内幕交易犯罪刑法适用规则具有突出的创新性，在全球金融市场一体化的背景下，研究《内幕交易解释》对于丰富全球的资本市场犯罪刑法理论亦有重大意义。

---

① 参见杨维汉、崔清新：《惩治内幕交易犯罪 维护资本市场秩序——最高人民法院有关负责人就首部资本市场犯罪司法解释答记者问》，载《检察日报》2012年5月23日，第2版。

② 参见张先明：《“两高”联合出台司法解释 指导司法机关正确办理内幕交易犯罪案件》，载《人民法院报》2012年5月23日，第1版。

但是，由于内幕交易犯罪相关实践问题具有高度复杂性，《内幕交易解释》在内幕信息知情人员与非法获取内幕信息人员认定、内幕信息重大性判断、内幕交易犯罪行为指控与抗辩、内幕交易犯罪情节认定等重大且疑难实践问题上仍然存在很多争议与困惑。对最新内幕交易犯罪司法解释进行深刻与细致的解析，能够推动资本市场犯罪刑法理论与实践更为冷静地对内幕交易犯罪问题进行审视，持续探索内幕交易犯罪刑法解释和内幕信息合规管理不断优化的理论支撑与发展路径。基于此，本章尝试深度剖析最新内幕交易犯罪司法解释实践运作中的疑难问题并提出司法规则优化建议，以期对惩治内幕交易、内幕信息合规管理的理论探索与实践有所裨益。

第一节　内幕信息非法获取人员的判断规则与合规管理

根据《刑法》第 180 条的规定，内幕信息非法获取人员是内幕交易犯罪的另一种犯罪主体类型。对于非法获取内幕信息人员的认定，资本市场犯罪刑法理论与实务中长期存在三种不同的观点：其一，“非法手段论”认为，非法获取内幕信息人员只能是利用骗取、套取、偷听、监听或者私下交易等非法手段或者通过非法途径获取证券内幕信息的人员。[①] 其二，“不当获取论”认为，对“非法获取”的理解不能过于狭窄，“非法获得”应指“不该获得而获得”，其中“不该获得”是指行为人与内幕信息之间并无职务或业务上的信赖关系，也即行为人属于禁止接触或获取内幕信息的人员。[②] 其三，“混同认定论”采取淡化非法获取内幕信息人员独立类型特征与模糊上述意见分歧的方式，统一使用“内幕人”的概念将内幕信息知情人员及其近亲

① 参见王作富主编：《刑法分则实务研究（上）》，中国方正出版社 2003 年版，第 546 页。
② 参见刘宪权：《金融犯罪刑法学专论》，北京大学出版社 2010 年版，第 365 页。

属、通过非法手段获取内幕信息的人员以及通过其他途径获取内幕信息的人都纳入内幕犯罪行为主体范围。①

《内幕交易解释》第2条与第3条通过联动规定非法获取内幕信息人员类型及其异常交易行为特征的创新性刑法解释技术解决上述争议：利用窃取、骗取、套取、窃听、利诱、刺探或者私下交易等手段获取内幕信息的，显然属于非法获取内幕信息人员；内幕信息知情人员的近亲属或者其他与内幕信息知情人员关系密切的人员，或者在内幕信息敏感期内与内幕信息知情人员联络、接触的人员，从事或者明示、暗示他人从事，或者泄露内幕信息导致他人从事与该内幕信息有关的证券、期货交易，相关交易行为明显异常，且无正当理由或者正当信息来源的，应当认定为非法获取内幕信息人员。

之所以将其评价为创新性解释，是因为《内幕交易解释》极为精巧地解释并未通过非法手段获取内幕信息人员的行为"非法性"，即根据交易行为事实（从事、建议从事、泄露信息导致他人从事）与交易行为评价（明显异常且无正当性事由）逆向证明内幕信息知情人员的近亲属、关系密切人，敏感期的联络、接触人等非法获取内幕信息。《内幕交易解释》第2条不仅通过限制行为主体类型的方式将偶然、无意地听闻内幕信息人员排除在内幕交易犯罪行为主体之外，② 而且在第3条极为详尽地列举了"相关交易行为明

① 2007年中国证券监督管理委员会《证券市场内幕交易行为认定指引（试行）》（现已失效）第6条规定：符合下列情形之一的，为证券交易的内幕人：(1)《证券法》第74条第1项到第6项规定的证券交易内幕信息的知情人。(2) 中国证监会根据《证券法》第74条第7项授权而规定的其他证券交易内幕信息知情人，包括：①发行人、上市公司；②发行人、上市公司的控股股东、实际控制人控制的其他公司及其董事、监事、高级管理人员；③上市公司并购重组参与方及其有关人员；④因履行工作职责获取内幕信息的人；⑤本条第1项及本项所规定的自然人的配偶。(3) 本条第1项、第2项所规定的自然人的父母、子女以及其他因亲属关系获取内幕信息的人。(4) 利用骗取、套取、偷听、监听或者私下交易等非法手段获取内幕信息的人。(5) 通过其他途径获取内幕信息的人。

② 参见颜斐：《无意听到内幕信息不是犯罪》，载《北京晨报》2012年5月23日，第A7版。无意听到内幕信息从而实施相关证券交易在国外判例中通常也不认为构成内幕交易犯罪。例如，美国证券交易委员会诉巴里·斯威策尔案。在该案中，美国证监会指控，斯威策尔在1981年6月举行的俄克拉荷马州高中运动会上无意中听到他认识的一位上市公司董事及其妻子在谈论将要进行的并购事宜。斯威策尔基于该尚未公开的上市公司并购信息从事证券交易并获利5万美元。联邦地区法院判决斯威策尔的行为不构成内幕交易。因为无意听闻内幕信息的行为主体既非内幕信息知情人员，亦非非法获取内幕信息人员，其对于内幕信息的来源并不承担任何形式的信赖（不基于信息从事交易或者泄露信息）义务，不受到披露或者戒绝交易规则的限制，故不应当将偶然听闻的内幕信息并据此从事相关证券交易的行为认定为内幕交易。参见SEC v Switzer，590 F Supp 756（WD Okla 1984）。

显异常”的核心判断指标,[①] 实质性地提升了非法获取内幕信息人员基于内幕信息从事内幕交易犯罪行为证明规则的明确性。

对于《内幕交易解释》第2条第1项规定的以非法手段获取内幕信息人员，实践中并不存在认定障碍，关键问题在于内幕信息知情人员的近亲属、关系密切人，内幕信息敏感期内的联络、接触人等内幕交易犯罪行为主体的判断。《内幕交易解释》第2条使用了两个非常重要的概念，即近亲属和关系密切的人员。由于刑法上的近亲属概念并不明确，首创于利用影响力受贿罪的关系密切的人员的内涵与外延在刑法理论与实务中存在较大的认识分歧，内幕信息知情人员近亲属、关系密切人认定问题显然受制于这样的现状而容易在内幕交易犯罪司法实践中产生争议。因此，亟须在理论上准确界定内幕信息知情人员近亲属、关系密切人的范围，否则《内幕交易解释》第2条第2项将难以在实践中得以有效执行。同时，司法实践中还需要结合现有的证券、期货法律解释性文件与反内幕交易实践经验，进一步深度考察《内幕交易解释》第2条与第3条规定的“相关交易行为明显异常”的判断标准。

---

① 《内幕交易解释》第3条规定：本解释第2条第2项、第3项规定的“相关交易行为明显异常”，要综合以下情形，从时间吻合程度、交易背离程度和利益关联程度等方面予以认定：(1)开户、销户、激活资金账户或者指定交易（托管）、撤销指定交易（转托管）的时间与该内幕信息形成、变化、公开时间基本一致的；(2)资金变化与该内幕信息形成、变化、公开时间基本一致的；(3)买入或者卖出与内幕信息有关的证券、期货合约时间与内幕信息的形成、变化和公开时间基本一致的；(4)买入或者卖出与内幕信息有关的证券、期货合约时间与获悉内幕信息的时间基本一致的；(5)买入或者卖出证券、期货合约行为明显与平时交易习惯不同的；(6)买入或者卖出证券、期货合约行为，或者集中持有证券、期货合约行为与该证券、期货公开信息反映的基本面明显背离的；(7)账户交易资金进出与该内幕信息知情人员或者非法获取人员有关联或者利害关系的；(8)其他交易行为明显异常情形。应当看到，在美国内幕交易案件司法实践中，交易模式是判断行为人是否基于内幕信息从事相关证券交易的重要指标。如果控方证明涉案证券交易行为所体现出的模式化特征比较异常，则可以推论从事证券交易的行为主体持有内幕信息或者说相关证券交易依托于内幕信息。从异常交易判断规则上来看，美国联邦第九巡回上诉法院的判例规则比较有代表性：内幕交易案件中的异常证券交易是指行为人从事的证券交易行为显著地区别于其以前的交易模式，在具体判断上应当结合行为人交易相关证券的总量以及比例、交易的时间、相关交易是否与其历史交易记录或者交易习惯吻合等相关要素进行分析。参见 In re Silicon Graphics Inc. Securities Litigation, 183 F. 3d 970, 986 (9th Cir. 1999); Provenz v. Miller, 102 F. 3d 1478, 1491 (9th Cir. 1996)。对照上述《内幕交易解释》，我国内幕交易案件中的异常交易判断标准显然更为细致。

一、内幕信息知情人员近亲属

关于近亲属范围问题，我国《刑法》并没有专门的规定，三大诉讼法及其司法解释的界定也并不一致。法律及相关司法解释对于近亲属的范围界定不一致，必然会导致刑法理论与实务部门对于如何认定内幕信息知情人员近亲属产生较大争议。在我国《刑法》以及相关司法解释对近亲属概念未作规定的情况下，从诉讼法关于近亲属的规范界定论证刑法上的近亲属范围是无法获取合理解释的。因为诉讼法定义近亲属是为了解决诉讼上的代理、证据效力等程序性问题，刑事诉讼法基于程序严苛性更强的现实要求，设定了相对狭窄的近亲属范围，行政诉讼法与民事诉讼法基于便利诉讼的实用性考量，对近亲属的范围界定更为宽泛。而内幕信息知情人员近亲属是内幕交易犯罪主体要素，其范围界定应当受到近亲属这一法律概念实体法属性的制约，同时更应当与内幕交易犯罪实质相契合。所以，无论是从与刑法关系最为密切的刑事诉讼法中援引近亲属法律概念的内涵与外延，还是从行政诉讼法与民事诉讼法相关规范中进行推断，都会陷入近亲属概念刑法解释上的方向性误区。

社会生活中的近亲属概念要在刑法上探索其合理范围，必须以财产关系作为限制标准对近亲属进行范围限定。财产关系标准不仅具有实体法上的规范性，而且与内幕交易犯罪利用内幕信息从资本市场交易中非法获取利润的行为实质更为契合。因为近亲与远亲之间的界限是模糊与主观的，最为客观的判断标准应当是财产关系上的远近亲疏，即财产继承关系。从《继承法》（1985 年 10 月 1 日实施，现已失效）第 10 条至第 12 条①有关财产法定继承

① 根据我国《继承法》（现已失效）第 10 条至第 12 条的规定，遗产按照下列顺序继承：第一顺序：配偶、子女、父母。第二顺序：兄弟姐妹、祖父母、外祖父母。继承开始后，由第一顺序继承人继承，第二顺序继承人不继承。没有第一顺序继承人继承的，由第二顺序继承人继承。本法所说的子女，包括婚生子女、非婚生子女、养子女和有扶养关系的继子女。本法所说的父母，包括生父母、养父母和有扶养关系的继父母。本法所说的兄弟姐妹，包括同父母的兄弟姐妹、同父异母或者同母异父的兄弟姐妹、养兄弟姐妹、有扶养关系的继兄弟姐妹。被继承人的子女先于被继承人死亡的，由被继承人的子女的晚辈直系血亲代位继承。代位继承人一般只能继承他的父亲或者母亲有权继承的遗产份额。丧偶儿媳对公、婆，丧偶女婿对岳父、岳母，尽了主要赡养义务的，作为第一顺序继承人。

的规定来看，除了夫妻、父母、子女、同胞兄弟姊妹等之外，继承法上的第一顺序、第二顺序和代位继承中具有法律继承权的主体，也应当视为近亲属。以财产继承关系为核心确定近亲属范围，不仅整体涵盖了三代以内直系血亲，而且根据亲缘结构与家庭财产归属的实际情况出发，将非婚生子女、养子女和有扶养关系的继子女，养父母和有扶养关系的继父母，同父异母或者同母异父的兄弟姐妹、养兄弟姐妹、有扶养关系的继兄弟姐妹，以及承担主要赡养义务的丧偶儿媳、女婿等纳入近亲属范围，更能实现内幕交易犯罪主体界定与内幕交易犯罪实质之间的高度契合。因为近亲属之所以能够从内幕信息知情人员处获取内幕信息，根本原因在于其不仅能够基于“近”的家属关系影响内幕信息知情人员对于内幕信息的保密程度，而且能够在内幕信息所可能产生的财产利益方面与内幕信息知情人员形成利益共同体。

二、内幕信息知情人员关系密切人

其他与内幕信息知情人员关系密切的人员这一概念显然源于《刑法》第388条利用影响力受贿罪中的“其他与该国家工作人员关系密切的人”。然而，刑法并没有对此类关系密切人进行定义。笔者认为，内幕信息知情人员的关系密切人着眼于该种类型的行为主体与内幕信息知情人员之间的人际关系，强调的是两者之间的人际关系超越普通层面，达到了紧密的联系、黏合、影响程度。这种紧密联系可以是友好关系，也可以是客观中性的利益、利害关系，还可以是并非基于职权而生成的控制、胁迫、制约关系。因此，内幕交易犯罪司法解释既然使用了关系密切人的概念，实际上就应当将其实质内涵明确界定为与内幕信息知情人员人际关系紧密的人。对于内幕信息知情人员关系密切人的具体范围问题，应当根据人际关系的不同侧面予以具体展开：（1）亲属层面的人际关系，主要是指近亲属以外的与内幕信息知情人员关系密切的亲属；（2）利益层面的人际关系，主要是指与内幕信息知情人员有共同利益关系、利害关系的人；（3）情感层面的人际关系，主要是指内幕信息知情人员的情妇（夫）或者其他有情感依恋关系的人；（4）社交层面的人际关系，主要是指与内幕信息知情人员紧密交往的同乡、同事（包括现在和以前的平级和上下级同事）、同学、战友、朋友、商业伙伴、常规工作联系人等。

三、内幕信息知情人员联络人、接触人

内幕信息的传递一般多发于近亲属以及其他关系密切人之间，但这并不意味着没有证据表明行为人与内幕信息知情人员之间关系密切，就可以直接排除行为人获取内幕信息的可能。内幕信息完全可以在社会关系一般的主体之间进行传递。内幕信息知悉人员基于故意、口风不严、疏忽大意、意图使得信息受领者利用内幕信息牟利、炫耀等各种因素，都可能使行为人获取内幕信息。正是因为认识到上述内幕信息传递的实践特征，《内幕交易解释》第 2 条第 3 项规定，在内幕信息敏感期内，与内幕信息知情人员联络、接触，从事或者明示、暗示他人从事，或者泄露内幕信息导致他人从事与该内幕信息有关的证券、期货交易，相关交易行为明显异常，且无正当理由或者正当信息来源的，构成非法获取内幕信息人员。上述规定不仅将内幕信息知情人员近亲属、关系密切人之外的内幕信息敏感期内的联络、接触人纳入内幕交易犯罪主体范围，而且合理地将偶然、无意地听闻内幕信息人员排除在内幕交易犯罪行为主体之外。[①] 行为人实施证券交易之前与内幕信息知悉人员之间的联络和接触是一个沟通联系与内幕信息传递的言语互动过程。这种联络和接触可以是面谈，也可以是电话、短信沟通，更可以是邮件联系，有的是“一语中的”直接点出内幕信息，也有的是“三言两语”传递内幕信息，还有的是在较长时间里的讨论内幕信息，更有的是谈论了多个事项过程中包含或者夹杂内幕信息。

对于联络、接触型内幕交易，应当严格遵循“证券交易活动与内幕信息高度吻合”的证明标准，并以此作为证明标准的底线，防止以其他形式的证明标准进行替代。对于联络、接触型内幕交易而言，在以“推定”方法认定行为人责任时，应当考量其与内幕信息知情人之间是否具有人身或者财产关系，并以此作为间接证据，从而矫正内幕交易中“推定”方法导致的宽松的证明标准。

（一）联络、接触型内幕交易行政处罚“高度吻合”证明标准的合理性

《最高人民法院关于审理证券行政处罚案件证据若干问题的座谈会纪要》

---

① 参见颜斐：《无意听到内幕信息不是犯罪》，载《北京晨报》2012 年 5 月 23 日，第 A7 版。

第5条规定："监管机构提供的证据能够证明以下情形之一，且被处罚人不能作出合理说明或者提供证据排除其存在利用内幕信息从事相关证券交易活动的，人民法院可以确认被诉处罚决定认定的内幕交易行为成立：（一）证券法第七十四条规定的证券交易内幕信息知情人，进行了与该内幕信息有关的证券交易活动；（二）证券法第七十四条规定的内幕信息知情人的配偶、父母、子女以及其他有密切关系的人，其证券交易活动与该内幕信息基本吻合；（三）因履行工作职责知悉上述内幕信息并进行了与该信息有关的证券交易活动；（四）非法获取内幕信息，并进行了与该内幕信息有关的证券交易活动；（五）内幕信息公开前与内幕信息知情人或知晓该内幕信息的人联络、接触，其证券交易活动与内幕信息高度吻合。"（见表3）

表3　不同内幕交易主体构成内幕交易的不同证明标准

内幕交易构成主体	如何判断"知悉"内幕信息	交易活动与内幕信息相关性
2014年《证券法》第74条规定"内幕信息知情人"	基于身份直接推定	有关
因履行工作职责知悉内幕信息的人	基于履职行为认定	有关
非法获取内幕信息的人	基于非法获取行为认定	有关
内幕信息知情人之关系密切人（配偶、父母、子女等）	基于身份直接推定	基本吻合
与任何知悉内幕信息人联络、接触之人	基于联络、接触行为认定	高度吻合

根据上述规定，对于联络、接触型内幕交易行为人，在行政程序中认定其构成内幕交易的证明标准是：内幕信息公开前与知情人联络、接触，交易活动与内幕信息高度吻合，同时不能作出合理说明或提供证据排除利用内幕信息从事交易。在大部分联络、接触型内幕交易案件中，由于在该类案件中内幕交易极具隐秘性，因此监管部门很难举示出直接证据以证明行为人进行

了内幕交易。目前，各国主要通过两种途径解决这一问题：一是通过间接证据认定，二是运用推定方法。[①] 在此处，我国实际上运用了推定方法，将部分举证责任转移给了行政相对人。监管机构只需证明行政相对人在内幕信息公开前与知情人联络、接触，并且交易活动与内幕信息高度吻合。此时举证责任则转移给了行政相对人，行政相对人需对交易活动的合理性作出说明或者提供证据排除。如果不能作出合理说明或举出证据，则推定其构成内幕交易。

纵观监管部门作出的内幕交易行政处罚，对于联络、接触型内幕交易监管部门一直以来都遵循该规则进行。例如，在对欧阳某东的行政处罚决定（〔2016〕65 号）中，监管部门认定：内幕信息敏感期内，欧阳某东与包某青、陈某良、高某根存在频繁通话。……其中，“王某勤”账户同期仅交易“胜利精密”，大量买入只有少量卖出；“蔡某喜”账户同期主要买入“胜利精密”，无卖出，交易量较其他股票明显放大；“欧阳某东”账户在 7 月买入“胜利精密”后，8 月卖出；“顾某珍”账户在 7 月仅买入“胜利精密”一只股票。上述账户对“胜利精密”的交易活动与内幕信息高度吻合。[②] 在对颜某明的行政处罚决定（〔2016〕79 号）中，监管部门认定：颜某明与王某荣之间关系密切，存在联系时间与买入“利欧股份”时间高度吻合、临时激活部分账户交易“利欧股份”等异常情况，颜某明对交易“利欧股份”亦不能作出合理解释。[③] 在监管部门官网 2019 年 12 月 12 日最新公布的王某行政处罚决定（〔2019〕146 号）中，监管部门认定：王某在内幕信息敏感期内与内幕信息知情人员联络、接触，大量买入“汇顶科技”且仅买入该只股票，买入意愿强烈，其证券交易活动与内幕信息高度吻合，交易行为明显异常且无正当理由或正当信息来源。……构成 2014 年《证券法》第 202 条所述的内幕交易行为。[④] 在 2019 年 12 月 2 日公布的曹某行政处罚决定（〔2019〕138 号）中，监管部门认定：涉案交易发生的时间同内幕信息形成时间以及曹某与赵某乙联络的时间高度吻合，且存在突击组织大量资金集中买入“岭南园林”等情况，相

① 参见曹理：《证券内幕交易构成要件比较研究》，法律出版社 2016 年版，第 353 页。
② 参见〔2016〕65 号《中国监管部门行政处罚决定书（欧阳某东）》。
③ 参见〔2016〕79 号《中国监管部门行政处罚决定书（颜某明）》。
④ 参见〔2019〕146 号《中国监管部门行政处罚决定书（王某）》。

关交易行为明显异常，且其不能作出合理解释或提出证据排除内幕交易。……曹某的上述行为违反了2014年《证券法》第73条和第76条第1款的规定，构成2014年《证券法》第202条所述内幕交易。[①] 在2019年8月2日公布的卢某俊行政处罚决定（〔2019〕80号）中，监管部门认定：卢某俊与内幕信息知情人张某帅、朱某伟有43次通话联系，联系密切。……卢某俊在2016年10月18日至11月14日交易“东阳光科”的数量明显放大，交易行为与内幕信息高度吻合、异常性明显，且卢某俊不能作出合理说明。[②] 可见，无论是以往还是同期，监管部门均坚持了“联络接触 + 高度吻合”的证明标准。

该规定在司法裁判中也有体现，在苏某鸿与中国证券监督管理委员会二审行政判决书中，北京市高级人民法院认为：具体到内幕交易行政处罚领域，证券监管机关应依法对被诉处罚决定的合法性承担举证责任，只是考虑到内幕交易案件在调查上的特殊性，才为证券监管机关适用推定认定事实提供一定的空间和可能，但即便如此，也要考虑到内幕交易行政处罚往往对当事人合法权益产生巨大影响，在推定的适用标准上应当秉持审慎原则，尤其是对据以推定的基础事实的证明标准，要求也应当更高。正因如此，《最高人民法院关于审理证券行政处罚案件证据若干问题的座谈会纪要》第五部分“关于内幕交易行为的认定问题”明确，当事人在内幕信息公开前与内幕信息知情人联络接触，其证券交易活动与内幕信息高度吻合，且被处罚人不能作出合理说明或者提供证据排除其存在利用内幕信息从事相关证券交易活动的，人民法院可以确认被诉处罚决定认定的内幕交易行为成立。这里“高度吻合”的标准，就是证券监管机关对据以推定的基础事实所要达到的证明程度要求，也与内幕交易行为性质以及对相对人权利义务影响程度相适应。本案中，被诉处罚决定认为苏某鸿与殷某国接触联络且交易威华股份的时点与内幕信息的进展情况高度吻合，且苏某鸿不能提供充分而有说服力的解释，据此推定苏某鸿构成内幕交易，被诉复议决定则认为苏某鸿买入威华股份的交易时点与内幕信息的形成过程较为吻合，且苏某鸿不能合理说明其在内幕信

---

① 参见〔2019〕138号《中国监管部门行政处罚决定书（曹某）》。

② 参见〔2019〕80号《中国监管部门行政处罚决定书（卢某俊）》。

息公开前买入威华股份的原因，据此维持被诉处罚决定。显然，被诉处罚决定和被诉复议决定在推定构成内幕交易的基础事实的证明程度上适用了不同的标准，前者适用的是“高度吻合”标准，后者适用的是“较为吻合”标准。本案中，被诉处罚决定中的“高度吻合”已为被诉复议决定中的“较为吻合”所修正，且该修正与在案证据显示的内幕信息形成发展与相关交易活动进行的案件事实基本一致，据此可以认定，被诉处罚决定据以推定苏某鸿存在内幕交易的基础事实没有达到“高度吻合”的证明标准。[①]

综合上述监管部门作出的行政处罚决定以及法院作出的司法裁判，我们认为内幕交易案件在使用“推定”方法时，应当秉持谨慎的原则，尤其是对据以推定的基础事实的证明标准，要求也应当更高。因此，才产生了《关于审理证券行政处罚案件证据若干问题的座谈会纪要》中对于联络、接触型内幕交易案件要求的“高度吻合”的标准。此处的“高度吻合”的标准，就是证券监管机关对据以推定的基础事实所要达到的证明程度要求。因此，应当严格遵守此标准，保护当事人的合法权益。然而，纵观阳某某内幕交易案，行政处罚决定书中通篇没有出现证券交易与内幕信息高度吻合的论述，甚至没有出现高度吻合的字样，由此认定行为人构成内幕交易并对其进行行政处罚的决定欠妥。

（二）内幕交易犯罪中“交易明显异常”标准能否替代行政处罚证明标准

在阳某某内幕交易案中，行为人历经刑事司法和行政处罚两个阶段，刑事、行政程序都对“是否存在内幕交易”这一基础事实作出判断，检察机关认为行为人内幕交易的基础事实无法认定，故而以“事实不清，证据不足”为由作出不起诉决定。然而监管部门在检察机关作出不起诉决定后依然对行为人作出了内幕交易违法的认定和巨额行政罚款的决定。针对该情节，监管部门认为：刑事案件和行政案件有着不同的证明标准，刑事程序和行政程序对同一事实的评价标准也不相同。本案中阳某某交易“中青宝”的行为已构成内幕交易，事实清楚，证据确实、充分，符合行政处罚标准，即使检察机

① 参见北京市高级人民法院行政判决书，（2018）京行终445号。

关作出不起诉决定，我会仍然可以进行行政处罚，符合我会一贯的执法原则和执法标准。① 此观点在刑事案件和行政案件证明标准的理论研究方面是成立的，但是在该案中存在特殊之处。在该案的行政处罚决定中，监管部门援引了《内幕交易解释》第2条第3项的规定："在内幕信息敏感期内，与内幕信息知情人员联络、接触，从事或者明示、暗示他人从事，或者泄露内幕信息导致他人从事与该内幕信息有关的证券、期货交易，相关交易行为明显异常，且无正当理由或者正当信息来源的。"监管部门认为行为人与内幕信息知情人联络、接触，从事与该内幕信息有关的交易，交易行为明显异常，且无正当理由或者正当信息来源，应当认定行为人为非法获取证券交易内幕信息的人员。紧接着，监管部门就此认定行为人交易"中青宝"的行为构成内幕交易。

监管部门在行政处罚中援引了《内幕交易解释》中的"交易行为明显异常"的刑事程序标准来代替行政程序的"高度吻合"标准，该方式是否可行？尤其是在检察院认为内幕交易基础事实无法确定而作出了不起诉决定的情况下。

其一，阳某某内幕交易案中，监管部门只认定了行为人"交易行为明显异常"，用该标准代替了"高度吻合"的标准。监管部门这样操作的逻辑是，"交易行为明显异常"属于内幕交易犯罪的证明标准，而行政处罚的证明标准是低于刑事案件的，根据举重以明轻的原理，"交易明显异常"当然可以作为行政处罚的证明标准。在该种逻辑下，监管部门认为其适用了更为严格的证明标准，但是上述逻辑存在一个悖论，上述逻辑以刑事案件的证明标准严格要求行政处罚，那么在检察院更强有力的收集证据后，被认为"事实不清、证据不足"的基础事实监管部门又是如何认为已经达到了"交易行为明显异常"呢？

其二，若监管部门认为行政处罚决定书对"交易行为明显异常"的认定不需要达到刑事案件"排除合理怀疑"的程度，那么对于联络、接触型内幕交易，行政处罚的证明标准是"高度吻合"，有此更为精准、清晰的行政处罚证明标准时为何要选择以"交易行为明显异常"而替代之？再者，即使认为"交易行为明显异常"标准可以替代"高度吻合"标准，那么对"交易行

---

① 参见〔2019〕75号《中国监管部门行政处罚决定书（阳某某)》。

为明显异常”的认定显然应该要比“高度吻合”标准更高。也就是说，若监管部门使用“交易行为明显异常”标准作为行政处罚的标准，那么在交易异常程度的考量上，《内幕交易解释》第 2 条中的“交易行为明显异常”要比《关于审理证券行政处罚案件证据若干问题的座谈会纪要》第 5 条中的“高度吻合”异常程度更高方可。换言之，“证券交易活动与内幕信息高度吻合”应当作为联络、接触型内幕交易证明标准的底线。监管部门若要使用其他证明标准，其使用的证明标准从理论上说也必须要高于“高度吻合”标准。

因此，阳某某内幕交易案中监管部门直接援引《内幕交易解释》得出行为人构成内幕交易的结论，法律适用存在问题，依据并不充分。该案应当适用的是《关于审理证券行政处罚案件证据若干问题的座谈会纪要》，以证券交易活动与内幕信息高度吻合作为证明标准来论述。

（三）如何矫正内幕交易中“推定”方法导致的宽松的证明标准

通说认为，行政处罚应当采用“明显优势证明标准”为原则，监管部门在《证券市场内幕交易行为认定指引（试行）》（现已失效）中规定：内幕交易行为的认定，应当适用明显优势证明标准。而前文提到，《关于审理证券行政处罚案件证据若干问题的座谈会纪要》以“推定”方法认定内幕信息人知悉内幕信息。换言之，对于接触、联络型内幕交易行为人而言，只要监管部门能够证明其曾与内幕信息知情人接触，且其后交易了相关证券，即可推定其知悉并利用了内幕信息，如果行为人不能自证清白，其行为即属于内幕交易违法行为。该模式是当前监管部门认定联络、接触型内幕交易行为的普遍模式，然而该模式采用了如此宽松的证明标准，实际上架空了“明显优势证明标准”，为监管部门在执法过程中降低证明标准提供了一定依据。① 有研究指出，自 2002 年至 2006 年年底，也即 2007 年《证券市场内幕交易行为认定指引（试行）》（现已失效）出台前，在中国监管部门执行行政处罚的 196 例证券欺诈案中，只有一例（2004 年）涉及内幕交易。② 尽管缺乏法律

① 参见夏东霞、杨婷：《简论内幕信息受领人内幕交易行为的认定——美国相关经验对我国的启示》，载《证券法律评论》2017 年。

② 参见凌华薇等：《内幕交易“瘟疫”》，载《财经》2007 年第 11 期。

以及行政规章层面的明文规定，但是在目前上述规定的架构下，监管部门正在发展出一套针对内幕交易的“查处规则”，对法律推定、证明责任以及明知等复杂的问题进行突破。[①] 综上所述，我国对联络、接触型内幕交易认定中存在的推定现象值得探讨，内幕交易行政处罚中对“推定”方法的大量运用，有可能将会导致监管部门执法权力的滥用，侵害证券行为人的合法权益。然而，要改变这一现状，还是要严格坚持《证券市场内幕交易行为认定指引（试行）》（现已失效）中规定的“明显优势证明标准”，在联络、接触型内幕交易监管中，不能提供直接证据时，尽可能提供间接证据，而不能绕过“明显优势证明标准”，转而依赖“推定”方法。因此，为了矫正上述“推定”方法下宽松的证明标准，有观点认为在认定联络、接触型内幕交易行为时，在监管部门现有思路的基础上，还须辅以证明内幕信息联络、接触的行为人与内幕信息知情人之间存在有实质意义的紧密关系，这种关系一般为人身关系或财产关系。

就人身关系而言，除现行规定中提及的与内幕信息知情人有亲属关系的人员以外，还应当关注与内幕信息知情人有紧密私人关系的主体，包括同学、好友、同事等。当监管部门以对这类关系的证明作为间接证据时，应以内幕信息联络、接触的行为人与内幕信息知情人关系的亲疏作为判断其证明力的依据。两者关系越紧密，平时联系越频繁，内幕信息传递的可能性就越大，相应的证明力也就越强。[②] 就财产关系而言，监管部门可以关注内幕信息联络、接触的行为人与内幕信息知情人之间是否有资金往来，尤其是在监管部门认定的内幕信息形成时间前后，两者之间是否有异常资金流转。

在阳某某内幕交易案中，就人身关系而言，行为人与中青宝董事长关系并不紧密，仅仅由于上市公司投资者调研活动相识，并且此后也偶有接触，则中青宝董事长不大可能将内幕信息随意泄露，其证明力也相应较弱；就财产关系而言，监管部门、检察机关均未有相关异常资金往来的发现。

对于联络、接触型内幕交易，监管部门应当严格遵循“证券交易活动与

---

① 参见吴伟央、普丽芬：《2009 年中国证券法治评述》，载《证券法苑》2010 年第 1 期。

② 参见张子学：《浅析“知悉”内幕信息的证明》，载《证券法苑》2019 年第 3 期。

内幕信息高度吻合”的证明标准。此处的“高度吻合”的标准，就是证券监管机关对据以推定的基础事实所要达到的证明程度要求。因此，应当严格遵守此标准，保护当事人的合法权益。然而，阳某某内幕交易案作为联络、接触型内幕交易并未对行为人证券交易活动与内幕信息是否高度吻合进行论述，存在不妥之处。

“证券交易活动与内幕信息高度吻合”应当作为联络、接触型内幕交易证明标准的底线，防止以其他形式的证明标准进行替代，杜绝监管部门权力的滥用和侵害证券投资者合法权益情形的发生。阳某某内幕交易案以“交易行为明显异常”为标准替代了“高度吻合”的证明标准从逻辑上和理论上都是无法成立的。

在联络、接触型的内幕交易案件中，监管部门较多使用“推定”方法推定事实。在一些案件中，监管部门只能证明被处罚人曾经与内幕信息知情人有过接触或者联络，并在此后交易了相关证券，便基本推定了被处罚人在与内幕信息知情人的接触中获知并且利用了内幕信息，从而认定其构成内幕交易。然而，该种认定实际上背离了内幕交易行政处罚的“明显优势证明标准”。为了矫正内幕交易中“推定”方法导致的宽松的证明标准，监管部门在认定联络、接触型内幕交易行为时，应当在现有思路的基础上，辅以证明内幕信息联络、接触的行为人与内幕信息知情人之间存在有实质意义的紧密关系，这种关系一般为人身关系或财产关系。

四、交易行为明显异常

内幕信息知情人员的近亲属、关系密切人相对于内幕信息敏感期内知情人员的联络、接触人而言，其社会联系的现实强度与内幕信息内容的知悉程度明显更高，逻辑上合理的推论应当是前者实施的相关交易行为异常性程度应当明显低于后者，这样才能保证内幕交易犯罪行为静态构成标准与动态证明过程的平衡最终使刑事归责平衡。而《内幕交易解释》第 3 条对于上述两种不同的行为主体类型却设置了程度完全相同的“明显异常”指标，即从时间吻合程度、交易背离程度和利益关联程度等方面来看，内幕信息知情人员的近亲属、关系密切人，信息敏感期内的联络、接触人在账户使用、资金配置、交易时间、交易习惯、证券期货产品基本面等综合要素上与内幕信息的形成、变化和公开时间“基本一致”，都应认定为非法获取内幕信息人员从而承担内幕交易犯罪的刑事责任。

事实上，2011 年《关于审理证券行政处罚案件证据若干问题的座谈会纪要》对上述两种不同类型的主体设置了完全不同的判断标准。根据《关于审理证券行政处罚案件证据若干问题的座谈会纪要》第 5 条[①]的规定，内幕交易行为成立的基础在于，内幕信息知情人员的近亲属、关系密切人的证券交易活动与该内幕信息“基本吻合”，而内幕信息公开前与内幕信息知情人或知晓该内幕信息的人联络、接触，其证券交易活动应当与内幕信息“高度吻合”。对照《内幕交易解释》第 3 条与《关于审理证券行政处罚案件证据若干问题的座谈会纪要》第 5 条，敏感期内内幕信息知情人员的联络、接触人的交易行为与内幕信息基本一致可以构成刑事犯罪，但构成证券行政违法却要达到“高度吻合”的程度——内幕交易违法与犯罪的法律规格出现明显倒挂。

一种在理论上存在解释空间的理解是，作为最新司法解释的《内幕交易解释》放弃了《关于审理证券行政处罚案件证据若干问题的座谈会纪要》规定的区分化处理规则，根据新司法解释效力优先原则，刑事司法实践中应当坚持《内幕交易解释》第 3 条的规定。同时，《关于审理证券行政处罚案件证据若干问题的座谈会纪要》本身以及权威性解读文本确实也没有完成“基本吻合”与“高度吻合”标准的实质性区分，[②] 即《关于审理证券行政处罚

---

① 《关于审理证券行政处罚案件证据若干问题的座谈会纪要》第 5 条“关于内幕交易行为的认定问题”规定：会议认为，监管机构提供的证据能够证明以下情形之一，且被处罚人不能作出合理说明或者提供证据排除其存在利用内幕信息从事相关证券交易活动的，人民法院可以确认被诉处罚决定认定的内幕交易行为成立：(1)《证券法》第 74 条规定的证券交易内幕信息知情人，进行了与该内幕信息有关的证券交易活动；(2)《证券法》第 74 条规定的内幕信息知情人的配偶、父母、子女以及其他有密切关系的人，其证券交易活动与该内幕信息基本吻合；(3) 因履行工作职责知悉上述内幕信息并进行了与该信息有关的证券交易活动；(4) 非法获取内幕信息，并进行了与该内幕信息有关的证券交易活动；(5) 内幕信息公开前与内幕信息知情人或知晓该内幕信息的人联络、接触，其证券交易活动与内幕信息高度吻合。

② 参见赵大光等：《〈关于审理证券行政处罚案件证据若干问题的座谈会纪要〉解析》，载《人民法院报》2011 年 8 月 31 日，第 6 版。

案件证据若干问题的座谈会纪要》没有明确回答何种程度的资金、账户、交易时间、交易模式等指标构成“基本吻合”或者“高度吻合”。但是，交易行为明显异常是否确实不具有基本一致（吻合）与高度一致（吻合）的实质可区分性？

笔者对此持否定意见并提出以下建议性规则供司法解释参考——高度一致（吻合）的信息指标表现为：(1）资金流向上，行为人及其控制的证券账户交易记录显示其不惜大额亏损卖出其他股票，然后满仓买入内幕信息涉及的股票；行为人在内幕信息形成之后且尚未公开之前，快速集中明显超过其以往交易记录的操作资金或者以高额资本成本获取融资，买卖内幕信息涉及的证券、期货。(2）交易风格上，行为人以往证券、期货交易风格表现为分散持股（持仓)，而在相关内幕信息尚未公开之前集中绝对数量和相对比例显著超过其交易风格的资金配置模式，操作内幕信息涉及的证券、期货合约。(3）交易时间上，行为人在重大利空信息即将公开之前的精准减持，或者在重大利好信息形成之后的突击增持。与之对应，基本一致（吻合）的信息表征是：(1）行为人在其控制账户之间进行无亏损或亏损度一般的调仓；行为人调拨大量自有资金或者以合理成本借贷资金进入证券账户用于买卖与内幕信息有关的证券、期货。(2）在与内幕信息相关的证券、期货合约基本面没有明显变动的情况下，将集中持股（持仓）转换为集中持有内幕信息对应的证券、期货合约。(3）行为人实施的相关证券、期货交易时间完全处于内幕信息形成与公开的范围之内，但买入或者卖出时间节点并非紧接于利好信息形成之后或者利空信息公开之前。对于证券合规实践而言，上述关于交易异常性的认定标准与判断逻辑，具有非常重要的行为指引价值。尤其是对于以交易为主营业务的金融机构而言，应当对日常信息管理与交易策略进行实时数据备份。一旦出现内幕信息敏感期与交易时间、相关人员接触时间吻合的情况，可以从中性客观的既定交易策略中提出合法合理的交易而并非异常的抗辩。

第二节　正当交易

在排除内幕交易犯罪行为属性的正当化事由层面，《内幕交易解释》第 4 条规定了不属于从事与内幕信息有关的证券、期货交易的情形：一是持有或者通过协议、其他安排与他人共同持有上市公司 5% 以上股份的自然人、法人或者其他组织收购该上市公司股份的；二是按照事先订立的书面合同、指令、计划从事相关证券、期货交易的；三是依据已被他人披露的信息而交易的；四是交易具有其他正当理由或者正当信息来源的。[①] 其中最需要进一步细化论证的是第二种情形。根据《内幕交易解释》第 4 条第 2 项的规定，按照事先订立的书面合同、指令、计划从事相关证券、期货交易的，不属于内幕交易犯罪行为。这实际上是内幕交易违法犯罪案件中的一种典型抗辩事由，即预设交易计划抗辩。例如，在岳某斌保荐代表人内幕交易案中，岳某斌及其代理人就提出，其买入上市公司三爱富股票是执行事先预定的交易计划，故岳某斌实施的相关证券交易行为不具有违法性，不应当认定为内幕交易。[②]

作为内幕交易违法犯罪的一种肯定性辩护，预设交易计划最早规定于 SEC 2000 年监管规则《选择性披露与内幕交易》：控方推定持有重大未公开信息的行为人在从事相关证券交易时使用该未公开信息，但行为人可以提出以下反驳推定的事由：（1）事先存在从事该项交易的有约束力的合同；（2）执行事先存在的第三方交易指令；（3）事先存在的书面计划预先详细说明了该项交易。[③] 该项预设交易计划抗辩在实践中又被称为 10b5－1 避风港规则，即如果行为人预先计划（包括证券数量、交易价格、交易日期等要素）从事相关证券交易时没有获悉重大未公开信息，随后执行该计划中规定的交易行为，即使届

① 参见张先明：《“两高”联合出台司法解释　指导司法机关正确办理内幕交易犯罪案件》，载《人民法院报》2012 年 5 月 23 日，第 1 版。

② 参见许志峰：《证监会查处券商人员内幕交易》，载《人民日报》2012 年 1 月 20 日，第 10 版。

③ 17 C. F. R. § 240. 10b5－1.

时掌握了该重大未公开信息，亦不能对其提出内幕交易指控。[1]

从规则内容上分析，我国《内幕交易解释》第4条第2项规定的预设交易计划抗辩与美国《选择性披露与内幕交易》的10b5－1避风港规则基本一致。《内幕交易解释》基于保障被告人抗辩权，防止内幕交易适用不当扩大，借鉴成熟资本市场做法，[2] 直接规定预设交易计划可以排除内幕交易犯罪性质，不仅在实体标准与证明程序上对持有内幕信息但并未实际使用该信息从事证券交易的市场主体提供了合法且合理的内幕交易免责空间，而且能够在很大程度上分散内幕交易执法与司法的压力，同时又可以通过允许合法的内部人交易丰富资本市场的流动性。但在内幕交易案件司法实践中还应当注意以下两个问题。

一、预设交易计划抗辩

《内幕交易解释》仅仅原则性规定了预设交易计划抗辩事由，并没有对如何具体操作这种避风港规则作出明确的指引。同时，我国《证券法》、《期货交易管理条例》（2017年3月1日实施）等行政法律法规均未对预定交易计划的适用范围与运作程序进行明确与系统的规定。而预设交易计划这种内幕交易抗辩事由的本质在于，在允许上市公司内部人员或者内幕信息实际持有人员实施必要交易行为的同时排除其他基于内幕信息的违规交易。故预设交易计划的法律规则应当是非常复杂的一个规范结构，亟须设置完备的程序规范与实体条件等配套制度才能在实践中得以有效执行。

所以，笔者建议，预设交易计划纵然应当成为排除内幕交易刑事违法性的正当化事由，但在具体适用时应当明确构成该种抗辩事由应当符合以下法律要素：交易计划在时间上制定于内幕信息形成之前；预定交易计划必须委托证券中介机构进行操作；交易计划应当对证券交易方式、数量、价格、时间等要素，或者计算上述交易数量、价格和时间等要素的具体公式，进行明确约定；针对相关证券设定的交易计划应当向证券监管机构或者交易所备案；个人或者机构

---

① Stanley Veliotis, *Rule 10b5－1 Trading Plans and Insiders' Incentive to Misrepresent*, 47 American Business Law Journal 313, 2010, p. 314.

② 参见张先明：《"两高"联合出台司法解释 指导司法机关正确办理内幕交易犯罪案件》，载《人民法院报》2012年5月23日，第1版。

在知悉重大未公开信息之后，其本人或者受其委托的未知悉重大未公开信息的个人或者机构，不得对如何、何时、是否执行该交易计划施加后续影响。此外，相关证券、期货行政法律法规应当对资本市场中的预设交易计划问题进行系统性与规范化的界定，为司法实践提供坚实的前置性法律规范基础。

二、滥用风险

作为一种安全港规则，预设交易计划实质上就是为内部人交易提供免责事由，在实践应用中有必要细致评估内部人滥用该项抗辩事由规避内幕交易责任的风险，并提出针对性的规则应对。

在美国资本市场中，基于预先设定的交易计划实施相关证券交易的盈利普遍高于一般证券交易，据此，美国证券监管机构以及资本市场中有意见认为，这样的数据足以证明实践中普遍存在滥用预先设定的交易计划从事内幕交易的可能，并且 10b5－1 规则并不能有效地防止内部人通过预先设定的交易计划谋取不正当的利润。[①] 但是，单纯根据上市公司内部人交易计划收益高于市场一般收益水平只能说明上市公司内部人交易水平高于外部投资者，这显然与上市公司内部人能够获取更为充分的内部信息紧密相关。在没有证据证明此类内部信息具有重大性的情况下，上市公司内部人基于信息能力的优势获取高于资本市场平均水平的收益显然是基于信息差异而产生价格分歧的市场自然现象。因此，评估滥用预设交易计划抗辩的风险还需要更为明确的实证基础。

在一项更为全面且具有针对性的实证研究中，艾伦·加格林泽尔教授对 12,500 家上市公司进行有关内部人交易的调查，其中共有 3000 余名内部人实施了 10 万余次内部人交易。调查结果显示：上述内部人交易中，基于10b5－1规则展开的事先预定的交易计划的收益高于市场平均收益水平 6 个百分点，而其中没有按照 10b5－1 规则展开的内部人交易收益仅高于市场平均收益 1.9 个百分点；上市公司内部人根据事先预定交易计划中的减持行为通常有条不紊地在上市公司发布利空信息之前以及利好信息之后进行，相对于没有基于 10b5－1 规则进行相关交易的上市公司内部人而言，这种减持行为体现出预期的异常准确性；在部分上市公司内部人终止事先预定的卖出证券计划的案例中，上市公

---

① Jane Sasseen, *The SEC is Eyeing Insider Stock Sales*, Business Week, March 19, 2007, p. 41.

司证券交易价格在原计划卖出证券的时间之后出现了明显的上涨。①

尽管这项实证研究仍旧无法确定滥用交易计划是否已经成规避内幕交易责任且现实地造成证券交易收益差异的直接原因，但其调查结果所反映的问题确实值得我国内幕交易司法实践进行反思——上市公司内部人在相对早期的时间范围内预先设定证券交易计划，在获悉重大未公开信息之后，一旦发现交易计划与重大未公开信息所显示的交易方向不吻合便取消交易计划；上市公司内部人在交易计划设定完毕后，利用其管理职权通过控制上市公司重大事件发展过程的节奏控制重大未公开信息形成与发展的时间，或者控制信息披露的节奏——交易计划流程中的此类操作手法确实可以达到滥用避风港规则从而规避内幕交易责任的效果。

因此，笔者认为，反内幕交易司法规则在规定预先设定的交易计划可以排除内幕交易责任的基础上，应当进一步细化这种抗辩事由的具体适用条件，同时，司法机关在个案中应当加强对交易计划内容与现实交易情况的审查。上市公司内部人尚未掌握重大未公开信息之前，固然随时可以对交易计划进行任何形式的调整。但是，在已经建构交易计划且获悉重大未公开信息之后，上市公司内部人必须按照合同、指令或者计划执行相关交易，即不能改变交易计划、在交易计划中增加或者新建与特定证券匹配的对冲交易，否则不能适用预设交易计划抗辩。②

---

① Alan D. Jagolinzer, *SEC Rule 10b5 – 1 and Insiders' Strategic Trade*, 55 Management Science 224 (2009).

② 监管机构应当同步完善强制性信息披露规则，防止上市公司内部人通过控制上市公司重大事件进程来操控重大未公开信息的发展。例如，在上市公司重大合同签订过程中，一般认为交易双方对合同价格要素达成一致时，上市公司重大未公开信息形成，故上市公司内部人在价格要素尚未达成的一致意见的情况下购买上市公司证券，通常可以基于未公开信息尚不具备重大性而认为其不构成内幕交易。但这种对于重大合同交易价格尚未达成一致意见的情形实际上完全可以由上市公司内部人在谈判过程中进行人为控制，比如，负责商谈的高管在对方提出符合上市公司利益预期的价格或者价格幅度时，故意拖延商谈进程，人为造成价格要素未达成一致的状态，并利用这一时间差从事内部人交易，在随后的磋商过程中及时认可之前交易对方提出的价格或者价格幅度。所以，监管机构有必要对上市公司重大信息强制性披露进行更为细致的要求与动态的监管，不断根据实践中的新情况调整监管规则。就上述示例而言，在信息披露监管上应当要求上市公司重大合同首次报价与最终商定价格一致的，以首次报价时间作为重大信息的形成时间，上市公司应当进行披露；基于商业利益考虑延迟披露的，应当予以保密。在首次报价且信息尚未披露时从事证券交易的，构成内幕交易；泄露该首次报价信息的，构成泄露内幕信息。

第三节　内幕信息形成时间

根据《刑法》第180条的规定，证券、期货交易内幕信息的知情人员或者非法获取证券、期货交易内幕信息的人员，在涉及证券的发行，证券、期货交易或者其他对证券、期货交易价格有重大影响的信息尚未公开前，从事、建议他人从事、泄露内幕信息导致他人从事相关证券、期货交易，情节严重的，构成内幕交易、泄露内幕信息罪；内幕信息的范围，依照法律、行政法规的规定确定。我国2014年《证券法》第67条[①]、第75条[②]，《期货交易管理条例》第85条第12项[③]对内幕信息的概念和范围进行了界定。可见，法律禁止特定行为主体在内幕信息形成之后至公开之前从事相关证券、期货交易，故内幕信息的司法判断是准确认定内幕交易犯罪的首要问题。

---

① 2014年《证券法》第67条规定：发生可能对上市公司股票交易价格产生较大影响的重大事件，投资者尚未得知时，上市公司应当立即将有关该重大事件的情况向国务院证券监督管理机构和证券交易所报送临时报告，并予公告，说明事件的起因、目前的状态和可能产生的法律后果。下列情况为前款所称重大事件：（1）公司的经营方针和经营范围的重大变化；（2）公司的重大投资行为和重大的购置财产的决定；（3）公司订立重要合同，可能对公司的资产、负债、权益和经营成果产生重要影响；（4）公司发生重大债务和未能清偿到期重大债务的违约情况；（5）公司发生重大亏损或者重大损失；（6）公司生产经营的外部条件发生的重大变化；（7）公司的董事、1/3以上监事或者经理发生变动；（8）持有公司5%以上股份的股东或者实际控制人，其持有股份或者控制公司的情况发生较大变化；（9）公司减资、合并、分立、解散及申请破产的决定；（10）涉及公司的重大诉讼，股东大会、董事会决议被依法撤销或者宣告无效；（11）公司涉嫌犯罪被司法机关立案调查，公司董事、监事、高级管理人员涉嫌犯罪被司法机关采取强制措施；（12）国务院证券监督管理机构规定的其他事项。

② 2014年《证券法》第75条规定：证券交易活动中，涉及公司的经营、财务或者对该公司证券的市场价格有重大影响的尚未公开的信息，为内幕信息。下列信息皆属内幕信息：（1）本法第67条第2款所列重大事件；（2）公司分配股利或者增资的计划；（3）公司股权结构的重大变化；（4）公司债务担保的重大变更；（5）公司营业用主要资产的抵押、出售或者报废一次超过该资产的30%；（6）公司的董事、监事、高级管理人员的行为可能依法承担重大损害赔偿责任；（7）上市公司收购的有关方案；（8）国务院证券监督管理机构认定的对证券交易价格有显著影响的其他重要信息。

③ 《期货交易管理条例》第81条第12项规定：内幕信息的知情人员，是指由于其管理地位、监督地位或者职业地位，或者作为雇员、专业顾问履行职务，能够接触或者获得内幕信息的人员，包括：期货交易所的管理人员以及其他由于任职可获取内幕信息的从业人员，国务院期货监督管理机构和其他有关部门的工作人员以及国务院期货监督管理机构规定的其他人员。

但内幕信息上市公司重大事件等内容不是单纯且静态的表达，而是一个从信息萌芽、发展、形成、持续影响证券、期货交易价格直至最后公开的动态过程。如何判断内幕信息对证券、期货合约交易价格的重大影响性，即价格敏感性，是内幕信息司法实践判断的最大难题。由于《刑法》《证券法》等均以内幕信息形成与公开作为禁止内幕交易行为的时间节点，故实践中分析相关信息是否具有影响理性投资者的投资行为进而影响证券、期货合约交易价格的特性，实际上就是内幕信息价格敏感期判断问题。《内幕交易解释》第5条第1款与第4款分别以司法解释的形式正式将“内幕信息敏感期”的概念界定为内幕信息自形成至公开的期间，并明确将内幕信息公开标准规定为内幕信息在国务院证券、期货监督管理机构指定的报刊、网站等媒体披露，在一定程度上解决了部分与内幕信息认定有关的理论分歧与实践争议。①

然而，《内幕交易解释》第5条第2款与第3款②规定的内幕信息形成时间司法认定规则在实践适用中仍然存在较多争议与困惑。笔者认为，未公开信息是对与证券、期货交易价格具有重大影响的事件或者行为发展过程与程度的反应，其动态地展现重大事件或者行为逐步从高度不确定性向可能性乃至现实性的转化。内幕信息是上市公司在业务经营、公司治理等市场活动中或者期货市场政策调整、交易监管中形成的重大未公开信息，内幕信息形成时间认定本质上是对尚未公开信息何时对证券、期货交易价格产生重大影响

---

① 在《内幕交易解释》发布前，理论与实践中对内幕信息公开标准的意见并不一直。有的观点主张适用形式公开标准，即尚未被公众知晓的重大信息在证券监管机构指定的媒体予以发布之时，应当认定内幕信息业已公开。参见张小宁：《论内幕交易罪中“内幕信息”的界定》，载《昆明理工大学学报（社会科学版）》2009年第3期；参见顾肖荣、张国炎：《证券期货犯罪比较研究》，法律出版社2003年版，第403－404页。但也有观点认为应当采纳实质公开标准，即内幕信息按照法定形式披露之后，必须经过一定时间被市场消化，才能认定为内幕信息已经公开。参见陈海鹰、朱卫明、叶建平：《泄露内幕信息罪、内幕交易罪的若干问题探析——由“杭萧钢构案”展开》，载《法治研究》2008年第3期；参见刘宪权：《内幕交易、泄露内幕信息罪若干疑难问题探析》，载《犯罪研究》2003年第2期。《内幕交易解释》采取了形式公开标准，避免了实质公开标准的不确定性。

② 根据《内幕交易解释》第4条第2款与第3款的规定，一般情况下，内幕信息形成时间与可能对证券、期货价格产生重大影响的上市公司“重大事件”、“计划”、“方案”以及期货市场“政策”、“决定”的形成时间是一致的；特殊情况下，由于影响内幕信息形成的动议、筹划、决策或者执行人员对其行为所带来的市场影响具有较高的确信度，其动议、筹划、决策或者执行的初始时间，应认定为内幕信息形成之时。

的量化判断问题。所以，有必要通过基本原理与类型化阐释相结合的方式建构司法判断规则，并通过发布指导性案例细致阐释例外情况补充司法规则。

一、基本原理

内幕信息形成时间的司法判断应当秉持分析问题贯通全面性与兼容性的理念，既要根据资本市场现实对内幕信息形成时间进行适度的提前认定，又要在准确评估高风险信息基础上排除其具有重大性的可能。

首先，在判断信息是否对证券、期货交易产生重大影响时，应避免内幕信息重大性认定标准成为保障资本市场投资者权益的障碍。

尚未公开的信息发展到对证券、期货交易价格产生重大影响的程度即可形成内幕信息，信息所对应的事件是否发生以及交易价格现实的关联性变动可以作为信息重大影响的有效验证但非必要条件。例如，有关上市公司收购的未公开信息并不需要等到收购方案成型或者收购交易实施才能认定内幕信息形成，在上市公司收购交易双方启动磋商时，根据基本证券常识足以判断相关投资方拟收购上市公司这一信息可能影响该上市公司股票交易价格，该信息一旦公开或者泄露，上市公司市值势必明显波动，故早在收购磋商初期之前，完全可以得出内幕信息形成的判断。所以，与证券、期货发行与交易有关的事实所蕴含的信息是否具备重大性，应当就该事实的现实发展情况进行分析，而不能机械地将信息具有重大性的时点固定在证券、期货法律规范规定的特定重大事件、事实确定发生之时。

其次，内幕交易中未公开信息重大性判断原则上不能与虚假陈述中的未公开信息重大性判断问题进行混同理解。

全球资本市场法律规范对证券欺诈监管设置了一项相同的标准：利用上市公司内部信息从事证券交易，或者违规披露、不披露上市公司信息，只有在该信息具有重大性时，才可能构成内幕交易或虚假陈述。理论上有观点认为，虚假陈述与内幕交易中的信息重大性判断问题适用相同法律规则。① 但在实践中，虚假陈述与内幕交易往往又适用不同的信息重大性判断规则。例

---

① Thomas Lee Hazen, *The Law of Securities Regulation* (*5th ed.*), West Group, 2005, p. 284.

如，理性投资者规则与市场影响规则是美国联邦法院系统判断虚假陈述案件中信息是否具有重大性的两大重要标准。根据理性投资者规则，信息重大性应当考察虚假陈述的事实对于理性投资者的价值。理性投资者会认为相关事实对于决定如何实施投资行为是重要的，或者对于理性投资者而言，披露相关事实非常可能显著地改变获取的信息总和所反映的市场认知，则构成重大信息。[①] 相关信息具备重大性并不意味着理性投资者必定会基于该信息的介入而改变投资决策，[②] 而是指上市公司内部人控制的与证券投资有关的重大信息，如果被资本市场中的其他理性投资者掌握，并结合市场中其他与该上市公司有关的信息，该理性投资者可能对证券进行重新估价。[③] 根据市场影响规则，重大性是判断虚假陈述违法犯罪案件是否成立的首要条件，信息重大性应根据信息披露之后上市公司证券交易价格的即时变动或合理时间范围内的变动予以分析。[④] 尽管这两大信息重大性判断标准在司法判断客观性尺度把握层面存在内在冲突，但其均强调构成虚假陈述的前提，即未公开信息的重大性，应当着眼于信息之于市场或者市场参与者的现实或者可预期的效果。而在美国内幕交易判例实践中，尚未公开的信息重大性（也就是内幕信息形成时间）判断主要适用“发生概率—影响程度”规则：相关信息是否具有重大性取决于对特定时间该信息所反映事件的发生概率以及该事件发生对于上市公司预期影响程度的具体权衡，即某项尚未披露的信息与法律规定的重大事件等相关，则该信息在特定的时间节点是否对于证券交易价格具有重

---

① TSC Industries, Inc. v. Northway, Inc., 426 U. S. 438, 1976, p. 449. 我国台湾地区判例适用相同的规则：相关信息是否构成对股票价格具有重大影响的信息，除了可以参考信息公开后相关公司股票价格变动之外，作为判断该信息是否构成重大信息的依据，应当是某一事件对公司的影响，该未经公开的信息是否在合理投资人于知晓该信息后，非常可能会重大地改变其投资决定，或者该未经公开的信息，与合理投资者已获悉的信息合并观察之后，合理投资人便会对股票价格或者投资与否进行重新评估。

② S. E. C. v. Mayhew, 121 F. 3d 44, (2d Cir. 1997).

③ Stefan Padfield, *Who Should Do the Math? Materiality Issues in Disclosures that Require Investors to Calculate the Bottom Line*, 34 Pepperdine Law Review 927, 2007, p. 933.

④ In re Merck & Co. Inc., Securities Litigation, 432 F. 3d 261 (3d Cir. 2005). 基本案情：原告对默克制药公司及其高管提起证券欺诈集团诉讼，声称被告在 2002 年首次公开发行过程中通过不恰当的财务手段对子公司资产剥离问题进行误导性陈述。美国联邦第三巡回上诉法院认为，默克制药公司重新披露子公司资产问题后证券交易价格并未立即或者及时变动，故不能认定该项信息具有重大性。

要影响，应该结合该项事实的发生概率与重大事件实际发生时对上市公司经营活动的影响程度这两个因素进行判断。[①] 可见，内幕交易案件信息重大性判断明显突出信息所对应的事实的质[②]与量[③]对于信息是否具有价格敏感性的直接影响，并且这种影响性的判断更侧重于从市场经验与投资心理的主观角度进行衡量。

笔者认为，上市公司重大事件、重大经营行为等是一个持续演进与不断发展的过程，相关信息在反应事件或者行为进程时具有多个发展阶段。在信息发展过程中，禁止从事内幕交易的时间起点，即信息具备重大性的时间，与应依法披露的信息具备重大性的时间，应适用不同司法判断标准——内幕信息形成时间应当早于开始具有披露重大信息义务的时间。因为较早地认定信息具有重大性而强制上市公司进行披露可能会损害上市公司利益（例如，在并购交易初期就要求对磋商情况进行披露，会刺激市场反应，导致投资者或投机者大量购买目标公司证券，从而推高收购成本，甚至造成交易价格所依赖的证券市场价格畸高而取消并购计划），或者误导投资者（例如，披露并购初期信息后，市场预期并购最终将会发生从而大量做多目标公司证券，但由于并购初期磋商远未涉及并购交易核心问题，在后续谈判中由于双方无法达成一致意见、执行困难等原因而出现并购失败，目标公司证券价格暴跌，投资者产生重大损失）。而在上市公司重大事件、经营行为发展阶段的早期就将反应事件内容的信息界定为重大信息，不仅与市场交易行为总是对信息进行提前反应的现实相契合，而且能够通过内幕信息形成时间的提前认定压缩内部人交易时间，相对有效地提升知情人员在未公开信息性质模糊的存续时间进行内部人交易的成本。因此，内幕交易中的重大性标准显然低于虚假陈述，实践中应确立内幕信息形成时间显著早于重大信息披露义务生成时间的基本原理。

最后，与上市公司重大事件、期货交易政策等有关的信息确实处于高度不确定状态的，基于该信息而实施的金融交易具有高度风险，知情人员从事

---

① SEC v. Texas Gulf Sulphur Co. , 401 F. 2d 833, 849 (2d Cir. 1968).

② 例如，事实的具体性质是并购重组还是财务变化。

③ 例如，事实的发生概率是25%、50%还是75%。

的此类高风险投机交易不应构成内幕交易。

实践中，上市公司可能从事的重大行为或者可能发生的重大事件，早在内幕信息形成之前，通常就已经处于信息保密的范畴，只有一定范围的内部人才有可能接触，市场外部投资者对并购最前期的信息无从知晓。这固然是信息掌控上的客观不平等。但是，反内幕交易法律规范与司法实践没有必要过度放大上市公司内部人与外部投资者之间的信息获取与判断能力落差，从而忽视了内部人员利用高度不确定信息进行交易本身所具有的风险性。资本市场应允许，甚至必须坚持信息能力的差异，否则，如果市场信息评估结论完全一样，就不存在价格分歧，资本市场资源优化配置的功能也就受到了根本性冲击。反内幕交易制度规制的应当是利用理性投资者认为会影响证券价格的未公开信息从事交易的行为，因为这种交易被广泛认定为没有风险或风险极低且不公平地局限于内部人才能进行操作。信息尽管与会引发证券价格波动的重大事件相关，但若其前期处于高度不确定状态，这意味基于此类信息所从事的交易同样蕴含高度风险，不应认定此类尚未公开的信息已经发展为内幕信息。因此，不应规制资本市场中基于此类信息实施的高风险投资或投机。

二、类型化规则

内幕信息本身所具有的类型复杂性特点决定了必须选择典型内幕信息归纳类型化内幕信息形成时间判断规则。信息重大性应根据个案中交易行为的特征以及相关事实的进展模式进行具体分析，判断上市公司运作过程中的相关信息何时具备重大性，事实上并不存在一元化的法律标准。[①] 这种意见正确地强调了信息重大性判断必须建筑在大量事实分析的基础之上，但在内幕信息形成时间判断实践中，并非不能选择特定的内幕信息类型化特征抽象出一些核心规则。相反，在并购重组、财务信息披露等典型、高发、市场共识较为集中的环节，完全可以对内幕信息形成时间的规律进行类型化阐释。

① Radiation Dynamics, Inc v. Goldmuntz, 464 F2d 876, 888 (2d Cir 1972).

1. 并购重组内幕信息形成时间判断

并购重组环节是我国内幕交易犯罪案件的重灾区。[①] 2008 年至 2011 年，在证监会调查或者移送公安机关的内幕交易案件中，近一半为并购重组过程中的内幕交易。由于一些并购重组项目决策环节多，直接涉及的知情人员多，内幕信息保密具有相当难度，[②] 故当前实践中行为人主要是利用并购重组过程中形成的内幕信息进行非法交易。在美国资本市场中，SEC 早期查处的比较著名的内幕交易案件[③]基本上都是在并购环节发生的。在近几十年的金融实务中，由于并购交易中的收购方通常会向目标公司股东支付较高的溢价，并购信息对于目标公司证券交易价格上升预期具有极为重要的价值，从中实施内幕交易的利益极为可观，故并购环节的内幕交易是全球资本市场以及司法实践极为关注的主要违法犯罪类型。所以，有必要重点分析并购重组中内幕信息形成的现实规律与判例经验，建构类型化规则，并以此为经验与逻辑基础，逐步研究与重大合同、业绩发布、经营变化等有关的其他内幕信息类型的司法规则。

我国上市公司并购重组环节内幕交易案件判例基本上将上市公司及相关并购重组方等拟交易主体确定的时间认定为内幕信息形成之时：（1）在“延边公路”内幕交易案中，非上市公司广发证券拟通过资产注入的方式控股上市公司。广发证券确定收购对象意味着上市公司收购计划即将全面展开，会对收购对象的股票运行价格产生重要影响。该案内幕信息形成时间被认定为广发证券制作借壳上市方案并拟定以辽宁时代、延边公路为备选收购对象之日。[④]（2）在“天山纺织”内幕交易案中，被告人姚某江任总经理的凯迪投资拟对上市公司天山纺织进行资产重组。新疆维吾尔自治区、自治区国资委、

---

① 参见郑晓波：《内幕交易势头得到一定程度遏制》，载《证券时报》2011 年 4 月 6 日，第 A1 版。

② 参见许志峰：《内幕交易颠覆股市根基》，载《人民日报》2012 年 5 月 25 日，第 10 版。

③ 当时比较有影响的案件是 Ward La France 卡车公司内幕交易案。Ward La France 公司在没有披露其正在进行的公司股权转让磋商的情况下，于磋商首日直至并购双方就交易价格达成口头一致性意见，在场外市场购买本公司证券。SEC 认定上市公司未公开的控制性股权溢价转让或者重大资产交易磋商信息构成内幕信息。参见 Ward La France Truck Corp，13 SEC 373（1943）。

④ 参见詹志强：《中国“券商内幕交易第一案”内幕》，载《检察日报》2009 年 1 月 22 日，第 6 版。

金融办、凯迪投资等召开非正式会议拟定天山纺织重组之日被认定为内幕信息形成之日。[①] 以国有投资主体为主导的引入民营资本重组上市公司，国有资本确认上市公司交易对手方之时，意味着上市公司重大资产重组即将展开。(3) 在“高淳陶瓷”内幕交易案中，中国电子科技集团第十四研究所（以下简称研究所）拟通过资产置换及非公开发行等方式对上市公司高淳陶瓷进行重大资产重组。资产重组合作框架第一次以书面化的形式确认研究所作为上市公司资产重组交易方之日被认定为内幕信息形成时间。[②] (4) 在“创新科技”内幕交易案中，上市公司创新科技实际控制人上海祖龙公司董事长陈某生计划将其控制的上海振龙房产公司有关资产注入创兴科技。由于上市公司资产重组交易双方都处于单一行为主体的实际控制之中，重组是否进行完全取决于实际控制人的意志，故被告人陈某生会同创兴科技高管以及证券中介商讨资产注入方案之日被认定为内幕信息的形成时间。[③] (5) 在“中山公用”内幕交易案中，上市公司中山公用科技股份公司（以下简称科技公司）的控股股东中山公用事业集团股份公司（以下简称集团公司）计划将集团公司整体资产注入科技公司从而实现集团公司整体上市。由于集团公司系国有资本控股，集团公司重大资产处置需要经过行政审批程序，故集团公司董事长向原中山市委书记陈某楷汇报集团公司资产注入科技公司计划之时被认定为内幕信息的形成时间。[④]

可见，并购本质上是上市公司股东或其实际控制人与特定交易对手之间的资产交易，股东或实际控制人出让部分股份或者整体退出上市公司，交易对手方支付对价，故并购拟交易双方到位或确定之时，可认定为内幕信息形

---

① 参见周浙玲：《天山纺织重组内幕交易详情曝光》，载《中国证券报》2011 年 1 月 18 日，第 8 版。

② 参见苏江：《涨停王高淳陶瓷内幕交易真相》，载《21 世纪经济报道》2011 年 1 月 15 日，第 13 版。

③ 参见吕蕾：《资产注入遭遇“暗礁”行政认定函能否推定其罪——专家热议证券内幕交易的“罪与非罪”》，载《上海法治报》2010 年 7 月 9 日，第 A8 版。

④ 参见黄建屏、梁美：《李某红等内幕交易、泄露内幕信息案》，载《刑事审判参考》2011 年第 6 集 · 总第 83 集，法律出版社 2012 年版，第 2 页。

成。[①] 司法实践在理解该类型化规则时，应注意以下要点：

其一，具有并购意向的公司一般只有在互相直接接触或者通过投行等中介机构协助接触的基础上才有可能确定拟交易对象并进行初步磋商。

从逻辑上分析并购交易的行为过程，接触事实发生在前，交易主体确定在后。因此，原则上不能认为处于“过于初始阶段的接触信息”[②] 具有重大性。因为目标公司与收购方的管理层均极有可能在接触之后直接否定展开初步磋商必要，即排除对方成为拟交易对手。并购的自然过程通常最先表现为寻求收购或者被收购的行为，即收购方（被收购方）或者其委托的公司官员主动接触被收购方（收购方），在基本排除接触环节相关事实所形成的信息具有重大性的前提下，后续环节中的被接触方的反应对信息重大性认定显得极为关键。一旦被接触方开始对主动接触方的收购提议表现出部分认同的倾向时，可认定交易主体已经确定。

其二，结合阶段性市场热点、潜在并购双方股东的持股情况、上市公司股价波动、内部人交易行为等要素，在部分情况下，即使没有证据显示并购重组意向的公司之间有过直接接触，也可根据收购方确定目标公司的事实判断并购重组交易双方已经到位，进而认定内幕信息已经形成。

资本市场不时会出现阶段性的并购交易热点行业或者公司。在对并购重组充满欲望的资本市场或者阶段性市场背景下，任何单方面的并购重组计划都极有可能成为市场关注焦点，并购意向或者规划方案中确定潜在交易对手即使处于交易流程的初步阶段，也不能阻碍该信息具有重大性的判定。[③] 即使潜在的并购交易双方尚未进行明显的或者有证据表明的接触，上市公司证券价格可能已经出现显著波动。同时，潜在并购双方具有同一股东或实际控制人，并且内部人员已经开始从事内部人交易的，尚未公开的并购信息即使处于早期阶段，仍可基于知情人员的态度以及交易行为，推论该信息具有重

---

① 参见谢杰：《内幕交易罪若干疑难问题的实践认定》，载《吉林公安高等专科学校学报》2011 年第 5 期。

② Mill Bridge V, Inc. v. Benton, 2010 WL 5186078 (E. D. Pa. 2010). 该案所涉及的信息由于处在初始的并购接触阶段而被法院认定为不具有重大性。

③ 分析资本市场阶段性地高度关注并购交易这一市场环境对于认定内幕信息形成时间影响问题的判例，参见 U. S. v. Teicher, 987 F. 2d 112, (2d Cir. 1993)。

大性。因为“如果信息知情人员纷纷从事内部人交易并导致证券价格产生异动，意味内部人已经认识到了信息重大性，这显然可以作为推论信息具有重大性的关键要素”。[①] 在这种市场环境、证券价格、股权关系、内部人交易情况等各项指标已经显示并购重组迹象的情况下，并购交易中具有主动权的一方锁定一个或者多个交易对手方时，可以认为交易双方已经到位或者确定。[②] 对于由上市公司启动的并购重组而言，这种资产交易实际上是上市公司控股股东或实际控制人选择特定对手及其提出的方案，退出上市公司并获取对价的交易过程。上市公司控股股东或实际控制人对于是否进行资产重组具有主动性与选择性，在其通过并购可行性论证等确定主要交易对手的方案时，并购对手方已经处于相对确定状态，可以认为拟交易主体就位。相应地，非公众公司收购上市公司的，其主动性集中于今后可能控制上市公司的母公司，非公众公司通过方案论证等选定借壳上市的壳资源，意味着其后续采取的措施单方面便可影响上市公司股价，故确定壳公司就代表并购重组的交易双方已经确定。

其三，在上市公司与并购交易对手方为同一主体实际控制的情况下，所谓的并购交易双方的接触、确定、启动初步磋商等都是实际控制人的主观意志，客观上难以分离出明显且独立的选择、确定交易对手的事实，只能将内幕信息形成时间顺位推移至与之相隔最近的时间节点——实际控制人、上市公司及相关资产管理人员、证券交易中介等初步磋商的开始时间。[③]

根据《内幕交易解释》第 5 条第 3 款的规定，影响内幕信息形成的动

---

① S. E. C. v. Geon Industries, Inc., 531 F. 2d 39, 47, 48 (2d Cir. 1976).

② 在上述“延边公路”内幕交易案中，广发证券于 2006 年 5 月 10 日形成《广发证券股份有限公司借壳上市》这一内部方案，明确将辽宁时代和延边公路作为备选的借壳上市目标公司且制订了详尽的借壳上市推进计划。尽管上市公司延边公路于当日晚间公告称其主要股东和管理层未与广发证券就借壳上市事项有过任何接触；股改工作尚处前期筹备阶段。但从股权关系来看，吉林敖东药业集团股份公司分别为广发证券的股东与上市公司延边公路的控股股东。当时正值券商借壳上市这一市场热点的阶段性爆发阶段。延边公路自 2006 年 4 月 25 日至 5 月 10 日收盘，7 个交易日累计涨幅达 74%；其中，4 月 26 日尾盘触摸涨停之后，4 月 27 日至 5 月 10 日连拉 5 个涨停板。参见余风：《延边公路暴涨谜团 深交所彻查广发证券》，载《第一财经日报》2006 年 8 月 2 日，第 A1 版。

③ 在实际控制人为国有资本投资主体的情况下，所谓的初步磋商实际上等同于并购计划向行政负责人进行汇报。

议、筹划、决策或者执行人员，其动议、筹划、决策或者执行初始时间，应当认定为内幕信息的形成之时。但对于完全由实际控制人操控的并购重组项目而言，实际控制人是影响且参与整个内幕信息发展过程的最终决策者，并购程序中的未公开重大信息是否形成，只能着眼于实际控制人的行为而非其他动议者、筹划者或者执行者的行为。美国纽约南区法院[①]在新近的内幕交易判例中指出，在参与计划进行并购的公司管理者本身是公司实际控制人的情况下，由于其有权决定是否使交易程序继续进行、是否推进交易计划等，其实际态度及行动对于判断并购概率具有直接的效果。[②] 然而，具体如何判断实际控制人的“实际态度及行动”，该判例并未给出更为细致的规则。笔者认为，实际控制人全局主持下的并购重组本质上是将其本人实际控制的其他资产与上市公司资产之间进行再度配置，实际控制人之外的行为主体进行动议或者筹划，其确定性存在很大的疑问，而实际控制人本人的动议或者筹划，很大程度上是一种主观性的思考，一般不具有外部的、直观的表征。因此，只有在客观化的初步磋商启动时才能确认实际控制人控制下上市公司的交易对手方。这种认定结论的规则依据仍然是并购重组的交易主体到位，并且是《内幕交易解释》上述原则性条款的具体化。

2. 财务类内幕信息形成时间判断

与证券发行人有关的财务信息对于证券交易价格均具有影响，财务报告等信息披露事项是资本市场投资者最为关注的资讯，而财务预期则是在财务信息尚不完全确定时投资者进行资本配置决策的核心参考要素。在财务报告尚未制作完毕之前，基于财务资料形成的上市公司财务预期具有现实的不确定性，但由于财务预期与上市公司盈利与亏损具有直接联系，财务预期对于证券定价而言具有重要参考价值。因此，涉及财务的未公开信息形成时间判断同样是需要重点研究的类型化规则。

我国《证券法》规定了证券交易活动中涉及公司财务的重大未公开信息构成内幕信息，列举了各种构成内幕信息的重大事件以及其他对证券交易价

① 美国纽约南区法院是联邦一审法院中最活跃与最重要的单位，其审理的金融案件通常具有标杆价值。主要是由于其管辖范围覆盖了纽约的主要金融中心。

② S. E. C. v. Wyly，788 F. Supp. 2d 92（S. D. N. Y. 2011）.

格具有重大影响的信息类型，但并未就涉及公司财务的内幕信息进行内涵界定与类型归纳。对于涉财务内幕信息界定问题，实践中有观点认为，与证券发行公司资产、获利有关的发行公司本身内部变化或者营运情形的未公开信息，属于涉及公司财务的内幕信息，上市公司内部人在此类信息未公开时在相关证券交易中加以利用的，构成内幕交易。这种广义的界定模式将除上市公司重大人事变动之外的，包括公司经营、资产、股权变动等在内的几乎所有重大信息均归类为涉财务内幕信息，对财务信息进行了过于宽泛的理解，即将以非财务资料形式呈现的与上市公司经营业绩有关的非财务信息纳入财务信息的范畴。而上市公司财务信息实际上是以货币性数据资料为核心的呈现公司资本动态运动的信息，主要包括资产负债表、全面收益表、股东权益变动表、现金流量表。①

因此，笔者认为，涉及财务的内幕信息应当是与上市公司经营业务的收益与亏损直接关联的、以财务资料形式呈现的重大未公开财务信息。结合《证券法》有关内幕信息范围界定的规定、证监会或证券交易所关于财务信息披露的规章与规则以及反内幕交易法律实践，② 我国资本市场中的上市公司涉财务内幕信息类型具体包括：（1）上市公司年度报告、中期报告、季度报告以及业绩预告；③（2）重大收益、亏损；（3）债务担保、资产抵押、报废的重大变更；（4）重大债务以及违约未能清偿到期重大债务。

利用与证券或者证券发行人财务有关的重大未公开信息从事内幕交易主要表现为两种行为模式：一是通过财务信息造假的方式违规披露重大信息，

---

① International Accounting Standard 1（ISA 1），Presentation of Financial Statements，International Accounting Standards Board.

② 应当看到，上市公司资产出售、股权变更、收购以及重大合同签订等均与上市公司资产负债表直接关联，此类信息在尚未公开时显然应当属于涉财务内幕信息，但由于反内幕交易法律实践对涉及并购重组、重大合同的内幕信息认定问题已经积累了长期、相对稳定、类型化的法律经验与规则逻辑，基于资本市场监管现实的考量，需要对此类内幕信息类型进行独立分析。

③ 我国《证券法》、《公司法》（2018 年 10 月 26 日实施）并未就上市公司季度报告与业绩预告问题作出规定。有关上市公司季报与业绩预告信息披露的规定，参见中国证券监督管理委员会《上市公司信息披露管理办法》、《公开发行证券的公司信息披露编报规则第 13 号——季度报告内容与格式特别规定》（2014 年 5 月 28 日实施，现已失效）以及深圳证券交易所《上市公司信息披露工作指引第 1 号——业绩预告和业绩快报》（2006 年 7 月 10 日实施）等。

利用该信息从事相关证券交易。例如，在财务报告中虚构营收，在财务利好信息发布后卖出相关证券等。二是通过不披露重大财务信息或者滥用已知的未公开重大财务信息，从事相关证券交易。例如，明知上市公司月度营收显著降低、明显减产、库存激增、重大亏损，在季报公开前卖出证券避损或者卖空证券获利。对于前一种行为模式而言，虚假、伪造的财务信息生成时间实际上就是内幕信息形成时间，在法律适用上并不存在过多障碍。在后一种行为模式中，由于各种财务资料逐渐累积为财务报告或者重大盈利、亏损结论是一个量变到质变动态发展进程，判断特定时间节点的财务资料或者信息集合具备重大性存在相当困难，需要进行具体分析：

其一，根据我国证券法律、法规、规章以及交易所规则，上市公司定期报告（年度、中期、季度报告）应当披露对证券投资决策具有重大影响的信息，[①] 财务信息披露范围[②]基本覆盖了与上市公司经营与财务有关的所有资讯。相关报告制作完成之时即为内幕信息形成时间，直至报告披露，均应当禁止泄露或者基于该信息从事相关证券交易。应当强调的是，定期财务信息强制性披露只是在特定的时间节点上对已经客观存在的财务事实所进行的事

① 《上市公司信息披露管理办法》（现已失效）第19条规定：上市公司应当披露的定期报告包括年度报告、中期报告和季度报告。凡是对投资者作出投资决策有重大影响的信息，均应当披露。年度报告中的财务会计报告应当经具有证券、期货相关业务资格的会计师事务所审计。第20条第1款规定：年度报告应当在每个会计年度结束之日起4个月内，中期报告应当在每个会计年度的上半年结束之日起2个月内，季度报告应当在每个会计年度第3个月、第9个月结束后的1个月内编制完成并披露。

② 《上市公司信息披露管理办法》（现已失效）第21条规定：年度报告应当记载以下内容：(1）公司基本情况；(2）主要会计数据和财务指标；(3）公司股票、债券发行及变动情况，报告期末股票、债券总额、股东总数，公司前10大股东持股情况；(4）持股5%以上股东、控股股东及实际控制人情况；（5）董事、监事、高级管理人员的任职情况、持股变动情况、年度报酬情况；(6）董事会报告；(7）管理层讨论与分析；(8）报告期内重大事件及对公司的影响；(9）财务会计报告和审计报告全文；(10）中国证监会规定的其他事项。第22条规定：中期报告应当记载以下内容：(1）公司基本情况；(2）主要会计数据和财务指标；(3）公司股票、债券发行及变动情况、股东总数、公司前10大股东持股情况，控股股东及实际控制人发生变化的情况；(4）管理层讨论与分析；(5）报告期内重大诉讼、仲裁等重大事件及对公司的影响；(6）财务会计报告；(7）中国证监会规定的其他事项。第23条规定：季度报告应当记载以下内容：(1）公司基本情况；(2）主要会计数据和财务指标；(3）中国证监会规定的其他事项。

后揭示，无法监管发生在各个定期财务报告公布日期间[①]发生的重大财务信息披露与内幕交易问题。根据相关信息披露法律规范，定期报告空档期出现财务情况重大变动，应当通过业绩预告[②]、临时报告[③]等方式进行财务信息披露，但对于财务信息知悉人员何时应当禁止从事相关证券交易问题，在认定规则层面仍是空白。[④] 笔者认为，在所有涉及财务的内幕信息类型中，上市公司债务（违约）、担保等重大财务变动情况信息具有明显的事件指向性，即系列事实以一元化的线性态势按照时间顺序逐步发展为特定事件。故实践中完全可以直接根据事实进程时间轴上的特定节点确定内幕信息形成时间与重大信息披露时间——此类重大财务事件发生后，上市公司应当立即披露；出现明显的债务违约、承担担保义务、担保责任等事实（如被担保人资不抵债等）之时，应当认定为内幕信息形成时间，在信息披露之前禁止知悉该信息的人员从事相关证券交易。

---

① 例如，上市公司上年度财报披露之后、本年度季报制作完成之前；中期报告披露之后、第三季度报告制作完成之前；本会计年度结束、年度财报制作完成之前等。

② 《上市公司信息披露管理办法》（现已失效）第25条规定：上市公司预计经营业绩发生亏损或者发生大幅变动的，应当及时进行业绩预告。第26条规定：定期报告披露前出现业绩泄露，或者出现业绩传闻且公司证券及其衍生品种交易出现异常波动的，上市公司应当及时披露本报告期相关财务数据。

③ 《上市公司信息披露管理办法》（现已失效）第30条第1款规定：发生可能对上市公司证券及其衍生品种交易价格产生较大影响的重大事件，投资者尚未得知时，上市公司应当立即披露，说明事件的起因、目前的状态和可能产生的影响。第31条规定：上市公司应当在最先发生的以下任一时点，及时履行重大事件的信息披露义务：（1）董事会或者监事会就该重大事件形成决议时；（2）有关各方就该重大事件签署意向书或者协议时；（3）董事、监事或者高级管理人员知悉该重大事件发生并报告时。在前款规定的时点之前出现下列情形之一的，上市公司应当及时披露相关事项的现状、可能影响事件进展的风险因素：（1）该重大事件难以保密；（2）该重大事件已经泄露或者市场出现传闻；（3）公司证券及其衍生品种出现异常交易情况。

④ 典型情形表现为：2011年3月18日，汉王科技发布2010年年报，全年总收入突破12亿元，较2009年增长112.71%，实现净利润8790.16万元；汉王股价当日最高涨幅逼近6%。在紧随其后的一个交易日（3月21日），汉王科技9名高管合计减持120万股该公司股票，股价在75元左右。然而，4月18日，汉王股价暴跌6%，收盘66.61元。汉王科技随即公布利空信息，一季报预亏4000万至5000万元；4月19日，汉王逼近跌停。4月28日汉王10转增10股后，股价下跌4.78%，收盘25.7元。4月30日，汉王发布第一季度业绩报告，半年预亏9000万元，股价最低跌至23.90元。截至5月20日收盘，汉王股价跌至19.89元。在靓丽的2010年年报公布之后、第一季度巨亏以及中报预期预亏之前，汉王科技高管紧急且精准减持，资本市场哗然以及法律人士指出汉王高管涉嫌虚假陈述、内幕交易之余，并未及时出现针对上市公司及其高管的虚假陈述民事诉讼以及内幕交易行政调查。参见孙勇杰：《内幕交易撞枪口　汉王科技退市疑云》，载《时代周报》2011年第51期。

其二，对于上市公司重大担保、债务违约之外的其他未公开财务信息，例如，上市公司出现重大亏损或者相对于上一次定期报告出现大幅度盈利增长，由于其并不具有事件指向性或者特定性，而是各种交易累计基础上的经营数据信息，确实难以勾勒出信息初步生成、具备重大性、最终确定发生的线性发展流程。只能将信息披露义务与内幕交易禁止中的信息重大性实质标准进行同一化处理，即未公开的财务资料或者经营数据反映出上市公司重大财务变动时为内幕信息形成时间或者信息披露义务生成时间。[①] 对于如何具体把握“重大”财务变动，内幕交易司法实践中有观点认为，由于上市公司内部人能够掌握销售业绩、月度营收、市场动态、税前损益等信息，就上市公司内部对于其证券交易价格具有影响的财务变动情况而言，上市公司内部人主观上处于确知或者应知的状态。在诸如月度营收等财务信息变化之后、财务报告定期发布之前，信息知悉人员从事相关证券交易的，应当以内幕交易进行定罪处罚。[②] 这种观点实际上忽略了财务情况变动“重大性”的量化尺度。

笔者认为，上市公司出现对财务有一定影响的信息（如订单数量下降、营收减少），信息知悉人员便不能买卖相关证券，或者上市公司应当立即披露该信息，这显然会过度突出信息对于证券定价的价值或者引起资本市场中的投资者对财务信息进行过度反应。同时，上市公司盈利或者亏损是一个财务数据的累积过程而非事件发展进程，盈利增长或者出现亏损完全可能是暂时的（如月度亏损），难以涵盖上市公司阶段性的财务结论（如季度、半年财务报告），在财务信息定期披露时可能被其他经营数据所稀释。此外，出于维护上市公司商业利益的需要，过于严格地限制内部人交易或者积极地披露短期经营数据，可能导致上市公司在业务开展上出现不利的连锁反应（例如，上市公司披露本月订单数量大幅下降是因为某重要采购商不再续订，可能会引起其他采购商紧张、恐慌甚至直接撤单等）。所以，仅仅出现订单撤销、营收减少等财务动向并不能认为相关信息已经具备了重大性，对于证券

---

① 由于上市公司出现重大亏损、扭亏为盈、盈利增速等并不具有事件性，故上市公司应当以业绩预告的形式“及时”（而不需要“立即”）披露该重大信息。内幕交易禁止期间为该预期形成时至披露时。

② 参见我国台湾地区法院2005年度台上字第1433号刑事判决。

交易价格具有重大影响的财务信息应当是重大亏损或者重大盈利信息。而亏损与盈利都是以数据形式出现的财务发展趋势或者财务结论，故关键在于设定一个合理的趋势指标或者数值范围，以此为基础并结合当时资本市场中有关该证券定价的具体认识，确认亏损或盈利信息对于证券交易价格的影响是重大的。

笔者建议，经营数据反映出上市公司财务出现以下情形的，应当认定该数据信息具有重大性，应当禁止知悉人员从事相关证券交易，并及时披露该重大信息：预计本期财务报告期实现扭亏为盈；上期财务报告期盈利，预计本期财务报告期亏损；预计较上年同期相比利润出现超过50%的大幅变动。同时，应注意分析当时的证券交易价格动向、市场预期等因素具体验证财务变动信息对股价的具体影响。如果证券价格等已经在上一轮行情中对盈利或者亏损趋势进行了提前或者超涨（跌）反应，实际上已经形成了利多（空）出尽的市场格局，则原本能够影响证券交易价格上涨或者下跌的未公开财务信息实际上已经钝化，即使达到上述量化标准，也不应认定其具备重大性。

三、个案情形

内幕信息形成时间司法判断的基本原理与类型化规则并不具有绝对的排他效力，应允许在个案中适用例外情形。因为内幕信息形成时间原则性的判断原理较难针对个案特点进行直观分析。同时，即使是实践中比较成熟的类型化规则，如并购重组型内幕信息，也不可能绝对地适用于所有与上市公司收购、资产重组有关的内幕信息形成时间判断问题。实践中应正视基本原理与类型化规则的局限性，以更为接近个案情形与专属特征的指导性案例呈现例外性适用规则。[①]

---

① 最高人民法院、最高人民检察院在联合发布《内幕交易解释》的同时，还公布了黄某裕、杜某库两起内幕交易犯罪典型案例。参见张先明：《最高人民法院公布两起内幕交易犯罪典型案例》，载《人民法院报》2012年5月23日，第3版。这种具有创新性质的资本市场犯罪指导性案例探索，有必要通过制度化运作将之明确化、固定化、常规化。在具体操作上，不仅仅是整体公布案件事实与法律适用意见，更应当凸显个案中具体疑难问题的司法规则；不仅仅是完整地发布内幕交易犯罪指导性案例，还可以是归纳司法解释文本无法覆盖但个案判决意见有效解决的疑难问题及其相应规则，并将多个此类案件以“组案”的形式进行发布，强化对司法实践中特别疑难问题的权威论证与分析。

仍以并购重组以及生成于该环节的内幕交易为例，并购一般表现为具有收购或者出售资产的意向方在市场中寻找交易对手，而从事内幕交易的基本上是并购双方公司中的内部人。然而，部分并购项目并非由交易方为主进行前期接洽，而是由财务顾问牵线搭桥、撮合配对、协助磋商等。以颇受关注的谢某华、安某梅内幕交易犯罪案[①]为例，尽管属于并购重组中的内幕交易，却因主体身份及其与上市公司的关系而具有显著的差异性特征——实施交易的行为主体是知悉该信息的财务顾问而非并购公司内部人。但证监会向法院提交的认定函并未关注到该项差异而仍将内幕信息形成时间界定为重组交易双方主体确定之时。[②]

由财务顾问作为证券中介协调并购各方接洽，虽然在形式上出现了确定的并购交易主体，但上市公司或其实际控制人以及交易对手方对于是否以及与何方进行收购、资产重组等问题，具有单方面选择权，不应直接认定经过财务顾问协调确定交易主体的信息会对上市公司证券价格产生重大影响。[③]就并购重组环节内幕信息形成时间判断而言，在个案认定中必须区分资产交易主体不同的确定途径予以具体分析。

在以财务顾问为主导确定并购重组交易主体的资本操作启动阶段，通常先由财务顾问牵头，撮合具有收购或者出售上市公司股份意见的交易双方并约定初步商谈时间，随后由资产交易双方工作人员进行初步接洽，最终由上市公司控股股东或者实际控制人与资产交易方负责人就并购重组事宜展开初步磋商。在这种证券交易模式中，资产交易双方是完全独立或者不受任何外部资本力量控制的资本市场行为主体，并购重组存在诸多不确定因素。财务顾问拟定资产交易双方时，只能认识到相关公司存在并购重组意向，或者根据经验判断相关公司的财务状况与重组意愿比较契合，具有实施并购的现实条件。至于是否启动初步磋商程序、何时进行磋商、磋商规格、谈判框架结构等内容，则完全处于不明朗状态。资产交易双方实现合作的可能性尽管可

---

① 参见上海市浦东新区人民法院（2011）浦刑初字第2738号刑事判决书；参见许峰：《保代“神叨侠侣”内幕交易第一案吹响民赔号角》，载《证券时报》2012年2月4日，第A4版。

② 参见谢某华、安某梅内幕交易犯罪案中的一节事实是谢某华利用财务顾问职权获取的与上市公司并购重组（天宝矿业借壳万好万家）有关的信息实施相关证券交易。参见上海市浦东新区人民法院（2011）浦刑初字第2738号。

③ 参见谢杰：《最新内幕交易犯罪司法解释的缺陷与规则优化》，载《法学》2012年第10期。

以基于专业能力与经验进行预期，但财务顾问对于这种可能性的掌控程度较弱，不确定性较大。故不能将经过证券中介引荐并确定上市公司并购重组交易主体之时认定为内幕信息形成，而应将信息具备重大性的时间节点适当延后，界定在并购重组意向双方在证券中介撮合下进入初步磋商阶段之时。财务顾问等证券中介掌握上市公司并购重组有关信息的职务便利，在其引荐资产交易双方之后、相关主体尚未开展初步磋商之前从事相关上市公司股票交易的，由于无法合理预期该阶段的信息对证券交易价格会产生重大影响，内幕信息尚未形成，不能认定其构成内幕交易。

我国资本市场中并购重组环节的内幕交易行为，一般表现为知悉重大未公开信息的行为主体大量买入目标公司证券，在并购信息公开进而引发目标公司证券交易价格大幅上涨之后卖出谋取巨额利润。这种典型的并购环节内幕交易行为在交易模式上可以归纳为做多目标公司股票，但是，全球资本市场中还广泛存在其他类型的并购环节内部人交易：其一，做多收购方公司股票。行为人在获悉与并购有关的未公开信息之后，看好收购方公司的预期收益，买入收购方公司的股票。其二，做空收购方公司股票。行为人在获悉与并购有关的未公开信息之后，看空收购方公司的预期收益，融券卖空收购方公司的股票。

由于收购方向目标公司股东支付溢价获取股权在全球资本市场中极为普遍，作为资产交易主体的收购方与目标公司一旦确定，此类信息的公开显然会引起目标公司证券价格的上升。因此，并购交易主体确定这一未公开信息对于目标公司证券交易价格具有重大影响，应当认定内幕信息形成。并购交易主体确定时，目标公司证券交易价格上涨固然具有显著的可预期性，但收购公司的证券价格并不能据此推论将会上涨，实践中并购声明发布后收购公司的证券价格出现显著下跌的情形比较常见。[①] 在确定的并购信息公开后市

---

① 资本市场通常对收购方的预期比较谨慎。因为收购意味着扩张，在积极谋求扩张的情况下，收购势必会给收购方带来包括财务风险、公司治理等多方面的更多不确定因素。如果市场认为收购之后没有协调效应或者收购价格过高，收购方股价就会下跌。例如，2012 年 7 月 23 日，中信证券宣布其全资子公司中信证券国际拟以 12.52 亿美元收购里昂证券 100% 股权，其中 19.9% 股权收购已完成交割，双方有意于 2013 年 6 月 30 日前完成所有资产交易程序。当天中信证券港股跌 5.23%，在日本上市的中信股价更是暴跌 20% 左右。参见刘畅：《中信证券：收购里昂反而暴跌》，载《北京晨报》2012 年 7 月 24 日，第 B7 版。

场仍然会出现收购方公司证券涨跌分歧的情况下，更难以认定并购双方初步接触与磋商信息会对收购方公司证券交易价格产生重大影响。

我国内幕交易司法实践中尚未出现知情人员利用并购环节未公开信息买卖收购方公司证券的案例。美国具有代表性的联邦法院判例意见是：证券市场价格对未公开信息所对应的重大事件潜在反应的不确定性，并非判断未公开信息重大性的必要指标。并购交易中的未公开信息应当在初步磋商这种早前环节就具备重大性。[①] 可见，美国内幕交易判例规则并不认同并购交易主体确定这类早期信息对于收购方公司证券交易价格可能不具有重大影响的观点，或者说不认为收购方证券交易价格在并购初期信息发展过程中的极度不确定性应当影响信息重大性的判断。对此，笔者持不同意见，具体理由是：

其一，将并购交易主体确定这类早期并购信息认定为具有重大性的市场前提不成立。对于发生在并购重组中的内幕交易案件，在信息发生阶段初期就认定其具有重大性，主要是基于资本市场对于并购信息典型的积极反应。并且，资本市场中广泛存在的“噪声交易者”基于对并购信息过度反应而实施的“噪声交易”会进一步炒作或者放大市场交易价格与实际价值之间的短期偏离。[②] 但这种积极或者过度反应的对象实际上只限定于目标公司的证券价格。就收购方公司证券交易价格而言，市场对于并购交易与收购方证券价格之间的关系客观上存在的认识分歧，造成初步磋商阶段存在各种投机性的做空或者做多的市场反应，并购信息对于收购方公司证券交易价格的影响会淹没在各种市场分歧或者方向相反的投机交易之中，从而弱化了并购初期信息与收购方证券价格的关联性。因此，之所以将并购交易中的内幕信息形成时间节点提前确定在交易双方确定之时，就是考虑到这一初期信息对于目标公司证券价格影响的重要性，既然这个市场前提对于收购方公司证券价格并

---

① U. S. v. Mooney, 425 F. 3d 1093 (8th Cir. 2005).

② 金融市场中的“噪声交易（者）”是指基于各种不稳定的、非理性的投资决策而实施交易的行为（人）。金融市场中的“噪声交易（者）”造成交易或者风险水平与理性投资者预期的价值产生偏差。在市场非重要事件较多的情况下，“噪声交易（者）”对于价格的因果影响性远远大于少量的重大事件本身。参见 Fischer Black, Noise, 41 Journal of Finance 529 (1985); J. Bradford De Long, Andrei Shleifer, Lawrence H. Summers & Robert J. Waldmann, Noise Trader Risk in Financial Markets, 98 Journal of Political Economy 703 (1990)。

不成立，就有必要针对知情人员买卖收购方公司证券的行为确定独立的内幕信息形成时间判断标准。

其二，基于并购交易主体等早期未公开并购信息从事收购方公司证券交易具有高度风险，属于向市场提供流行性的投机行为而非应承担责任的内幕交易行为。未公开信息只有在对证券交易价格具有重大影响时，才能认定内幕信息。在并购交易双方均为上市公司的情况下，判断内幕信息是否形成应当坚持相对性，即应分别分析相关信息对收购方或者目标公司证券的影响。与并购有关的未公开信息的重大性对于收购方与被收购公司而言各有不同。收购方以明显高于市场的价格收购目标公司，对于目标公司的股价具有重大意义，但对于收购方公司的证券价格并不必然具有重大性，反而应当强调此类早期并购信息对于收购方公司证券价格判断的风险性。由于无法预期并购交易主体确定、相关公司官员接触、启动初步磋商等信息对于收购方公司证券交易价格的影响，基于此类未公开信息做多或者做空收购方公司股票承载着显而易见的风险，不能认为与并购有关的初期信息相对于收购方公司证券具有重大性，因而也不能认定内幕信息在上述阶段已经形成。

可见，在个案中判断并购重组环节内幕信息的形成时间，除了应当考察并购交易过程中是否存在证券中介的实质参与外，还应进一步分析知悉未公开并购信息的行为主体所具体从事的金融交易行为，针对的是目标公司证券还是收购方公司证券。如果个案中的交易行为表现为做多或者做空收购方公司证券或相关金融衍生产品，则分析内幕信息是否形成不能以并购交易主体是否确定为标准，而应当显著地延后至初步磋商结果形成之时，即并购交易双方就交易价格与交易结构两大要素①达成原则性共识（合约）。尽管并购交易具体情况千差万别，但交易价格和交易结构始终是任何并购项目中的本质性内容。价格与结构上的共识是并购交易磋商双方互为理解的确定性证据。

---

① 其中，交易价格要素具体是指并购所需要支付的现金或者股权价值。实践中，如果不存在固定数字化的价格时，价格的计算一般是基于目标公司证券预期时间的市场价格、收益、净资产进行测算。交易结构主要是指并购交易的法律形式（如双方公司合并、子公司合并、资产买卖、现金收购、换股等）以及收购方支付对价的类型（现金、普通股、优先股、权证、信用债券等）。有关并购重组项目磋商中价格与结构要素的详细判例判断，参见 Greenfield v. Heublein，Inc.，742 F. 2d 751，757，(3d Cir. 1984)。

并购交易磋商双方就价格和结构达成原则性共识固然并非对目标公司证券交易价格产生重大影响的起始时间，却为判断该信息是否开始对收购方公司证券交易价格产生重大影响提供了一个具体的适用标准。在交易价格和交易结构业已确定的情况下，有关并购交易的信息量已经充分且明确，并购交易最终宣布撤销或者误导投资者进行投资决策的可能性都比较小，可以对收购方公司的证券交易价格进行稳定的预期。在信息未公开的条件下，知情人员相对市场外部投资者在交易风险控制上具有明显的优势。因此，并购双方就交易价格与结构达成共识时，可以认定对收购方公司证券具有重大影响的内幕信息形成，知情人员据此做多或做空收购方公司证券的，构成内幕交易。

所以，内幕交易犯罪个案中的核心事实差异实质上影响着未公开信息是否具备重大性的判断，在进行内幕信息形成时间司法判断时，应运用指导性案例填补基本原理与类型化规则无法覆盖的例外情形。

判断未公开信息何时对证券、期货交易价格产生重大影响就能准确认定内幕信息的形成时间。然而，“重大影响”这一表述抽象，对于内幕信息形成时间的判断仍较为模糊，并未把握内幕信息形成的本质特征。法院在内幕交易行政诉讼案件中给出了一条更为具体、可操作性强的判断规则，即当某事实的发生能够表明相关重大事项已经进入实质操作阶段并具有很大的实现可能性时，该事实的发生时点即为内幕信息的形成时点。必须体现出“相关重大事项已经进入实质操作阶段并具有很大的实现可能性”，因为只有这样的信息才会对证券、期货的交易价格产生重大影响，才能据此认定内幕信息的形成。①

在颜某明内幕交易案②、马某峰内幕交易案③、苏某鸿内幕交易案④、张某光内幕交易案⑤中，北京市第一中级人民法院在针对内幕信息形成时间的争议焦点说理部分均用到了上述判断规则，其要点为相关重大事项已经进入

① 参见王涛：《内幕信息敏感期的司法认定》，载《中国刑事法杂志》2012 年第 11 期。
② 参见北京市第一中级人民法院行政判决书，(2017) 京 01 行初 148 号。
③ 参见北京市第一中级人民法院行政判决书，(2017) 京 01 行初 24 号。
④ 参见北京市第一中级人民法院行政判决书，(2017) 京 01 行初 570 号。
⑤ 参见北京市第一中级人民法院行政判决书，(2016) 京 01 行初 643 号。

实质操作阶段；如果仅仅是主观上的想法、思路，根本未进入实质操作阶段的话，不能够认定为内幕信息已经形成。

由于案情多样化、复杂化，不同案件内幕信息形成之时的认定必然存在差异。并购重组型内幕信息从形成到公开，是一个动态、连续、有机关联的发展过程，其发展过程的复杂性决定了认定实质操作阶段的困难，尤其是在收购方接触多方标的公司的并购重组时，如何判断并购已经进入了实质操作阶段？

在张某光内幕交易案中，任子行网络技术股份有限公司（以下简称任子行）考虑以并购推动公司发展，因此委托国信证券寻找目标公司。此后，任子行的重组商谈对象始于深圳市天拓立方通讯科技有限公司终于苏州唐人数码科技有限公司，期间还与上海游唐网络技术有限公司、联创投资管理有限公司吴某丰投资的游戏企业等进行了商谈。在该案中，行政处罚将内幕信息的形成时间界定为任子行主要决策人与天拓立方主要决策人见面谈判的时间。行政处罚决定书认为，由于上述并购重组商谈均出于同一目的，统一筹谋，且行动连贯，因此，只要任子行与天拓立方的具体商谈情形符合内幕信息的形成条件，则本案内幕信息即已形成，商谈的成功与否或与其他重组对象的商谈情况均不再是本案内幕信息形成的认定因素，而只能视为内幕信息的进展；并购重组型内幕信息并不需要并购重组核心条件达成一致才认定为内幕信息形成，任子行和天拓立方的重要决策人员于 2014 年 1 月 15 日商谈并购事宜已表明任子行并购行为已进入实质操作阶段并具有很大的实现可能性。[①] 法院对此进行了认可，法院认为在该时点双方主要决策人进行会面商谈，商谈活动已进入实质操作阶段并具有较大的实现可能性。

因此，在收购方接触多方标的公司的并购重组情形时，应当将内幕信息形成时间点定位在与标的公司进行具体谈判的时间，而并非委托证券中介机构寻找目标公司的时间点。对于具体谈判时间也并非首次接触时间，虽不要求谈判后并购重组成功，但至少该谈判的内容具体可操作，能够证明具有较大实现可能性。对关于并购、重组等需要多轮磋商事件的信息，要看对并购、

① 参见北京市第一中级人民法院行政判决书，（2016）京 01 行初 643 号。

重组中有实质影响一方的内部人员的态度和意向。[①]

在阳某某内幕交易案中，特定时点相关事项并未进入实质操作阶段，该认定与司法实践中作出的内幕信息形成时间的判断规则并不一致。该案《行政处罚书》认定的“内幕信息形成时间不晚于2013年2月21日”，该日是中青宝表达聘请华泰联合证券担任财务顾问的意向、首次接洽见面的时间，属于寻找合作机会。在这个时间点，无论是中青宝还是财务顾问，都处于非常初步的就聘请财务顾问问题表达意向环节，相关信息属于主观上的想法和思路，与并购行为、购置资产等实质事项相差甚远，并购事项并未进入实质操作阶段。2013年2月21日的会面，中青宝公司如何表达意向，后期如何与证券公司开展具体合作，证券公司后续如何给中青宝推荐合适并购标的，均存在相当变数。这就意味着很难认定2013年2月21日并购事项已经进入实质操作阶段。因此，将2013年2月21日认定为内幕信息形成时间不符合内幕信息形成时间的核心判断规则。

中青宝在并购前接触了多个游戏公司，行政处罚决定书中提到“中青宝先后与上海美峰、深圳苏摩等17家公司进行了不同形式的接触、谈判，最终成功收购上海美峰51%股权、深圳苏摩51%股权”。[②] 根据上述分析，即使将内幕信息形成时间推进到中青宝接触各类游戏公司的节点，也不能简单认定为接触的第一个游戏公司时点即为内幕信息的形成时间，而需要具体分析其与各个游戏公司接触时的具体情况。只有与目标公司进行实质性的谈判，该谈判的内容具体可操作，能够证明具有较大实现可能性时才能认为并购事项已经进入了实质操作阶段。

上市公司内幕信息一般包括并购重组信息、财务信息、非公开发行信息等，而上述不同信息的形成方式不同，导致不同类型的内幕信息在认定其形成时间时需要具体分析，判断该相关信息何时具备重大性特征。在大量分析证监会作出的与上市公司收购有关的内幕交易行政处罚案件的基础上，我们大致可以看到，在并购拟交易双方到位或确定的时间节点，可以认定内幕信

---

① 参见杜晶：《论内幕信息“重大性”的一般判断和个案判断》，载《证券法律评论》2015年第0期。

② 参见〔2019〕75号《中国证监会行政处罚决定书（阳某某）》。

息形成。（见表4）

表4 行政处罚决定书关于上市公司并购重组环节内幕信息形成时间的认定汇总

序号	案号	并购重组行为产生及发展	内幕信息形成时间
1	〔2019〕4号	2016年6月12日，并购意向双方在上海会面，当天双方形成了收购的初步意向[1]	2016年6月12日
2	〔2019〕18号	2016年9月24日，收购方董事长看过被收购方资料后，认为机会很好，基本确定了收购的想法，此后开始进行工作分工、报价研究；2016年10月13日，收购方通过邮件向被收购方顾问发出非约束性报价函，收到报价后被收购方表示同意[2]	2016年10月13日
3	〔2019〕21号	2016年以来，上市公司总裁与董秘、副董事长一直在讨论由上市公司总裁通过资产置换持有上市公司股份的途径，直到2017年3月，发现合适的收购标的，计划先有上市公司总裁安排主体收购，再由上市公司发行股份购买该主体股权；2017年年初，双方谈妥价格；2017年3月7日，上市公司总裁与上市公司董秘讨论项目收购方案[3]	不晚于2017年3月7日
4	〔2019〕23号	2016年3月，上市公司董秘所领导团队成员与被收购方董秘开始接触；2016年3月下旬，被收购方内部达成一致，并与上市公司签订《框架协议》，开始进展下一步工作[4]	不晚于2016年3月31日
5	〔2019〕24号	2016年春节后，上市公司董事长与被收购方董事长沟通了收购事宜；2016年2月19日，双方在酒店正式就收购事宜进行会谈[5]	不晚于2016年2月19日

注 [1] 参见〔2019〕4号《中国证监会市场禁入决定书（孙某晓、郑某艳）》。
[2] 参见〔2019〕18号《中国证监会行政处罚决定书（王某江）》。
[3] 参见〔2019〕21号《中国证监会行政处罚决定书（李某平）》。
[4] 参见〔2019〕23号《中国证监会行政处罚决定书（屈某兴）》。
[5] 参见〔2019〕24号《中国证监会行政处罚决定书（蔡某强、黄某萍）》。

一般而言，一个并购重组的谈判可能经历：起意、接触、初步谈判、尽职调查、达成初步意向、内部批准、外部批准、签订协议、执行等过程。监管部门一般认为，在并购重组信息基本确定时，才具有重要性，被视为内幕信息敏感期的起算点。[①] 纵观相关内幕交易行政处罚，并购重组信息基本确定具体表现为交易主体到位或确定。该时点的表现形式一般包括：双方进行会晤（如召开会议、进行谈判），或者开始制定文件甚至已形成过程文件（如方案、保密协议、框架协议、财务报表、公函等）等。而其中较难认定的情况为收购意向双方进行商议谈判应当达到何种程度才能认为双方主体确定，并购信息具备重大性？

原则上，不能认为处于“初始阶段的接触信息”具有重大性。因为目标公司与收购方的管理层均极有可能在接触之后直接否定展开初步磋商必要，即排除对方成为拟交易对手。并购的自然过程通常最先表现为寻求收购或者被收购的行为，即收购方（被收购方）或者其委托的公司官员主动接触被收购方（收购方），在基本排除接触环节相关事实所形成的信息具有重大性的前提下，后续环节中的被接触方的反应对信息重大性认定显得极为关键。一旦被接触方开始对主动接触方的收购提议表现出部分认同倾向时，可认定交易主体已经确定。具体来说，可以认为收购意向双方进行会晤并至少达成继续商议的合意才能认为内幕信息形成。

因此，根据并购重组内幕信息形成时间的判断规则以及证监会执法惯例，在阳某某案中，较难认为中青宝与华泰联合证券接触之日为内幕信息形成之日，因为该时点是中青宝表达聘请华泰联合证券担任财务顾问的意向、首次接洽见面的时间。该时点下，并不涉及并购的相对方，只能表明中青宝希望并购重组的意图，不足以影响一般理性投资者的投资决策，因此在该时点内幕信息尚未形成。并且，即使将时间推进到中青宝接触各类游戏公司的节点，这些信息同样并未具备重大性，不能认定为内幕信息形成时间。这段时间对于上市公司而言，就是在市场寻找目标公司的过程，在该过程中，上市公司与目标公司的接触也只是初始阶段的接触，只有在目标公司表现出继续商谈

---

① 参见彭冰：《内幕交易行政处罚案例初步研究》，载《证券法苑》2010 年第 2 期。

的合意，对部分收购提议表现出认同倾向，双方进行具体谈判阶段，才能认为内幕信息形成。

同时，由中介协调并购各方接洽的事件中，应特别注意不能将内幕信息形成时间认定为初始接触阶段。在个案中判断并购重组环节内幕信息的形成时间，应当考察并购交易过程中是否存在证券中介的实质参与。由中介协调并购各方接洽模式下，中介撮合具有收购或者出售上市公司股份意向的交易双方并约定初步商谈时间，随后由资产交易双方工作人员进行初步接洽，最终由上市公司控股股东或者实际控制人与资产交易方负责人就并购重组事宜展开初步磋商。在这种证券交易模式中，资产交易双方是完全独立或者不受任何外部资本力量控制的资本市场行为主体，并购重组存在诸多不确定因素。

中介拟定资产交易双方时，只能认识到相关公司存在并购重组意向，或者根据经验判断相关公司的财务状况与重组意愿比较契合，具有实施并购的现实条件。至于是否启动初步磋商程序、何时进行磋商、磋商规格、谈判框架结构等内容，则完全处于不明朗状态。故不能将经过证券中介引荐并确定上市公司并购重组交易主体之时认定为内幕信息形成，而应将信息具备重大性的时间节点适当延后，界定在并购重组意向双方在证券中介撮合下进入初步磋商阶段之时。在初步磋商之前，由于无法合理预期该阶段的信息对证券交易价格会产生重大影响，内幕信息尚未形成，不能认定其构成内幕交易。

判断并购重组环节内幕信息的形成时间还应分析知悉未公开并购信息的行为主体所具体从事的金融交易行为，针对的是目标公司证券还是收购方公司证券。并购交易主体确定时，目标公司（若属于上市公司）证券交易价格上涨固然具有显著的可预期性，但收购公司的证券价格并不能据此推论将会上涨，实践中并购声明发布后收购公司的证券价格出现显著下跌的情形比较常见。①

收购意味着扩张，在积极谋求扩张的情况下，收购的信息并不一定会给收购方带来价格上涨的优势。一方面，并购重组可能存在失败的概率，如果并购重组失败，低于市场投资者的预期，很有可能导致股票价格有所下降；

① 参见谢杰：《内幕信息形成时间判断规则研究》，载《证券市场导报》2013 年第 8 期。

另一方面，若被收购公司存在发展空间较小、基本面较差、负债较高等问题，反而给收购方带来包括财务风险、公司治理等多方面的更多不确定因素，上市公司很有可能因为这样的收购，导致股票价格下跌。对于市场理性投资者来说，如果认为收购之后没有协调效应或者收购价格过高，那么收购方股价就会下跌。例如，2012 年 7 月 23 日，中信证券宣布其全资子公司中信证券国际拟以 12.52 亿美元收购里昂证券 100% 股权，其中 19.9% 股权收购已完成交割，双方有意于 2013 年 6 月 30 日前完成所有资产交易程序。当天中信证券港股跌 5.23%，在日本上市的中信股价更是暴跌 20% 左右。[①] 因此，即使并购信息公开，市场仍然会出现收购方公司证券涨跌分歧，在该种情况下，更难以认定并购双方初步接触与磋商信息会对收购方公司证券交易价格产生重大影响。

如果个案中的交易行为表现为做多或者做空收购方公司证券或相关金融衍生产品，则分析内幕信息是否形成不能以并购交易主体是否确定为标准，而应当显著地延后至初步磋商结果形成之时。内幕信息知情人只有在了解到磋商结果时，才能对并购重组的现状进行判断，分析该事项给收购方带来何种影响。此处初步磋商结果应当是并购交易双方就交易价格与交易结构两大要素达成原则性共识。

其一，交易价格和交易结构是任何并购项目中的本质性内容。在交易价格和交易结构业已确定的情况下，有关并购交易的信息量已经充分且明确，并购交易最终宣布撤销或者误导投资者进行投资决策的可能性都比较小，可以对收购方公司的证券交易价格进行稳定的预期。在信息未公开的条件下，知情人员相对市场外部投资者在交易风险控制上具有明显的优势。

其二，在并购重组事项中，市场投资者对收购方的预期建立在并购的交易价格和交易结构上。只有确定了并购的交易价格和交易结构，市场投资者才能大致了解此次并购给收购方带来的影响是正面还是负面。因此，在该时点下，磋商信息才会对收购方公司证券交易价格产生重大影响。

其三，在并购实践中，交易双方在进行会晤谈判时，首先需要达成合意

---

① 参见刘畅：《中信证券：收购里昂反而暴跌》，载《北京晨报》2012 年 7 月 24 日，第 B7 版。

的内容为交易价格和交易结构。一般情况下，并购谈判时交易双方会有一个预估价位以及能够接受的交易结构，只有在这两点上双方达成一致才会继续商谈具体的操作方式和细节。如果双方在并购方式和报价两方面都存在重大分歧，那么基本无继续谈判的可能性。因此，将该时点认定为内幕信息形成时点也符合资本市场实践操作情况。

可见，在阳某某内幕交易案中，虽然收购的目标公司并非上市公司，但是对于收购方来说，依然会带来股价上涨和下跌的不确定性。

个案中，上市公司收购事项涉及多个公司之间的复杂交易，在上市公司收购中确定信息的重大性是一个很复杂的问题，可从以下几个方面把握：

其一，在上市公司收购进程中判断信息重大性时，要关注上市公司收购行为的不确定性对信息重大性的影响。若某时点信息处于高度不确定状态，基于该信息实施的交易具有高度风险，不应将相关时间认定为内幕信息形成。在阳某某案中，行为人作出投资决定的基础信息蕴含高度风险，其从事的投资属于高风险投资，因此该时点不应成为内幕信息形成时间。

其二，要坚持收购事项发展到实质操作阶段才能认定内幕信息具有重大性这一核心规则。对于收购方接触多方标的公司的收购情形，内幕信息形成时间点并非委托证券中介机构寻找目标公司的时间点，而是与目标公司进行具体谈判时间，该谈判虽不要求必须成功，但至少该谈判的内容具体可操作，能够证明具有较大实现可能性。在阳某某内幕交易案中，将 2013 年 2 月 21 日认定为内幕信息形成时间并不符合内幕信息形成时间的核心判断规则，应当界定在上市公司与目标公司进行具体谈判的时间。

其三，对内幕信息形成时间进行数据分析后，得出并购拟交易双方到位或确定的时间节点，才能认定内幕信息形成。具体要求目标公司开始对收购方的收购提议表现出部分认同、双方进行会晤并至少达成继续商议的合意才能认为内幕信息形成。在阳某某内幕交易案中，2013 年 2 月 21 日为收购方接触证券中介的时间，并购拟交易双方并未明确，提前了内幕信息认定时间，应当将其推迟至与标的公司进行谈判且双方合意表示认同部分提议时。

其四，需要特别关注上市公司收购系列信息对于收购一方证券市场价格影响这一特殊情形下内幕信息重大性的判断。由于并购事项并非必定给收购方带来优势，因此在行为人买卖收购方公司证券的情形下，将内部信息形成时间推迟至并购双方就交易价格和交易结构达成原则性共识时可能更为合理。

第四节 重大事件与信息风险管理

一、重大事件的动态发展与重大信息的时点界定

2020 年《证券法》第 80 条对上市公司重大事件作出了具体规定——发生可能对上市公司、股票在国务院批准的其他全国性证券交易场所交易的公司的股票交易价格产生较大影响的重大事件，投资者尚未得知时，公司应当立即将有关该重大事件的情况向国务院证券监督管理机构和证券交易场所报送临时报告，并予公告，说明事件的起因、目前的状态和可能产生的法律后果。《证券法》第 80 条第 1 款所称重大事件包括：（1）公司的经营方针和经营范围的重大变化；（2）公司的重大投资行为，公司在 1 年内购买、出售重大资产超过公司资产总额 30%，或者公司营业用主要资产的抵押、质押、出售或者报废一次超过该资产的 30%；（3）公司订立重要合同、提供重大担保或者从事关联交易，可能对公司的资产、负债、权益和经营成果产生重要影响；（4）公司发生重大债务和未能清偿到期重大债务的违约情况；（5）公司发生重大亏损或者重大损失；（6）公司生产经营的外部条件发生的重大变化；（7）公司的董事、1/3 以上监事或者经理发生变动，董事长或者经理无法履行职责；（8）持有公司 5% 以上股份的股东或者实际控制人持有股份或者控制公司的情况发生较大变化，公司的实际控制人及其控制的其他企业从事与公司相同或者相似业务的情况发生较大变化；（9）公司分配股利、增资的计划，公司股权结构的重要变化，公司减资、合并、分立、解散及申请破产的决定，或者依法进入破产程序、被责令关闭；（10）涉及公司的重大诉讼、仲裁，股东大会、董事会决议被依法撤销或者宣告无效；（11）公司涉嫌犯罪被依法立案调查，公司的控股股东、实际控制人、董事、监事、高级管理人员涉嫌犯罪被依法采取强制措施；（12）国务院证券监督管理机构规

定的其他事项。公司的控股股东或者实际控制人对重大事件的发生、进展产生较大影响的，应当及时将其知悉的有关情况书面告知公司，并配合公司履行信息披露义务。

可见，上市公司重大事件虽然是一种客观结果，但其内含着显著的动态发展过程。而信息则是对上述重大事件内容的一种动态表达——从信息萌芽、发展、形成、持续影响证券交易价格直至最后公开，覆盖着一个完整的动态过程。如何在信息对于重大事件的表达发展到特定时间节点，从何时赋予信息披露义务人披露的义务，是信息重大性的法律判断问题。

根据《上市公司信息披露管理办法》（现已失效）第24条的规定，上市公司应当在最先发生的以下任一时点，及时履行重大事件的信息披露义务：（1）董事会或者监事会就该重大事件形成决议时；（2）有关各方就该重大事件签署意向书或者协议时；（3）董事、监事或者高级管理人员知悉该重大事件发生并报告时。在该条规定的时点之前出现下列情形之一的，上市公司应当及时披露相关事项的现状、可能影响事件进展的风险因素：（1）该重大事件难以保密；（2）该重大事件已经泄露或者市场出现传闻；（3）公司证券及其衍生品种出现异常交易情况。同时，交易所对具体行业也设计了不同的披露规则。例如，《深圳证券交易所行业信息披露指引第14号——上市公司从事食品及酒制造相关业务》（2021年1月6日实施，现已失效）第8条规定：从事食品及酒制造相关业务的上市公司出现以下情形之一且对公司产生重大影响的，应当以临时报告方式履行信息披露义务：（1）公司产品被食品药品监督管理局或质量监督管理局检查出存在食品安全问题，或因产品质量等原因导致产品被退回、召回、消费者投诉等情形时，应在知悉该事项或出现媒体报道时，及时披露相关产品的具体名称、最近一年销售收入金额、占营业收入比例，对问题产品的后续处理计划，并预计损失金额及对公司未来经营业绩的影响、公司拟采取的应对措施等情况。（2）公司所处细分行业因出现重大食品安全事故或产品出现影响公众健康安全的事件时，应在知悉该事项或出现媒体报道时，及时披露事件的具体情况、相关事件是否涉及公司产品、对公司生产经营的影响及拟采取的应对措施等情况。（3）公司如涉及商标权属纠纷等情况的，应及时披露相关事项产生原因、商标权所有人的情况，并判断对生产经营是否产生重大影响及后续处理措施等。

然而，既要根据资本市场现实对信息重大性形成时间进行适度的提前认定，又要在准确评估高风险信息基础上排除其具有重大性的可能，在实践中是非常复杂的。亟须设计针对性的法律规则给予上市公司信息风险管理更为准确的合规指引。

二、重大性机理

在判断信息是否对证券交易产生重大影响时，应避免信息重大性认定标准成为保障资本市场投资者权益的障碍。

尚未公开的信息发展到对证券交易价格产生重大影响的程度即可具备重大性，信息所对应的事件是否发生以及交易价格现实的关联性变动可以作为信息重大影响的有效验证但非必要条件。例如，有关上市公司收购的未公开信息并不需要等到收购方案成型或者收购交易实施时才能认定重大信息形成，在上市公司收购交易双方启动磋商时，根据基本证券常识足以判断相关投资方拟收购上市公司这一信息可能影响该上市公司股票交易价格，该信息一旦公开或者泄露，上市公司市值势必明显波动，故早在收购磋商初期之前，完全可以得出重大信息形成的判断。所以，有关事件所蕴含的信息是否具备重大性，应当就该事实的现实发展情况进行分析，而不能机械地将信息具有重大性的时点固定在证券法律规范规定的特定重大事件、事实确定发生之时。

同时，虚假陈述案件中未公开信息重大性判断不能与内幕交易中的未公开信息重大性判断问题进行混同理解。

全球资本市场法律规范对证券欺诈监管设置了一项相同的标准：利用上市公司内部信息从事证券交易，或者违规披露、不披露上市公司信息，只有在该信息具有重大性时，才可能构成内幕交易或虚假陈述。理论上有观点认为，虚假陈述与内幕交易中的信息重大性判断问题适用相同法律规则。[1] 但在实践中，虚假陈述与内幕交易往往又适用不同的信息重大性判断规则。例如，理性投资者规则与市场影响规则是美国联邦法院系统判断虚假陈述案件

---

① Thomas Lee Hazen, *The Law of Securities Regulation* (*5th ed.*), West Group, 2005, p. 284.

中信息是否具有重大性的两大重要标准。根据理性投资者规则，信息重大性应当考察虚假陈述的事实对于理性投资者的价值。理性投资者会认为相关事实对于如何实施投资行为是重要的，或者对于理性投资者而言，披露相关事实可能会显著地改变能够获取的信息和所反映的市场认知，则构成重大信息。[①] 相关信息具备重大性并不意味着理性投资者必定会基于该信息的介入而改变投资决策，[②] 而是指上市公司内部人控制的与证券投资有关的重大信息，如果被资本市场中的其他理性投资者掌握，并结合市场中其他与该上市公司有关的信息，该理性投资者可能对证券进行重新估价。[③] 根据市场影响规则，重大性是判断虚假陈述违法犯罪案件是否成立的首要条件，信息重大性应根据信息披露之后上市公司证券交易价格的即时变动或合理时间范围内的变动予以分析。[④] 尽管这两大信息重大性判断标准在司法判断客观性尺度把握层面存在内在冲突，但其均强调构成虚假陈述的前提，即未公开信息的重大性，应当着眼于信息之于市场或者市场参与者的现实或者可预期的效果。

上市公司重大事件、重大经营行为等是一个持续演进与不断发展的过程，相关信息在反应事件或者行为进程时具有多个发展阶段。在信息发展过程中，禁止从事内幕交易的时间起点，即信息具备重大性的时间，与应依法披露的信息具备重大性的时间，应适用不同司法判断标准——内幕信息形成时间应当早于开始具有披露重大信息义务的时间。因为较早地认定信息具有重大性而强制上市公司进行披露可能会损害上市公司利益（例如，在并购交易初期

---

① TSC Industries, Inc. v. Northway, Inc., 426 U. S. 438, 1976, p. 449. 我国台湾地区判例适用相同的规则：相关信息是否构成对股票价格具有重大影响的信息，除了可以参考信息公开后相关公司股票价格变动之外，作为判断该信息是否构成重大信息的依据，应当是某一事件对公司的影响，该未经公开的信息是否在合理投资人于知晓该信息后，非常可能会改变其投资决定，或者该未经公开的信息，与合理投资者已获悉的信息合并观察之后，合理投资人便会对股票价格或者投资与否进行重新评估。

② S. E. C. v. Mayhew, 121 F. 3d 44, (2d Cir. 1997).

③ Stefan Padfield, *Who Should Do the Math? Materiality Issues in Disclosures that Require Investors to Calculate the Bottom Line*, 34 Pepperdine Law Review 927, 2007, p. 933.

④ In re Merck & Co. Inc., Securities Litigation, 432 F. 3d 261 (3d Cir. 2005). 基本案情：原告对默克制药公司及其高管提起证券欺诈集团诉讼，声称被告在2002年首次公开发行过程中通过不恰当的财务手段对子公司资产剥离问题进行误导性陈述。美国联邦第三巡回上诉法院认为，默克制药公司重新披露子公司资产问题后证券交易价格并未立即或者及时变动，故不能认定该项信息具有重大性。

就要求对磋商情况进行披露，会刺激市场反应，导致投资者或投机者大量购买目标公司证券，从而推高收购成本，甚至造成交易价格所依赖的证券市场价格畸高而取消并购计划），或者误导投资者（例如，披露并购初期信息后，市场预期并购最终将会发生从而大量做多目标公司证券，但由于并购初期磋商远未涉及并购交易核心问题，在后续谈判中出现双方无法达成一致意见、执行困难等情况而导致并购失败，目标公司证券价格暴跌，投资者产生重大损失）。而在上市公司重大事件、经营行为发展阶段的早期就将反应事件内容的信息界定为重大信息，不仅与市场交易行为总是对信息进行提前反应的现实相契合，而且能够通过内幕信息形成时间的提前认定压缩内部人员交易时间，相对有效地提升知情人员在未公开信息性质模糊的存续时间进行内部人员交易的成本。因此，内幕交易中的重大性标准显然低于虚假陈述，实践中应确立内幕信息形成时间显著早于重大信息披露义务生成时间的基本原理。

第七章

内幕交易法律规制的量化标准

由于内幕信息知情人员、非法获取内幕信息人员从事内幕交易、泄露内幕信息行为，符合“情节严重”标准的，才构成犯罪，只有达到“情节特别严重”的程度，才能适用第二档法定刑，所以，犯罪情节对内幕交易犯罪的定罪量刑实践具有深远的意义。基于对内幕交易犯罪情节问题的高度重视，《内幕交易解释》通过多达 5 个条文对此问题规定了细致的司法判断规则：《内幕交易解释》第 6 条与第 7 条对内幕交易犯罪“情节严重”“特别严重”的量化标准进行了规定；第 8 条与第 10 条对犯罪数额认定这一内幕交易犯罪情节中的核心难题作出了规定。同时，2022 年《最高人民检察院、公安部关于公安机关管辖的刑事案件立案追诉标准的规定（二）》（2022 年 4 月 6 日实施）进一步对内幕交易、泄露内幕信息案件的立案追诉标准作出了最新的调整。由于犯罪情节直接影响内幕交易的法律规制，故有必要对相关问题展开深入探讨。

第一节　内幕交易情节标准实践障碍与难点

一、规范依据

由于我国资本市场犯罪司法实践长期以来对内幕交易犯罪“情节严重”

标准设置不甚合理，“情节特别严重”标准持续缺位，没有突出从宽情节对于惩治疑难资本市场犯罪案件的重要性，更没有对作为犯罪情节评价核心指标的内幕交易犯罪数额认定规则进行深入分析与论证，导致内幕交易犯罪情节司法认定存在很大的障碍。最高人民法院、最高人民检察院最新内幕交易犯罪司法解释尝试对内幕交易犯罪情节相关重要问题进行解决。

根据《内幕交易解释》第6条的规定，内幕交易犯罪情节严重包括以下情形之一：证券交易成交额在50万元以上的；期货交易占用保证金数额在30万元以上的；获利或者避免损失数额在15万元以上的；内幕交易或者泄露内幕信息3次以上的；具有其他严重情节的。对照2010年5月7日《最高人民检察院、公安部关于公安机关管辖的刑事案件立案追诉标准的规定（二）》第35条的规定，《内幕交易解释》仅将《最高人民检察院、公安部关于公安机关管辖的刑事案件立案追诉标准的规定（二）》中的“多次”内幕交易行为具体化为“三次”，并没有对内幕交易犯罪情节严重的各项指标进行实质性优化。

2022年《最高人民检察院、公安部关于公安机关管辖的刑事案件立案追诉标准的规定（二）》第30条规定：［内幕交易、泄露内幕信息案（《刑法》第180条第1款）］证券、期货交易内幕信息的知情人员、单位或者非法获取证券、期货交易内幕信息的人员、单位，在涉及证券的发行，证券、期货交易或者其他对证券、期货交易价格有重大影响的信息尚未公开前，买入或者卖出该证券，或者从事与该内幕信息有关的期货交易，或者泄露该信息，或者明示、暗示他人从事上述交易活动，涉嫌下列情形之一的，应予立案追诉：（1）获利或者避免损失数额在50万元以上的；（2）证券交易成交额在200万元以上的；（3）期货交易占用保证金数额在100万元以上的；（4）2年内3次以上实施内幕交易、泄露内幕信息行为的；（5）明示、暗示3人以上从事与内幕信息相关的证券、期货交易活动的；（6）具有其他严重情节的。内幕交易获利或者避免损失数额在25万元以上，或者证券交易成交额在100万元以上，或者期货交易占用保证金数额在50万元以上，同时涉嫌下列情形之一的，应予立案追诉：（1）《证券法》规定的证券交易内幕信息的知情人实施或者与他人共同实施内幕交易行为的；（2）以出售或者变相出售内幕信息等方式，明示、暗示他人从事与该内幕信息相关的交易活动的；（3）因证券、期货犯罪行为受过刑事追究的；（4）2 年内因证券、期货违法行为受过行政处罚的；（5）造成其他严重后果的。但是，上述规定并未实质性改变原有的量化标准设计模式。

二、规范误区

上述内幕交易犯罪“情节严重”标准较难实现刑法规范对资本市场金融产品交易秩序的保障，内幕交易犯罪“情节严重”标准仍旧处于虚置状态，从而容易产生弱化司法权威的负面效果。从内幕交易犯罪刑法理论研究情况分析，长期以来理论界颇为质疑“情节严重”标准过低的问题。①

从司法解释具体规定与资本市场现实对比的层面进行分析，由于不符合资本市场发展的社会现实，内幕交易犯罪“情节严重”的数额标准与细化解释较难得以适用，情节严重的数额标准严重偏离我国证券、期货交易实践。例如，根据中国金融期货交易所《股指期货投资者适当性制度实施办法（试行）》(2010 年 2 月 9 日实施)，自然人申请开户时保证金账户可用资金余额不低于人民币 50 万元的，期货公司会员才能为其申请开立股指期货交易编码。同时，根据中国金融期货交易所《股指期货投资者适当性制度操作指引(试行)》的规定，一般法人投资者申请开户，净资产应当不低于人民币 100 万元。将期货内幕交易情节严重标准与股指期货投资者基本财务条件数额标准进行对比，我们可以清晰地看到，内幕交易犯罪“情节严重”中期货交易占用保证金累计 100 万元以上的标准仍然畸低。

同时，三次交易、其他情节严重等标准在实践中较难执行。以“三次交易”为例，基于证据获取与证明责任上的现实难度，资本市场犯罪司法实践中证明涉案人员针对特定的证券或者期货交易品种实施一次或者两次内幕交易行为已经异常困难，证明三次内幕交易行为则近乎不现实。再以“具有其他严重情节”为例，这种“兜底规定”实际上根本没有指导实践的司法规范指引功能，没有必要在司法解释中继续建构这种没有具体规范内涵的兜底性

① 参见顾肖荣、张国炎：《证券期货犯罪比较研究》，法律出版社 2003 年版，第 416 页。

司法规则。

更值得重点分析的是，犯罪情节的标准设定应当针对内幕交易这一发生在资本市场的犯罪行为特点创造性地探索既能充分反映内幕交易行为危害又能紧密联系内幕交易行为实质特征的“情节严重”评估标准。内幕交易行为实质上表现为基于内幕信息而实施的相关证券、期货交易，除了与交易行为相关的数额、次数等危害性量化指标之外，内幕信息实际上也存在程度上的差异或者可区分性。从这个意义上分析，基于市场反应更为强烈的内幕信息从事相关证券、期货交易的犯罪行为，在情节上应当相较于市场反应一般的内幕交易行为更为严重，司法解释理应将涉案内幕信息对资本市场的实际影响要素纳入“情节严重”的评价范围。

第二节　内幕交易情节优化路径

内幕交易犯罪“散户式”的司法解释标准不仅导致“情节严重”无法筛出具有严重社会危害性的非法证券、期货交易行为，也会使最高司法机关制定的解释文件束之高阁，最终丧失权威。内幕交易犯罪情节量化指标无法体现出这种资本市场犯罪的行为特质，很大程度上体现出司法解释对于资本市场犯罪缺乏深度与专业化的认知。内幕交易犯罪的主体、行为、对象等要件经由司法解释，实际上已经使其犯罪构成极具张力，故特别需要“情节严重”这一综合性入罪要素通过司法解释的填充有效控制内幕交易犯罪的刑事法网。“情节严重”标准的准确定位，既是盘活内幕交易犯罪刑法规范的实践要求，也是资本市场犯罪刑事司法的政策选择。

一、重构量化标准逻辑

由于我国资本市场犯罪普遍存在“情节严重”等定罪标准设置过低，没有针对证券、期货交易特点建构实践标准等问题，内幕交易犯罪“情节严重”标准优化应当纳入资本市场犯罪体系进行结构性完善。

笔者建议，有必要优化资本市场犯罪司法解释，通过对内幕交易、操纵资本市场等行政处罚案件进行数据统计，分析此类非法证券、期货交易中成交资金额、占用保证金数额、获利数额、避损数额等数据信息，将各个主要项目的数额平均值设定为犯罪“情节严重”的下限。当然，有必要指出的是，对于提高内幕交易犯罪等资本市场犯罪“情节严重”标准（核心显然是提高定罪数额标准）的建议，实践中可能出现的一种质疑是，提高定罪标准会向公众传递出对资本市场犯罪的打击力度趋于减弱的信息。这种隐忧也是我国长期以来将资本市场犯罪刑事追诉数额标准设定在一个较低水平的重要原因。但是，从上述“情节严重”标准虚置及其危害的分析中可知，过低的追诉标准势必导致“法不责众”。资本市场投资者空守着严厉的刑事追诉标准这一所谓的坚强后盾，实质上却由于追诉标准的不切实际造成了更严重的后果——资本市场犯罪刑法规范的较少适用。因此，适当提高内幕交易犯罪“情节严重”入罪标准，有利于廓清违法与犯罪的界限，在同步提升证券、期货违法案件行政执法能力的情况下，能够实质性地减少刑事司法实践的随意性，本质上是强化了资本市场犯罪的惩治力度与刑法规范的执行力。

同时，司法解释有必要将“其他情节严重的情形”等指标剔除出“情节严重”的认定标准，转而将内幕交易犯罪行为对资本市场秩序，投资者权益所产生的可量化恶劣影响（例如，内幕交易犯罪行为侵犯股民权益导致大规模证券集团诉讼、引发群体性事件等），内幕信息公开后证券、期货合约的交易价格产生剧烈波动（例如，内幕信息公开之后连续 5 个交易日涨停、跌停或者连续 10 个交易日涨幅或者跌幅超过 70%）等作为“情节严重”司法认定的标准。

二、以内幕信息为核心的法律规制量化标准

以涉案内幕信息对资本市场实际影响效果量化指标为例，内幕信息是内幕交易犯罪的核心构成要素，以内幕信息为中心对内幕交易犯罪行为的危害性程度进行评价显然契合内幕交易犯罪在客观行为方面的独立性特征。内幕信息的重要法律特征表现为重大性或者价格敏感性，即内幕信息一旦公开将会对证券、期货合约的交易价格产生显著影响。但在资本市场实践中，尽管各类不同的内幕信息对于资本市场均会产生显著影响，但这种显著影响的具

体程度是存在明显差别的。

资本市场实践中，有的内幕信息属于短期性的重大事件或者重要情况。例如，上市公司重大诉讼，其对于上市公司经营利润的影响是阶段性或者相对确定的，在上市公司股票交易价格上通常表现为阶段性的下跌。有的内幕信息则属于长期性的重大事件或者重要情况，例如，上市公司经营业绩在经历高速增长之后由于业务限制开始出现巨额亏损且公司财务状况长期难以改善，上市公司股票交易价格在公司业绩亏损披露之后长时间大幅下挫。同时，内幕信息公开后对资本市场的实际效果也存在明显的差异，有的内幕信息公开后导致当日涨停、跌停或者较大幅度的涨跌；有的内幕信息虽然确实具有价格敏感性，但公开后市场反应并不十分激烈，相关证券交易价格只出现了一定幅度的上涨或者下跌。这种内幕信息公开后的资本市场交易实际效果虽然并非内幕交易犯罪的构成要件，但如果将每一个案件中的同类市场反应指标纳入评估体系进行分析，确实能够从直观的价格指标上区分出何种或者哪一个内幕信息对于资本市场公平竞争机制的侵害程度更为显著。从欧盟这样的成熟资本市场反内幕交易犯罪司法实践经验角度分析，欧盟法院在内幕交易法律制裁强度评估环节，高度重视与内幕信息有关的金融工具交易价格事实上的变动情况，并将该要素作为判断内幕交易法律制裁比例性的重要尺度。① 我国内幕交易犯罪司法解释应当重视此类成熟资本市场司法实践经验。总之，经过实证分析、客观论证或者针对内幕交易行为特征而设置的内幕交易犯罪“情节严重”司法解释标准才能经受刑事司法实践考验。

实践中还应当特别注意的问题是，资本市场犯罪司法实践已经证明，取证难是内幕交易犯罪案件查处中的重大难题。② 所以，单纯从入罪或者强化惩罚的角度设置内幕交易犯罪的司法规则，其实际效果并不一定能够完全发挥。笔者认为，资本市场犯罪司法解释有必要针对内幕交易案发隐蔽性、封

---

① Case C－45/08：Judgment of the Court（Third Chamber）of 23 December 2009 Spector Photo Group NV，Chris Van Raemdonck v. Commissie voor het Bank－，Financie－en Assurantiewezen（CBFA）－Directive 2003/6－Insider dealing－Use of inside information－Sanctions－Conditions.

② 参见苏江：《世界级难题：“内幕交易”取证难倒监管层》，载《21世纪经济报道》2007年4月6日，第12版。

闭性、内部性的特征，植入二元化的情节认定规则，即合理设置从宽情节，对于积极配合调查或者提供相关信息的内幕交易违法犯罪参与者，设置一定的从轻、减轻、免除处罚，从而实现缓释内幕交易犯罪查处压力的目标价值与宽严相济刑事政策在资本市场犯罪案件中的具体适用。笔者建议司法解释可以增加此类规则：内幕交易、泄露内幕信息，具有下列情形之一的，可以依法从轻或者减轻处罚：（1）配合证券、期货监管部门或者公安机关调查的；（2）受金融机构高层管理人员逼迫从事内幕交易的；（3）主动消除或者减轻内幕交易行为危害结果的；（4）提供内幕交易违法犯罪行为的策略、方案、违法交易数据、账户信息、资金来源信息等线索材料的。内幕交易、泄露内幕信息犯罪情节略微超过规定标准，主动投案自首的，可以免除处罚。

第三节 内幕交易数额

内幕交易犯罪数额集中表现了此类资本市场犯罪行为的规模及其对资本市场交易秩序的危害性，故准确计算内幕交易犯罪数额是内幕交易犯罪情节认定中极为重要的问题。根据《内幕交易解释》第 6 条与第 7 条的规定，内幕交易犯罪数额表现为证券交易成交额、期货交易占用保证金数额、获利或者避免损失数额三种类型。其中，证券交易成交额与期货交易占用保证金数额可以直接根据从事内幕交易犯罪行为的账户交易数据予以计算，在司法实践中并不存在疑难。而获利或者避免损失数额不仅涉及内幕交易犯罪刑法适用与金融实务中的不少疑难问题，而且对于内幕交易犯罪罚金数额裁量具有直接影响。根据《刑法》第 180 条的规定，实施内幕交易犯罪行为，情节严重的，处 5 年以下有期徒刑或者拘役，并处或者单处违法所得 1 倍以上 5 倍以下罚金；情节特别严重的，处 5 年以上 10 年以下有期徒刑，并处违法所得 1 倍以上 5 倍以下罚金。故内幕交易犯罪罚金完全以内幕交易行为的违法所得为依据。同时，《内幕交易解释》第 10 条规定：《刑法》第 180 条第 1 款规定的“违法所得”，是指通过内幕交易行为所获利益或者避免的损失。可见，内幕交易获利或者避损数额是罚金刑的直接裁量依据。但是，对于内幕交易获利数额与避损数额认定问题，《内幕交易解释》并没有制定针对性的数额计算方法，该问题极有可能在实践过程中出现较多的争议与分歧。

笔者建议，内幕交易犯罪司法解释有必要优化与细化违法所得数额司法判断规则，以“正收益”为核心设计内幕交易犯罪数额认定方法。具体而言，在内幕交易犯罪案件中，涉案内幕信息公开会引起证券、期货交易价格上涨或者下跌的，行为人在该信息公开之前建仓谋取价格上涨利益或者平仓规避价格下跌风险的，应当直接根据价格上涨收益与规避风险收益认定违法所得。同时还应当看到，资本市场实践操作中，有的内幕交易者在重大信息未公开之前抢先建仓后并没有全部平仓；除了将实际套现收益认定为违法所得之外，对于未平仓的浮动收益也应当进行刑法评价。所以，内幕交易违法所得“实际正收益”认定规则在实务中应当重视以下细节与重点。

一、获利型正收益的认定

对于内幕信息公开后会引发证券、期货交易价格上涨或者下降的，由于相应的做多或者做空交易都可以使行为人谋取实际利润，故其具体的交易方向并不影响违法数额的认定。关键在于判断建仓数额与平仓数额之间的价差。在内幕信息引起价格上涨的情况下，行为人掌握内幕信息直到该内幕信息公开之后的时间里，其建仓买入证券、期货合约且全部平仓卖出的，相关获利价差都是正收益，直接认定为违法所得；如果存在部分没有平仓卖出的证券或者期货合约，由于不存在实际获取的正收益，应当在以下评估正收益环节另行认定。在内幕信息引起价格下跌的情况下，行为人建仓卖空相关证券、期货合约且全部平仓买入了解仓位的，相关获利差价均认定为违法所得；未平仓买入回补部分同样根据评估正收益数额规则另行判定。

二、避损型正收益认定

内幕交易正收益显然并不局限于实际获取交易利润，持有的证券或者期货合约应当出现亏损而基于内幕信息抢先交易规避损失，实际规避损失数额也是一种正收益。在内幕信息公开对证券、期货合约交易价格产生下跌影响的情况下，行为人基于内幕信息提前平仓卖出证券或者了解期货头寸的，应当首先计算内幕信息公开之后引发证券、期货合约交易价格下降期间的平均价格，然后计算行为人在信息公开前平仓的平均价格，最后将两者的价差认定为内幕交易规避损失的正收益。没有全部平仓的，不存在规避损失的问题，故不能作为内幕交易违法所得处理。

三、评估正收益的认定

评估正收益是内幕信息持有人基于内幕信息从事证券、期货交易但在案发后仍未平仓部分应当通过评估规则认定为违法所得的犯罪数额。由于没有平仓的证券、期货合约仅存在账面价值，没有实际转化为行为人的现实收益，需要通过评估规则准确评价为可归责的内幕交易违法所得数额。内幕信息引起价格上涨的，未平仓正收益应当是内幕信息对市场产生影响期间的证券、期货合约的平均交易价格与行为人实际建仓平均成本价格之间的价差。内幕信息公开引发价格下降，行为人在内幕信息公开前建仓卖空，尚未平仓部分应当在案发后强行平仓，但该未平仓部分的正收益不能根据平仓数额进行评估，而应当根据内幕信息对市场影响期间内平均价格与行为人建仓评价价格之间的价格进行认定。获利正收益与评估正收益相加为内幕交易违法所得总量。

此外，在内幕交易犯罪案件中，内幕信息来源、交易资金供给、证券账户安排、交易实际操作等往往由数个行为人共同实施，内幕交易共犯结构存在很大的差异，有必要建构具有针对性的共犯数额判断规则。根据资本市场犯罪共犯原理，两个以上行为人基于获利目的共同利用内幕信息从事相关证券、期货交易，构成内幕交易共犯。然而，由于金融犯罪共犯数额认定在理论上存在分赃数额、分担数额、参与数额、犯罪总额等不同判断规则，① 如何根据内幕交易犯罪行为特点确定共犯数额，刑法理论与司法实践中存在极大的认识分歧。

《内幕交易解释》第 9 条实际上采用了“微调的”犯罪总额规则，即内幕交易犯罪构成共犯的，按照共同犯罪行为的成交总额、占用保证金总额、

---

① 参见刘宪权：《金融犯罪数额问题的刑法分析》，载《法学》1998 年第 11 期。

获利或者避免损失总额定罪处罚，但在罚金刑处罚上，判处各被告人罚金的总额应掌握在获利或者避免损失总额的 1 倍以上 5 倍以下。这意味着内幕交易犯罪案件中的每个共犯在定罪与自由刑裁量层面对内幕交易犯罪总额承担责任，仅在适用罚金刑时，将内幕交易共犯违法所得总额作为所有共犯罚金数额的基准，而非对每个共犯判处罚金的基准。

对此，笔者认为，有必要将“修正的”犯罪总额规则作为内幕交易共犯数额的认定依据，即原则上将内幕交易犯罪总额认定为共犯数额，例外情况下以参与数额或者个体违法所得数额作为共犯数额。实践中，内幕交易共犯一般共同谋划内幕交易策略、共同分配违法所得、共同抵抗行政调查与刑事侦查，内幕交易共犯结构中的部分行为人及其行为在整体中不具有可区分性，应当以内幕交易犯罪总额认定共犯数额。有的内幕交易共犯尽管存在明确的事先共谋，但行为主体分别出资、独立交易、自负盈亏，在这种情况下，主犯显然应当对总额承担责任，但从犯的行为及其实际作用具有明显的可区分性，即从犯实施的内幕交易行为在总体数额中可以作为一个独立的部分区分出来进行评价，且对于内幕交易共犯社会危害性的增加与强化并不明显，应当以实际参与数额（证券交易成交额或者期货交易占用保证金额）或者个体违法所得额认定其犯罪数额。

第八章

期货内幕交易的法律解释与合规实务

通过法律规范的不断完善与执法、司法实践的持续优化，高压打击证券市场中的内幕交易违法犯罪行为，是近年来我国反证券内幕交易立法、执法、司法实践的重点与亮点。2019 年 12 月 28 日，第十三届全国人民代表大会常务委员会第十五次会议通过了新修订的《证券法》。修订后的《证券法》在证券定义、注册制改革、投资者保护和内幕交易、市场操纵等违法行为惩治方面均有重大突破，对于助力供给侧结构改革和化解金融风险，具有重要影响。反观期货领域，由于法律法规发展迟缓、期货内幕交易违法犯罪成本过低、期货内幕交易稽查执法与刑事司法能力受限等原因，我国期货市场内幕交易规制等问题的法律实践，始终没能实现有效的突破。

应当看到，我国期货市场通过长时间的积累，业已建构起了比较丰富的商品期货交易品种系统，并且不断开发与推出全新的商品期货类型。同时，作为金融商品体系中最为重要交易品种之一的股指期货，在经过长达 10 年的准备之后，也已经成功推出并运行多年。虽然经历了 2015 年资本市场异常波动后的交易规则限缩，但近年来股指期货市场逐步常态化运行，如沪深 300、上证 50、中证 500 等指数期权产品的研发与上市筹备、ETF 期权的试点推进。[①] 即将推出的集装箱运价指数期货，将为国内外集装箱运输业提供有效

---

① 参见左永刚：《股指期权铺路长期资金入市》，载《证券日报》2018 年 8 月 8 日，A2 版。

的风险管理工具，该期货产品不仅弥补了我国场内航运衍生品的空白，同时也意味着我国期货市场首次将产品拓展到了服务领域。[①] 期货、期权以及衍生品市场的交易创新引领下的一系列做空机制极大地丰富了中国期货及衍生品市场风险对冲功能。

通过出台《期货和衍生品法》解决期货行业短板、规范监管、发展矛盾成为业界与监管层的共识。[②] 2022 年 4 月 20 日第十三届全国人民代表大会常务委员会第三十四次会议通过了《期货和衍生品法》。《期货和衍生品法》的出台对促进经济转型、推动金融市场高质量发展具有重要意义。因此，中国期货市场内幕交易法律规范，有必要充分结合当前的《期货和衍生品法》的规定，深入调查研究有关内幕交易罚则条款所存在的问题，以及对应的《刑法》中相关期货犯罪条款的局限性，以此为契机对期货市场内幕交易法律问题进行立法完善，并为金融机构、大宗商品交易商等在期货市场交易中的合规问题提出对策建议。

第一节　期货内幕交易的行为特征与核心样态

证券与期货市场对于内幕交易的不同法律制度安排以及执法、司法实践，本质上是由市场的独立性特征以及内幕交易在不同市场的表现形态所决定的。证券市场法律制度旨在保护中小投资者权益，而期货市场主要由复杂交易技术的参与者、信息交易者组成，两者对于内幕交易的行为规制与风险防控具有不同的标准与容忍程度。

一、期货市场的独立特征

证券市场分为一级市场（发行市场）与二级市场（交易市场），它是作为金融商品之一的有价证券进行发行与交易的平台。因此，证券市场的实质

---

① 参见刘春彦、徐圣艳：《推出上海航运指数期货　实现“全球资源上海配置”》，载《中国证券期货》2019 年第 4 期。

② 参见祝惠春：《期市扩大开放呼唤期货法》，载《经济日报》2018 年 9 月 18 日，第 6 版。

是发行人的融资平台、交易者的投资平台，并且，这种投资与融资行为具有中长期的特征。所以，证券市场又称为中长期资本发行与交易平台。[①] 上市公司等发行主体，基于证券公司、会计师事务所、律师事务所、资产评估机构等市场中介的服务，发行股票、债权等直接融资工具，获取其所需求的中长期资本资源。

与此具有明显不同的是，期货市场是以大宗商品或各种类型的资产为标的的标准化契约交易市场，交易对手方之间约定，达成合约之后，不对大宗商品、基础资产或者任何金融资产进行交割，而是在之后的约定时间内，对标准化契约设定的大宗商品实物或者基础资产实物进行交割，或者直接进行现金交割。故期货市场最为重要的功能并非就大宗商品、基础资产、金融商品的财产权进行交换，而是提供了一种非常重要的价格发现机制与风险转移平台。[②] 所以，证券市场与期货市场之间具有非常明显的区别。期货市场中并不存在所谓的发行人，即发行股票、债权从而获取中长期资本的融资者。期货市场中交易标的的创制主体是期货交易所，其创制的内容是标准化的契约。

二、期货市场内幕交易的行为特征

证券市场中的内幕交易行为，其实质特征是由证券的金融特征和证券市场的核心功能所决定的。上市公司是证券市场中股票、债券的发行人。证券市场内幕信息及其知情人员均围绕着上市公司及其相关人员展开。证券市场中的内幕交易行为，其核心内容就是，上市公司中参与内幕信息制造的知情人员，或者通过各种手段非法获取此类内幕信息的行为主体，在公司证券发行、交易过程中内幕信息尚未公开前，从事相关证券交易，建议他人从事相关证券交易，或者泄露该证券内幕信息。与之进行对照分析，虽然在构成要素层面，期货市场内幕交易同样需要具备内幕信息知情人员、内幕信息非法获取人员等主体要素，内幕信息这一对象要素，相关交易以及泄露内幕信息

---

① Glenn G. Munn, F. L. Garcia & Charles J. Woelfel, *The St. James Encyclopedia of Banking and Finance*（*9th Edition*）, St. James Press, 1991, p. 398.

② John Smullen & Nicholas Hand, *Oxford Dictionary of Finance and Banking*（*Third Edition*）, Oxford University Press, 2005, p. 37.

等行为要素，但是，上述构成要素在具体内容、特征层面，相对于证券市场内幕交易而言，存在明显差异。

期货市场中交易的是交易所创制的各类标准化契约，而非上市公司等发行人发行的股票、债券。期货市场的主要功能是价格发现与风险对冲，区别于证券市场的融资、投资功能。上述金融特征与市场功能的差异，共同造成期货市场中的内幕交易行为具有符合其自身特殊性的核心内容。

由于期货交易所是期货市场中标准化契约的创制主体，所以，产品发行主体本身与该产品有关的内幕信息之间并不存在实质性的联系。与期货市场特定产品内幕信息有关的主要是该标准化契约内在的大宗商品、基础资产的内在价值或者市场上的供求关系。

期货市场中的内幕信息知情人员是制造、参与、接触、管理对于期货交易品种、对应的大宗商品、基础资产市场价格具有重大影响信息的行为主体，不存在像上市公司中“内部人”的法律概念。

证券市场中的内幕交易行为通常发生在股票、债券所发行与交易的现货市场，而期货市场内幕交易行为并不完全局限于期货交易品种所在的市场，任何与特定期货交易品种市场价格挂钩的现货市场、期货市场、衍生工具市场，都可以成为期货内幕交易行为具体实施的场所。尤其是与商品期货交易品种直接对应的大宗商品现货市场或者与金融期货交易品种对应的金融商品现货市场。

三、期货市场内幕交易的核心样态

证券市场价格受到基础资产内在价值、供求关系以及证券供求关系的影响，期货市场是一种衍生市场，因为期货合约是基础资产交易的衍生工具。首先，以商品期货为例，其基础资产市场就是商品现货市场，所以，商品期货合约的市场价格受到相关联商品现货的内在价值、相关合约对应时间的现货供求关系以及期货合约供求关系的影响。其次，以国债期货为例，其基础资产市场就是国债现货市场，因此，国债期货合约的市场价格受到相关联国债现货的内在价值、相关期货合约对应期间的国债现货供求关系以及国债期货合约供求关系的影响。这就意味着期货市场中的内幕交易在具体表现形态上，具有更加多样化、多层次、多变量的特征。

行为人可以在与期货合约有关的内幕信息尚未公开之前，在期货合约交易中实施买入、卖出等行为，或者建议他人实施该期货合约的交易。

因为期货市场内幕信息的重大价值会影响对应的现货市场商品行情，即期货市场信息引导商品现货市场，故行为人可以在与期货合约有关的内幕信息尚未公开之前，于该期货合约对应的现货市场中实施交易行为，或者建议他人实施该商品现货的交易。

因为商品期货内幕信息的重大价值会影响对应的期货市场中的合约行情，即现货市场信息引导商品期货市场，故行为人可以在与商品现货市场有关的内幕信息尚未公开之前，于该现货对应的期货市场中实施交易行为，或者建议他人实施该期货合约的交易。

上述复杂情况的实质原因是现货、期货合约、重大未公开信息等要素之间，随着现货市场与期货市场之间的价格关联性及其程度的不同，会产生不同的互动效果。但无论期货市场内幕交易各个构成要素之间形成怎样的结构形态，实质上都是在期货内幕信息公开之前的、提前于其他市场参与者的“抢跑”“作弊”行为。

四、期货市场内幕交易的跨市场属性

期货市场内幕交易行为的构成要素与表现形态说明，期货市场具有明显的跨市场行为，这就决定了期货市场内幕交易最为重要的行为特征就是跨市场性。而由于证券本身只是其基础资产的证券化而非衍生工具，所以不存在现货市场与期货市场之间的跨市场特征。此外，还可以看到，期货市场内幕交易行为结构中还存在一个非常重要的特征，即信息跨市场与交易跨市场。具体而言，期货市场内幕交易行为中的内幕信息可以是“现货市场中”的内幕信息，也可以是“期货市场中”的内幕信息，期货与现货市场的价格关联是由两个市场之间的信息关联所决定的。

对于期货合约交易价格具有重要影响的信息可以是期货合约的交易信息（如某机构决定大量卖空特定月份的黄金期货合约会引起该月份甚至关联月份的黄金期货合约价格下降），还可以是与期货合约直接相关的现货市场价格信息（如特定时间段的大豆现货进口量锐减会引起关联月份的大豆期货合约价格上涨），甚至可以是与期货合约间接相关的现货市场政策信息（如房地产调控政策会引起螺纹钢、线材等现货市场供大于求进而引发螺纹钢、线材期货合约交易价格下降）。

基于期货与现货市场价格交易之间的关联度，期货内幕信息知情人员或者非法获取人员既可以在期货市场建仓或者平仓以此来获取利润或者规避损失，也可以选择在现货市场买入或者卖出现货商品或者基础资产以此来获利或者避损。

所以，期货市场内幕交易法律规制应当以期货市场、期货内幕信息、期货市场内幕交易行为的跨市场性特征为导向，设计并完善符合期货实质特征的法律规范。

第二节　境外期货市场内幕交易法律规制与合规实践

纵览全球期货市场，内幕交易案件数量极为有限。相对具有借鉴价值的案例为美国商品期货交易委员会（CFTC）近年来查处的三例期货市场内幕交易案。

一、Motazedi 期货内幕交易案

CFTC 对佛罗里达州迈阿密的 Arya Motazedi 提出指控，认定其在纽约商品交易所（NYMEX）的 RBOB 汽油实物期货合约和 CL 轻质低硫原油期货合约中从事欺诈性交易，此交易涉及他拥有或控制的两个个人账户以及他为前雇主交易的公司账户。

根据 CFTC 的指控文件，2013 年 9 月 3 日至 11 月 26 日，Motazedi 以非竞争性的价格预先安排了其前雇主账户与个人账户之间的至少 34 笔交易，交易价格使其前雇主账户处于不利地位。Motazedi 使用雇主账户在与自己的两个个人账户相互的交易中，以更高的价格买进，以更低的价格卖

出。Motazedi 至少有 12 次在为前雇主账户下订单之前为其个人账户下订单（该种做法称为“抢先交易”），从而为自己创造了额外的利润，欺骗了前雇主，损害了前雇主的利益。Motazedi 的交易活动给他的前任雇主造成了 216, 955. 80 美元的损失。

CFTC 认为，Motazedi 通过挪用非公开、机密和重要的信息完成了他的欺诈。Motazedi 和他的雇主之间存在信托保密义务。此外，其雇主的内部政策规定禁止滥用专有或机密信息，并禁止员工从事涉及能源合同的个人交易以及其他构成实际或潜在利益冲突的个人交易。根据其担任汽油期货交易员的职位，Motazedi 经常可以获取有关其雇主打算为其专有账户进行能源商品期货交易的时间、数量和价格的重要非公开信息。Motazedi 通过使用此类信息进行个人账户交易且并未向其前雇主披露此类交易，从而违反了其对前雇主的职责。

CFTC 要求 Motazedi 支付 10 万美元的民事罚款，并支付其前雇主 216, 955. 80 美元赔偿金，并永久禁止其以任何身份在 CFTC 从事期货交易或注册为期货专业人员。[①]

二、Ruggles 期货内幕交易案

CFTC 对佛罗里达州奥兰多市的 Jon P. Ruggles 提出指控，认定其于 2012 年 3 月至 12 月在芝加哥商品交易所（CME Group）旗下的纽约商品交易所（NYMEX）出售原油、取暖油期货及期权和 RBOB 汽油期货的欺诈性、虚构性和非竞争性交易。CFTC 要求 Ruggles 归还其非法所得，共计 3, 501, 306 美元，并处以 175 万美元的民事罚款。Ruggles 也被永久禁止在 CFTC 进行交易和注册。

CFTC 认为，Ruggles 负责制定其前任雇主的燃油对冲策略，并负责执行该类纽约商品交易所产品的交易，因此其负有信托义务，需为雇主的最大利益行事，并对雇主的材料、交易活动的非公开信息进行保密。Ruggles 违反了对雇主的上述义务，并为自己的个人利益盗用了雇主的机密和重要的非公开

① In re Motazedi, CFTC No. 16 – 02, WL 7880066 (Dec. 2, 2015).

交易信息，即通过自己控制的妻子的账户，交易和前雇主相同的纽约商品交易所产品。

本案中，在相关期间内（至少在71天之内），Ruggles利用其前雇主的交易信息在其控制的个人账户中为自己的个人利益进行交易。在这段时间内，Ruggles在个人账户中交易的原油、取暖油期货及期权和RBOB汽油期货与其在雇主账户中交易的相同。Ruggles对个人和雇主账户中的交易进行了排序，以使他的大部分个人订单是根据雇主的订单执行的，其余的个人订单由其他市场参与者以有利于Ruggles订单的价格执行。Ruggles不仅为了自己的利益挪用了雇主的交易信息，而且违反了CEA和CFTC条例［包括CEA第6（c）（1）条和CFTC第180.1条］的规定，实施了期货和期权欺诈。根据前雇主账户的交易来执行个人账户交易，Ruggles能够避免竞争性执行，消除市场风险，并且几乎能保证这些交易将以他所寻求的价格执行。[①]

商品期货交易委员会执法部主任Aitan Goelman针对本案的评论是：根据《商品交易法》（CEA）和CFTC条例，盗用机密、非公开信息是欺诈行为，损害了衍生品市场的完整性。CFTC将继续保持警惕，以制止此类行为。[②]

三、EOX & Gizienski期货内幕交易案

CFTC向纽约南区美国地方法院提起民事诉讼，起诉EOX Holdings LLC（EOX）及其员工Andrew Gizienski。根据指控，被告违反《商品交易法》（CEA）和CFTC条例，在美国洲际交易所（ICE Futures US）能源合约大宗交易中滥用材料和非公开信息，EOX未能保持某些必要的记录，也未能勤勉地监督其员工。

2013年8月左右至2014年5月，Gizienski对一个朋友的账户行使了全权交易的权力，同时他继续为其他EOX客户进行经纪大宗交易，继续获得与EOX客户有关的重要非公开信息。Gizienski向他的朋友透露了有关其他客户

---

① In re Ruggles, CFTC No. 16－34（Sept. 29, 2016）.

② U. S. Commodity Futures Trading Commission, CFTC Orders Jon P. Ruggles to Disgorge More than ＄3. 5 Million in Trading Profits and Pay a ＄1. 75 Million Penalty for His Illegal Futures and Options Trading, https://www. cftc. gov/PressRoom/PressReleases/pr7459－16.

的机密信息，如其身份、交易活动和职位，该行为违反了其对这些客户先前的信托义务。Gizienski 在基于 EOX 客户机密信息的基础上交易了朋友全权委托的账户。

EOX 未实行公司禁止经纪人对客户账户行使自由裁量权的政策，允许 Gizienski 代表其朋友进行交易，但却未能制定政策或程序来监控 Gizienski 的交易，并最大程度地减少显而易见的利益冲突。从 2013 年起，EOX 未能制定、实施或执行有关其经纪人处理客户订单、编制和保留所需记录以及保护客户机密信息的政策或程序。EOX 一直未能保持与客户的所有交易前沟通以及客户订单的书面记录，EOX 的记录保存失败阻碍了 CFTC 全面调查潜在违反 CEA 和 CFTC 法规的行为。①

商品期货交易委员会执行部主任 James McDonald 在评论本案时表示：非法使用内部或其他机密信息会严重破坏市场诚信，并损害期货市场上的客户。本案执法行动表明，委员会将大力追究此类不当行为。为此，委员会专门成立内幕交易和信息保护特别工作组，成员来自芝加哥、堪萨斯城、纽约和华盛顿特区的办事处，以便更为有效地惩治与防控这种行为。②

四、借鉴与启示

域外期货市场内幕交易案例数量非常有限，一方面意味着该特定领域内幕交易执法、司法存在相当大的法律适用争议与困难，需要秉持高度谨慎的原则与理念；另一方面，期货市场独有的特性也决定了其与证券市场内幕交易法律规制措施具有相当明显的区别。

（一）期货市场内幕交易对金融机构信息价值的侵害

Motazedi 系 CFTC 首例期货市场内幕交易案，其违法性基础主要建立在利用重大未公开信息对公司利益的侵害——能源交易员 Motazedi 利用其所在公司意图从事相关合约交易的价格、仓位、时间等保密信息，并先于公司在

① Commodity Futures Trading Commission v. EOX Holdings LLC & Andrew Gizienski, No. 18 - cv - 8890 (Sept. 28, 2018).

② U. S. Commodity Futures Trading Commission, CFTC Charges Block Trade Broker with Insider Trading, https://www.cftc.gov/PressRoom/PressReleases/7811 - 18.

其个人账户中从事天然气和原油期货合约交易。显然，Motazedi 在个人账户中从事的交易，在价格等要素上获取了相对优势，公司在后续交易中相对就处于劣势，这就违背了对公司的忠实义务与保密义务。

（二）期货市场内幕交易与利用未公开信息交易的边界

Ruggles 内幕交易案的主要启示在于，期货市场内幕信息可以是金融交易机构中的投资决策信息——Ruggles 负责制定并执行公司的原油期货、汽油期货合约的交易策略。其利用该公司未公开的交易策略信息，在个人控制的交易账户中从事两种类型的违法交易行为：（1）直接通过个人实际控制账户与公司的交易账户进行相对交易；（2）以优势价格与市场中的其他交易对手方进行相对交易。在我国修订后的《证券法》、《证券投资基金法》（2015 年 4 月 24 日实施）、《刑法》及其相关司法解释的规范框架下，证券领域的此类行为主要纳入利用未公开信息交易的范畴予以规制。

（三）公司监督责任的合规管理

EOX & Gizienski 内幕交易案的查处，不仅包含了对期货市场内幕信息范围的进一步界定，而且强调了公司的监督责任。Andrew Gizienski 的个人违法行为包括：在服务客户从事经纪业务或者持有客户信息时，为其朋友的账户从事相关的期货交易；向他人泄露期货经纪公司的客户身份、交易行为、持仓等信息，违反对客户承担的信赖义务；持有或者基于公司客户有关的信息，从事与该保密信息有关的期货交易。上述个人行为违法性确立的基点是期货市场内幕信息范围的界定。同时，EOX 公司的违法行为包括：未能有效执行禁止员工在执行经纪业务时为他人操作期货交易账户的制度，同时未能制定政策对员工的上述交易行为进行监控，未能最大限度地控制明显的潜在利益冲突；未能建立、执行防止员工违规处理客户订单、违规使用客户交易记录、违规使用客户秘密信息的政策与流程；未能保管所有交易前的客户交流记录、客户订单的书面记录。这为进一步完善期货市场内幕交易案件的单位违法责任归咎体系提供了有益的参考。

第三节 我国期货市场内幕交易法律规范的缺陷与结构性障碍

《期货和衍生品法》第13条、第14条、第15条对期货内幕交易违法行为及其行政法律责任进行了规定。同时，我国《刑法》第180条对期货内幕交易犯罪也设置了相应的定罪处罚规范。然而，不管是期货行政法律，还是期货犯罪刑法条文，其很大程度上都是机械地套用证券内幕交易法律规制的思路，甚至是直接在证券内幕交易犯罪行为类型之后简单加上期货内幕交易犯罪的规定，导致期货市场内幕交易法律规范存在明显的实质性缺陷与结构性障碍，从而造成期货市场内幕交易法律规范基本丧失了规制的针对性与有效性。所以反思当前期货市场内幕交易法律规则显得尤为必要。

一、期货市场内幕交易法律规范的缺陷

期货市场内幕交易法律规范的缺陷主要体现在：期货内幕信息具体类型不清晰，期货内幕信息知情人员范围过于模糊。

根据《刑法》第180条的规定，期货内幕交易犯罪构成要件中的期货内幕信息、期货内幕信息知情人员的范围，依照法律、行政法规的规定确定。故期货内幕交易违法犯罪的核心要素均由期货行政法律法规进行界定。根据《期货和衍生品法》第14条的规定，期货内幕信息，是指可能对期货交易或者衍生品交易的交易价格产生重大影响的尚未公开的信息。期货交易的内幕信息包括：（1）国务院期货监督管理机构以及其他相关部门正在制定或者尚未发布的对期货交易价格可能产生重大影响的政策、信息或者数据；（2）期货交易场所、期货结算机构作出的可能对期货交易价格产生重大影响的决定；（3）期货交易场所会员、交易者的资金和交易动向；（4）相关市场中的重大异常交易信息；（5）国务院期货监督管理机构规定的对期货交易价格有重大影响的其他信息。根据《期货和衍生品法》第15条规定：本法所称内幕信息的知情人，是指由于经营地位、管理地位、监督地位或者职务便利等，能

够接触或者获得内幕信息的单位和个人。期货交易的内幕信息的知情人包括：（1）期货经营机构、期货交易场所、期货结算机构、期货服务机构的有关人员；（2）国务院期货监督管理机构和其他有关部门的工作人员；（3）国务院期货监督管理机构规定的可以获取内幕信息的其他单位和个人。

从《期货和衍生品法》规定的期货内幕信息类型与范围进行分析，相对于《证券法》对股票市场内幕信息范围进行极为详尽的规定①而言，期货市场内幕信息范围界定明显粗糙且不够清晰：国务院期货监督管理机构、期货交易所制定的对期货交易价格具有重要影响的政策、规定、决定等显然属于期货内幕信息，但是，其他相关部门制定的对期货交易价格可能发生重大影响的政策中的“其他相关部门”如何理解？期货交易所会员、客户的资金和交易动向究竟涵盖哪些数据与指标？除了期货监管机构、期货交易所、相关部门的监管信息与期货交易信息之外，是否有必要、有能力细化列举其他类型的期货内幕信息从而适当控制期货监管机构在认定期货内幕信息问题上的裁量权？这些问题实际上都需要在期货行政法律法规中予以明确。同时，《期货和衍生品法》完全从期货内幕信息来源机构的角度界定信息范围亦不尽合理。基于期货交易品种的多样性，影响期货交易价格的重大信息跨越农产品、有色金属、债券、股票指数等众多类型的商品与基础资产现货市场及

① 《证券法》第80条规定：发生可能对上市公司、股票在国务院批准的其他全国性证券交易场所交易的公司的股票交易价格产生较大影响的重大事件，投资者尚未得知时，公司应当立即将有关该重大事件的情况向国务院证券监督管理机构和证券交易场所报送临时报告，并予公告，说明事件的起因、目前的状态和可能产生的法律后果。前款所称重大事件包括：（1）公司的经营方针和经营范围的重大变化；（2）公司的重大投资行为，公司在一年内购买、出售重大资产超过公司资产总额30%，或者公司营业用主要资产的抵押、质押、出售或者报废一次超过该资产的30%；（3）公司订立重要合同、提供重大担保或者从事关联交易，可能对公司的资产、负债、权益和经营成果产生重要影响；（4）公司发生重大债务和未能清偿到期重大债务的违约情况；（5）公司发生重大亏损或者重大损失；（6）公司生产经营的外部条件发生的重大变化；（7）公司的董事、1/3以上监事或者经理发生变动，董事长或者经理无法履行职责；（8）持有公司5%以上股份的股东或者实际控制人持有股份或者控制公司的情况发生较大变化，公司的实际控制人及其控制的其他企业从事与公司相同或者相似业务的情况发生较大变化；（9）公司分配股利、增资的计划，公司股权结构的重要变化，公司减资、合并、分立、解散及申请破产的决定，或者依法进入破产程序、被责令关闭；（10）涉及公司的重大诉讼、仲裁，股东大会、董事会决议被依法撤销或者宣告无效；（11）公司涉嫌犯罪被依法立案调查，公司的控股股东、实际控制人、董事、监事、高级管理人员涉嫌犯罪被依法采取强制措施；（12）国务院证券监督管理机构规定的其他事项。公司的控股股东或者实际控制人对重大事件的发生、进展产生较大影响的，应当及时将其知悉的有关情况书面告知公司，并配合公司履行信息披露义务。

其监管领域，以期货内幕信息核心内容为基础进行类型化规定实际上更符合法律规范明确性的现实要求。同理，《期货和衍生品法》对于内幕信息知情人员范围的界定同样是相对含混的。期货监管机构、期货交易所中基于职务能够接触期货内幕信息的工作人员显然属于期货内幕信息知情人员。但是，其他有关部门的工作人员中“有关”的范围也难以准确界定。

二、期货市场内幕交易法律规范的结构性障碍

期货市场内幕交易法律规范结构性障碍主要体现在：期货内幕交易与证券内幕交易界限模糊以及反内幕交易违法犯罪法律规范基本丧失独立性与针对性。

（一）期货内幕交易与证券内幕交易界限不清

2010 年 4 月，沪深 300 股指期货合约作为一种全新的金融期货交易品种，在中国金融期货交易所上市交易。金融期货重新成为我国期货市场中一项非常重要的交易品种，这标志着金融期货时代正式启航。沪深 300、中证 500、上证 50 等股指期货交易在丰富金融期货交易品种的同时，对期货市场内幕交易监管提出了全新挑战。尤其是对于期货内幕交易与证券内幕交易的规范界定而言，《证券法》与《期货交易管理条例》之间并没有进行有效的协调。纳入指数期货合约的挂钩证券品种的市场行情，直接决定了指数期货合约的市场价格。例如，对于沪深 300 指数期货合约的成分股而言，相关个股的市场价格具有重要影响的信息，构成《证券法》上的内幕信息。

但是，对于沪深 300 指数期货合约的市场价格而言，成分股的个股或者一组股票的市场价格具有相当的影响力，尤其是权重更大的股票。诸如此类因为证券市场与股指期货市场之间的价格联动，从而对于股指期货合约市场交易价格具有重大影响的信息，其基本定位是证券市场信息，但其具有期货市场影响力——其究竟构成证券内幕信息还是期货交易信息，仅从现有《期货交易管理条例》的相关条文进行分析难以得出有效的法律判断。其直接的后果就是股指期货等全新期货交易品种的推出导致期货内幕交易与证券内幕交易在现有的规范框架下存在界限不明的问题。

实践中如果出现以下情况：上市公司股票被纳入股指期货，并且该个股属于成分股中的权重股，该上市公司内幕信息的知情人员，在与该个股有关的重大未公开信息尚未披露之前，并未针对该股票有关的内幕信息实施交易行为或者建议他人从事交易的行为，却在股指期货市场中基于该证券市场信息实施期货合约交易。这种违规交易行为在金融实践中是完全可能存在的，但由于《证券法》《期货交易管理条例》均没有明确这种行为法律性质的具体归属，《刑法》又将证券与期货内幕交易犯罪行为统一规定为内幕交易罪，造成此类金融期货交易领域基于未公开信息违规交易的法律规制出现结构性紊乱。

（二）期货市场内幕交易独立性标准缺失

期货内幕交易与证券内幕交易的典型行为类型完全可以存在非常重大的差异。然而，《刑法》第180条不仅在一个条款中同时规定了证券市场与期货市场中的内幕交易犯罪行为，更是在构成要件层面设置了完全相同的规定（除了对象要件之外）。这就导致法律规范没有强调甚至完全没有反映期货市场、期货内幕交易行为的任何实质性特点。基于当时的证券、期货犯罪立法技术与能力，有关期货内幕交易犯罪模式的设计问题，刑法实际上是直接从证券内幕交易犯罪的行为模式简单复制而来，并没有针对期货市场、期货信息、期货交易、期货内幕交易的内容与结构进行具体的规定，更没有结合期货市场创新的变动与发展，及时调整期货立法。期货内幕交易犯罪刑法规范制定时的技术性缺陷很大程度上需要司法解释进行优化。但是，从当前我国证券、期货犯罪仅有的立案追诉标准而言，其对于证券内幕交易犯罪与期货内幕交易犯罪规定的定罪标准，基本上没有体现出任何针对期货内幕交易犯罪差异性特点进行制度设计的理念。

同时，根据2012年《内幕交易解释》第6条的规定，在内幕信息敏感期内从事或者明示、暗示他人从事或者泄露内幕信息导致他人从事与该内幕信息有关的证券、期货交易，具有下列情形之一的，应当认定为《刑法》第180条第1款规定的“情节严重”：（1）证券交易成交额在50万元以上的；（2）期货交易占用保证金数额在30万元以上的；（3）获利或者避免损失数额在15万元以上的；（4）3次以上的；（5）具有其他严重情节的。

从上述《最高人民检察院、公安部关于公安机关管辖的刑事案件立案追诉标准的规定（二）》与《内幕交易解释》的规定中我们可以看出：一方面，证券内幕交易与期货内幕交易在定罪标准上只有在“期货交易占用保证金”层面体现出了差异性，这反映出司法解释认识上的局限性，即认为证券交易与期货交易机制在本质上并无不同，能够归纳出的重大差异性特征只有期货交易保证金机制。另一方面，“占用保证金数额累计在100万元以上”，这一数额标准在内容上的合理性仍然存在极大的疑问。其金额设置明显过低，几乎不能适应期货市场的交易实际。更为重要的是，《最高人民检察院、公安部关于公安机关管辖的刑事案件立案追诉标准的规定（二）》与《内幕交易解释》完全没有考察期货市场内幕交易行为与证券市场的重大差异。事实上也正是期货内幕交易跨市场性的行为特征决定司法解释简单套用了证券内幕交易的规范框架，所以规制期货内幕交易在实践中很难起到现实效果。

第四节　期货市场内幕信息特征的全新解构

由于期货市场相关信息对于特定期货交易品种市场价格具有重大影响，在司法实务中对其进行界定具有一定障碍，加之期货市场信息效率程度明显高于证券市场，期货市场内幕信息的标准确立与司法实践认定规则确实存在一定的困难。一方面，金融实务中长期以来不乏期货市场几乎没有可能进行内幕交易的典型论断；[①] 另一方面，执法与司法实践中比较罕见期货市场内幕交易案件。所以，亟须在期货市场内幕信息的重大性、未公开性、内幕信息知情人员等层面进行更为深入、细致与有针对性的规则解析，并以此为核心建构对期货市场内幕交易相对完整与新颖的理解框架。

一、期货市场内幕信息的重大性

期货市场杠杆交易机制与指数信息市场影响力决定了内幕信息的判断规

---

① Commodity Futures Trading Commission Act of 1974: Hearings on H. R. 11955 Before the H. Comm. on Agric., 93d Cong. 183 (1974), at 183.

则必须紧扣期货市场信息独有特征并以此分析相关信息的价格影响与发生概率问题。

（一）价格影响

期货市场交易品种（尤其是商品期货）涉及非常复杂的现货市场情况并具有国际化属性，特定地区的供给变化（储量探测、气候变化、需求激增等）信息相对而言较难影响期货市场投资者的决策。例如，某上市公司在某省探测金矿储量的信息，对于黄金期货市场价格的影响可能较小，但可能会导致该上市公司股票市场价格大幅度上涨。再如，大宗商品现货生产商、交易商等所掌握的本企业旗下的商品生产、销售信息，影响期货市场价格或者期货市场交易者判断的可能性比较有限。但是，如果充分考虑到期货市场保证金交易的杠杆特性，特定期货市场未公开信息所引发的较小幅度价格波动，在杠杆交易放大交易利润与损失风险的作用下，实质上会对期货市场交易产生重大影响。因此，期货市场未公开信息的价格影响一般并不表现为绝对数值意义上的价格波动。

（二）发生概率

评估特定信息及其所对应的作用于相关期货品种价格影响的发生概率，在解释上具有相当的困难。因为有太多的因素不仅干扰了概率评估的准确性，而且影响相关期货品种的市场价格。但是，期货市场中有一类特定的信息对于特定重大事件的发生概率以及潜在的期货市场价格波动的重大影响具有相当的确定性——指数信息——能够接触到此类对于形成指数具有重大影响的信息并据此从事相关期货交易的市场参与者往往能够较大概率地获取交易利润。

指数是由编制机构汇总的、具有结果综合性的总和数据。编制机构通过对市场的调研、趋势的观察、交易的识别、数据的分析，将总体数据合成为一个具体的统计数值。这种统计数据对于所有市场都具有重要影响，但对于期货市场而言具有特殊的价值。[①] 有的指数具有影响特定期货交易品种市场价格的能力，如消费者信息指数可能影响股指期货。有的期货品种直接以相

① Gabriel Rauterberg & Andrew Verstein, *Index Theory: The Law, Promise and Failure of Financial Indices*, 30 Yale Journal on Regulation 101, 2013, p. 225.

关指数创指期货合约（美元指数期货、远洋运费指数期货等），获得价格指数或者与该指数形成有关的基础信息实际上就意味着掌握了期货合约价格。

指数编制机构或者与其有关的人员先于市场知悉指数报告，可以基于该信息从事期货交易，也可以出卖、泄露、建议他人从事相关期货交易。即使不是指数编制机构，对于指数形成提供重要数据来源的相关机构，具有观察、分析、辨识、推测指数的重要视角与基础数据，同样能够形成对于指数期货价格、关联期货合约价格的相对精准预判。诸如欧元期货等押注利率变动的重要金融工具均与伦敦银行间同业拆借利率（LIBOR）挂钩，该指数主要基于主要银行机构预期而进行估算。LIBOR 操纵案导致该指数被逐步淘汰之后，有抵押隔夜融资利率（SOFR）逐步取代其成为基准参考利率信号，SOFR 期货成为全新的利率市场风险对冲工具。SOFR 的计算数据基础源于包括经纪自营商、货币市场基金、资产管理公司、保险公司和养老基金在内的诸多金融机构的真实交易。但无论是预期估算还是基于真实交易数据的加权计算，指数及其关联数据影响指数期货或者关联期货品种的价格变动，是具有相当发生概率的重要因素，指数编制机构、基础数据信息提供机构及其从业人员基于此类重大未公开信息从事相关期货交易，均有必要在期货市场内幕交易的规制范畴中予以重点考察。

无论是与指数直接挂钩的期货合约、衍生品，还是与指数间接关联的金融商品，指数对于期货合约等金融商品的重大价格影响是显而易见的。实践中的难点在于如何界定对于指数形成、编制具有一定或者相当程度影响的构成性数据或者底层信息的重大性，即形成指数的子集数据在金融商品交易环节对于期货合约等产品的市场价格是否构成重要影响这一程度。市场指数的本质就是基于市场信息中的部分或者子集归纳、抽象为市场整体信息。考察基础数据或者底层信息对于指数形成或者编制的影响力，需要从数据范围、参与性、流动性角度进行多层次分析。

数据范围界定了指数的可信度与代表性。形成指数的数据范围越广，其可信度与代表性就越强。指数所选取的数据范围越窄，那么单个数据对于指数的影响力就越大。由此，掌握单个数据或者一组数据信息就有可能形成对指数整体的判断。

参与性主要是指纳入价格指数的买方、卖方范围。即使数据范围不大，但如果交易者范围或者参与性比较广泛，价格指数受到特定参与者的交易数据影响就相当有限。[①] 但如果只有相当一部分交易者的实际成交价格信息纳入价格指数的编制基础，那么这部分实际成交价格信息对于指数的影响就显得十分重要。货币市场中的利率指数、外汇指数等呈现出明显受到大型且特定银行报送数据影响的特征。银行间市场的开放性与透明度相对受限，非银机构固然在交易量层面占据了相当份额，但其交易数据几乎不直接纳入指数，形成指数的基础数据基本上源自少数头部银行之间的交易信息。根据美联储纽约银行关于外汇与利率市场的数据统计，四大头部银行处理了50%以上的交易量；前十大机构占据98%的市场交易份额。[②]

流动性主要是指纳入价格指数作为基础数据或者底层信息的交易量。如果纳入指数统计的总体交易量规模很大，相应地足以使特定的大额交易对市场价格并不构成显著影响时，特定信息提供者所掌握的基础数据，比如由其控制的交易量数据就不会对价格指数产生实质性影响，从而无法据此对与价格指数具有关联的期货合约等金融产品市场价格形成相对稳定的预判。

因此，对于编制或者形成指数的基础数据或者底层信息而言，如果指数的样本范围较小、参与者数量较少、交易量总规模较小，那么特定的基础数据或者底层数据对于价格指数的重要影响就会比较明显，获取此类数据或者信息的，可以认定为对于基于指数的期货合约以及其他金融商品市场价格具有重大影响。

二、期货市场内幕信息的未公开性

理论上一种非常典型的观点是，内幕信息对于期货市场而言是一个非常宽泛且模糊的概念，因为期货市场积聚的更多是可以自由获取的市场公开信

---

① Craig Pirrong, *Energy Market Manipulation: Definition, Diagnosis, and Deterrence*, 31 Energy Law Journal 1, 2001, p. 6.

② Federal Reserve Bank of New York, *The Foreign Exchange and Interest Rate Derivatives Markets: Turnover in the United States*, April 2013, p. 6, https://www.newyorkfed.org/medialibrary/media/markets/pdf/2013triennialreport.pdf?la=en.

息而非未公开信息。[①] 然而，期货市场大量信息可以通过公开渠道获取并不意味着期货市场中的信息都具有公开性。酒类、食品、超市等生产消费型上市企业的货运物流信息可以通过公开渠道进行观测，但上市公司内部人员在会议中获取此类物流信息并据此分析季度财务数据变化，进而实施相关上市公司股票交易，显然具有被评价为基于重大未公开信息进行证券交易的风险。同理，农作物生产情况可以通过卫星公开收集并进行数据分析，但这种通过投入大量成本获取的数据信息具有非公开性。因此，不能否定期货市场重大未公开信息的广泛存在及其经济价值。

在期货市场中的部分重要环节，市场参与者持有重大未公开信息并非基于不应当纳入规制的竞争性优势，而是基于予以监管的信息不对称。

（一）未公开的交易所规则的改变、临时性交易安排、决定等信息

期货交易所规则、临时性结算安排等规则均为保密信息，且对于相关期货交易品种市场价格波动具有重大影响。上述信息基本上可以纳入期货交易所“决定”的范畴进行保密并进行内幕交易风险防控。

（二）未公开的主管部门以及相关政府部门的决策、决定、研究等信息

政府决策信息原则上已经纳入了国务院期货监督管理机构以及其他相关部门制定的对期货交易价格可能发生重大影响的“政策”范畴予以监管，但应当关注到重要的政府研究报告实际上对于期货市场同样具有重大影响且具有未公开性。

（三）未公开的期货经纪商的客户交易数据等信息

无论是个别客户的大额资金、持仓变动，还是总体订单数据流，这些仅由特定期货经纪商在服务过程中获取的信息，在相关期货交易中都具有相当的经济价值。在《证券法》[②]、《刑法》以及利用未公开信息交易犯罪司

---

① Jerry W. Markham, “*Front – Running*” – *Insider Trading Under the Commodity Exchange Act*, 38 Catholic University Law Review 69, 1988, p. 88.

② 《证券法》第 54 条第 1 款规定：禁止证券交易场所、证券公司、证券登记结算机构、证券服务机构和其他金融机构的从业人员、有关监管部门或者行业协会的工作人员，利用因职务便利获取的内幕信息以外的其他未公开的信息，违反规定，从事与该信息相关的证券交易活动，或者明示、暗示他人从事相关交易活动。

法解释[①]以及当前的《期货交易管理条例》框架下，证券领域的此类行为受到利用未公开信息交易的规制；期货领域的此类行为似乎应当受到刑法规制，但并没有明确的规则依据；《期货交易管理条例》并未从法规的前置性规范角度确立此种行为明确构成期货市场内幕交易。

（四）未公开的指数信息

大宗商品价格指数影响相应的大宗商品期货合约价格；特定期货合约直接基于相关指数而发行；股指期货合约价格相当程度上区别于高权重成分股价格。指数编制机构、重大数据提供单位、高权重机构及其从业人员等均能够远远早于市场知悉此类未公开信息。编制指数的计算时间、发布时间通常明显滞后于底层信息或者样本数据报送时间，部分样本数据提供者基于其知悉或者执行大额交易的优势地位，在一定程度上能够对即将发布的指数信息进行预估。如果其从事相关指数期货、衍生品交易，大额交易者或者大额交易数据提供者相对于潜在的对冲交易者或者整个期货、衍生品市场而言具备显著的起步领先优势。一项关于汇率市场信息交易的优势与获利水平的研究显示，部分银行能够基于自身的规模交易至少于汇率指数发布之前60分钟预判主要货币价格，这种接近汇率指数形成机制的信息交易者的交易利润水平显著高于外部的非信息交易者。[②] 需要注意的是，基础数据或者底层信息的公开性并不直接等同于指数信息的公开性。指数编制所依托的多个基础数据或者底层信息可能本身具有公开性，或者可以通过公开渠道获悉。指数的编制、设计、运作等具有非常复杂的内在机制，获取基础数据本身并不意味着对于指数信息具有知悉能力。可见，纳入指数编制的基础数据与底层信息的全面统合权限定于指数编制机构，指数信息的这种特殊的未公开性派生出了特定知情人员的信息优势与保密义务。

---

① 2019年《利用未公开信息交易解释》第1条规定：《刑法》第180条第4款规定的“内幕信息以外的其他未公开的信息”，包括下列信息：（1）证券、期货的投资决策、交易执行信息；（2）证券持仓数量及变化、资金数量及变化、交易动向信息；（3）其他可能影响证券、期货交易活动的信息。可见，客户的期货持仓数量、资金数量等数据信息并没有明确界定为重大未公开信息，但也没有完全排除在“其他可能影响证券、期货交易活动的信息”范围之外。

② Bettina Peirs, Informed Traders, *Intervention, and Price Leadership: A Deeper View of the Microstructure of the Foreign Exchange Market*, 52 Journal of Finance 1589, 1610－1613 (1997).

（五）未公开的大宗商品、仓储物流企业信息

现货市场中的超大型大宗商品生产、销售、消费企业及其控股股东、实际控制人具有单纯期货市场交易者不能企及的信息优势。如果说大宗商品企业更多地是利用信息优势进行套期保值，那么收购大宗商品企业的金融控股公司则可能利用现货市场中的信息优势攫取期货市场中的巨额交易利润——金融机构收购超大型大宗商品仓储企业所掌握的货物进出仓库数据、货物持有权益结构等，若将此类信息应用于商品期货交易策略，具有明显超越普通市场参与者与交易对手方的不公平信息优势。最为典型的案例就是高盛收购全球最主要的商品仓储公司之一麦德龙国际交易服务公司（Metro International Trade Services）——根据美国参议院调查委员会关于华尔街银行参与现货商品市场情况的调查报告，在被高盛收购之后，麦德龙国际交易服务公司囤积了伦敦金属交易所担保交易铝的85%，并在其实际控制的仓储公司中反复运输铝。在该仓储公司运作影响铝供应、仓储成本和价格的同时，母公司高盛参与大量的铝交易，推高铝的价格，使汽车制造商等铝制品消费机构支付更高的费用。同时，高盛雇员知悉麦德龙国际交易服务公司相关铝仓库保密信息，导致信息防火墙失控。[1]

三、期货市场内幕信息知情人员的义务来源与内容

期货市场风险对冲的金融功能与市场参与者的现实对冲需求一直是限制期货市场内幕交易监管的重要依据。理论上有观点认为，期货与衍生品市场的风险对冲功能决定了内幕交易法律条款不能适用于套期保值交易。[2] 期货市场中的特定未公开信息确实能够对期货合约价格产生重大影响，同时也不可能在市场中形成交易者的平等接触。现货市场中的交易者本身就要利用其在现货市场中的交易信息在期货市场中建仓从而对冲其现货市场中的交易风险，将这种基于重大未公开信息所从事的期货合约交易认定为内幕交易显然

---

① U. S. Senate, Permanent Subcomm. on Investigations, Majority and Minority Staff Report on Wall Street Bank Involvement with Physical Commodities 10（2014）.

② Thomas A. Russo & Marlisa Vinciguerra, *Financial Innovation and Uncertain Regulation: Selected Issues Regarding New Product Development*, 69 Texas Law Review 1431, 1991, p. 1494.

会损害期货市场的风险转移机制。以期货市场风险对冲功能否认期货市场内幕交易的监管必要性存在重大的理论与实践误区。这种误解的最主要原因在于，期货市场内幕信息知情人员义务内容及其与证券市场相应问题之间的差异，在法律解释上存有一定模糊，亟须通过期货市场内幕信息知情人员的义务来源及其内容进行论证。

（一）并无戒绝交易义务的期货市场重大未公开信息知情主体

现行证券监管法律框架规制证券市场内幕信息知情人员从事内幕交易的本质是禁止职务或者业务上的义务违背，而大宗商品交易商利用跨市场的信息联动机制，基于其在实体经济中的市场地位与经营行为掌握的现货市场中的重大未公开信息从事相关期货合约交易，并无违背职责或者业务上的义务问题。

这种正常的期货市场风险对冲交易本身就不属于内幕交易，从逻辑上分析，也就不存在以风险对冲为由整体否定期货市场内幕交易监管必要性的客观基础。具体而言，根据《证券法》第51条①关于证券交易内幕信息的知情人的明确规定，证券市场内幕交易监管必要性，主要是源自法定监管职责、发行人内部管理职责、与发行人有关的外部服务职责或者业务所派生的禁止基于重大未公开信息从事相关证券交易的义务。相应地，在期货市场内幕交易监管中采取相同的标准，即禁止违背职责或者业务义务而基于重大未公开信息从事相关期货合约交易，例如，禁止大宗商品交易商中的工作人员利用该交易商掌握的现货市场中的重大未公开信息，从事相关的商品期货合约交易——这并不会妨碍期货市场对冲风险基本功能的发挥。大宗商品交易

① 《证券法》第51条规定：证券交易内幕信息的知情人包括：(1) 发行人及其董事、监事、高级管理人员；(2) 持有公司5%以上股份的股东及其董事、监事、高级管理人员，公司的实际控制人及其董事、监事、高级管理人员；(3) 发行人控股或者实际控制的公司及其董事、监事、高级管理人员；(4) 由于所任公司职务或者因与公司业务往来可以获取公司有关内幕信息的人员；(5) 上市公司收购人或者重大资产交易方及其控股股东、实际控制人、董事、监事和高级管理人员；(6) 因职务、工作可以获取内幕信息的证券交易场所、证券公司、证券登记结算机构、证券服务机构的有关人员；(7) 因职责、工作可以获取内幕信息的证券监督管理机构工作人员；(8) 因法定职责对证券的发行、交易或者对上市公司及其收购、重大资产交易进行管理可以获取内幕信息的有关主管部门、监管机构的工作人员；(9) 国务院证券监督管理机构规定的可以获取内幕信息的其他人员。

商自行利用本公司运营过程中掌握的现货市场中的重大未公开信息、交易数据等从事相关期货合约交易，并不存在也没有违背任何职责或者业务上的义务，因此，这种对冲交易实际上并未受到期货市场内幕交易监管的限制。

（二）具有戒绝交易义务的期货市场内幕信息知情人员及其义务实质内涵

期货市场中相关重大未公开信息的知情人员，同证券市场内幕交易监管法律规则所设定的义务实质一样，也存在基于职责或者业务上的戒绝交易义务。

在证券市场中，上市公司中的董事、监事、经理以及相关高级管理人员对于股东应当承担信义义务，上述人员知悉上市公司重大未公开信息的，禁止滥用信息从事与上市公司证券有关的自利交易。[①] 这确实是证券市场内幕交易禁止的标准场景——就股票交易而言，因为内幕交易者不是从现有股东受让股票，就是向将要成为股东的交易者转让股票，但这并非禁止内幕交易的所有义务来源。基于职务或者业务对于证券内幕信息来源（上市公司、监管机构等）承担保密义务的相关监管人员、中介人员等，禁止基于重大未公开信息从事相关证券交易。同时，股票期权交易[②]、债券交易[③]中同样禁止内

---

① William K. S. Wang, *Stock Market Insider Trading: Victims, Violators and Remedies – Including an Analogy to Fraud in the Sale of a Used Car with a Generic Defect*, 45 Villanova Law Review 27, 2000, p. 46.

② 中国证券监督管理委员会《股票期权交易试点管理办法》第3条规定：从事股票期权交易活动，应当遵循公开、公平、公正和诚实信用的原则。禁止欺诈、内幕交易、操纵股票期权市场以及利用股票期权交易从事跨市场操纵、内幕交易等违法行为。

③ 《证券法》第81条规定：发生可能对上市交易公司债券的交易价格产生较大影响的重大事件，投资者尚未得知时，公司应当立即将有关该重大事件的情况向国务院证券监督管理机构和证券交易场所报送临时报告，并予公告，说明事件的起因、目前的状态和可能产生的法律后果。该条所称重大事件包括：（1）公司股权结构或者生产经营状况发生重大变化；（2）公司债券信用评级发生变化；（3）公司重大资产抵押、质押、出售、转让、报废；（4）公司发生未能清偿到期债务的情况；（5）公司新增借款或者对外提供担保超过上年末净资产的20%；（6）公司放弃债权或者财产超过上年末净资产的10%；（7）公司发生超过上年末净资产10%的重大损失；（8）公司分配股利，作出减资、合并、分立、解散及申请破产的决定，或者依法进入破产程序、被责令关闭；（9）涉及公司的重大诉讼、仲裁；（10）公司涉嫌犯罪被依法立案调查，公司的控股股东、实际控制人、董事、监事、高级管理人员涉嫌犯罪被依法采取强制措施；（11）国务院证券监督管理机构规定的其他事项。

幕交易，但这种法律禁止的本质并非基于上市公司内部管理人员对于股东所承担的信义义务。所以，期货市场中存在相同的基于对职务、职责或者业务上的义务违反而利用重大未公开信息从事相关期货合约的交易，同样应当认定为内幕交易违法犯罪行为。例如，某有色金属生产商系一家上市公司，该公司内部知情人员利用该公司的重大未公开信息（巨量矿产探测数据）买卖该上市公司股票、股票期权、债券等显然构成证券市场内幕交易，如果其利用该信息买卖相关有色金属期货合约，同样也构成期货市场内幕交易。

第五节　期货市场内幕交易犯罪法律规制与刑事法律风险控制

上述关于期货内幕交易行为特征以及现有法律规范对期货内幕交易规制缺陷的分析，清晰地反映出现行《期货交易管理条例》实际上无法承担期货市场内幕交易的重任。这也是我国期货市场内幕交易执法、司法实践中至今没有查处一起期货内幕交易违法犯罪案件的法律制度根源。同时，对于期货市场内幕信息的核心特征及其判断规则的理论阐释也为进一步完善执法、司法规则提供了有益探索与参考。因此，期货法立法探索与实践有必要针对期货内幕交易的特点进行期货市场内幕交易法律规范的建构与优化。相应地，期货市场内幕交易犯罪刑事合规也需要进行针对性的应对与准备。

一、证券与期货的界限

现有法律规范之所以无法确认跨越证券与期货市场的内幕交易行为究竟属于证券还是期货内幕交易违法犯罪行为，最根本的原因在于我国证券、期货行政法律法规对于证券与期货的界限规定不甚明确。根据修订后《证券法》第 2 条的规定，在中华人民共和国境内，股票、公司债券、存托凭证和国务院依法认定的其他证券的发行和交易，适用本法；本法未规定的，适用

《公司法》和其他法律、行政法规的规定。政府债券、证券投资基金份额的上市交易，适用本法；其他法律、行政法规另有规定的，适用其规定。资产支持证券、资产管理产品发行、交易的管理办法，由国务院依照本法的原则规定。根据《期货交易管理条例》第2条的规定，期货包括商品和金融期货合约、期权合约等。

修订后的《证券法》删去了“证券衍生品种发行、交易的管理办法，由国务院依照本法的原则规定”的规范表述，证券衍生品并未明确受到《证券法》监管。从《证券法》修订过程中的立法意见来看，证券衍生品分为证券型（如权证）和契约型（如股指期货）。证券型品种可作为国务院依法认定的其他证券，可以直接适用《证券法》；而契约型品种可适用期货交易管理条例，将来可纳入期货法调整，可不再授权国务院规定。但证券型和契约型衍生产品的界定，在现行法律与监管实践中均没有明确规则。由此可以看到，对于债券期货（期权）、股票期货（期权）、股指期货等金融产品而言，既可以认为其属于证券衍生品，也可以认为其属于金融期货（期权）合约，从而导致证券与期货的界限模糊。由于我国证券与期货的监管职能均由中国证券监督管理委员会承担，这种界限模糊并不会导致行政监管的紊乱，但是，对于跨越证券与期货市场的内幕交易违法犯罪行为而言，则难以在法律上界定其行为性质。解决该问题的路径显然在于通过期货法的制定明确证券与期货的规范界限。

从美国、日本等成熟资本市场的相关法律规范来看，各国以不同的监管框架监管基于证券的期货、期权以及衍生品。SEC在证券衍生品上的监管权限仅限于证券期权；宽基证券指数期货与期货期权由CFTC监管；个股期货以及窄基证券指数期货由SEC和CFTC共同监管。日本《金融商品交易法》则将各类股票、债券以及证券期权、资产抵押证券等衍生品统一规定为证券。[①] 因此，对于跨越证券市场与期货市场的内幕交易行为，相对合理的方式是以金融产品的属性确定行为性质与监管机构。从我国当前的金融市场规

---

① 金融商品取引法（きんゆうしょうひんとりひきほう、昭和23年4月13日法律第25号）第二条この法律において「有価証券」とは、次に掲げるものをいう。

范架构以及最新的《证券法》规定来看，将基于证券的衍生品种经由《期货和衍生品法》纳入期货市场监管显得更为合理。相应地，将利用与证券期货（期权）相关的重大未公开信息从事交易规定为期货市场内幕交易，更有利于基于跨市场的视角相对全面地进行反内幕交易监管。

二、期货内幕信息的类型

相对于证券内幕信息的具体类型具有规范明确且详细的界定而言，期货内幕信息范围的法律规定显然极为简单与粗陋。因此，需要对期货市场的内幕信息具体法律类型进行更为丰富和完善的界定，对严重损害期货市场效率的内幕信息类型设置精细化的明示性规范，提升法律规定的明确化程度，从信息效率保护的角度加强对期货市场内幕交易的惩治与预防。

有必要将下列对期货交易品种市场价格具有重大影响的未公开信息，规定为期货内幕信息。

（一）期货交易数据信息

交易所、交易结算中心、期货经纪公司等期货行业机构中的未公开交易业务数据、技术数据等信息。例如，在期货交易中，期货交易所将即时行情信息、成交概况、持仓信息、期货合约交易量排名、会员交易排名等基本数据信息予以公开，但是，期货交易所、期货经纪公司等均按照严格的信息数据管理制度对于客户的持仓、建仓、仓位变动、资金流动等具体数据等进行保密。此类未公开交易业务数据中对期货交易价格有重大影响的信息，应当明确地规定为期货内幕信息。

（二）期货机构经营信息

证券公司、期货公司以及各类金融投资机构在从事期货自营业务、期货交易业务、资产管理业务、投资咨询业务等过程中形成的经营性信息。例如，证券公司在利用自有资金从事股指期货自营业务时，证券公司自营业务账户动态、交易席位情况、自营业务规模、资产配置决策等经营过程中形成的信息，实际上对于该信息所指向的股指期货合约供求关系具有实质性影响，此类信息按照证监会有关证券、期货公司业务风险管理指引的规定必须采取信息保密措施进行信息风险控制，符合期货内幕信息价格敏感性与未公开性的特征，应当明确规定为期货内幕信息。同时，还应当看到，当前我国期货公司自营业务基于监管力度大、风险抵抗弱、交易机制不灵活等因素而长期处于停滞状态，但是，随着期货行业不断发展、期货监管有针对性放开、期货做市交易机制逐渐成形，各类商品期货、金融期货、期权等自营业务的规模会逐渐扩大，未公开的自营业务信息数据对于期货交易价格的影响程度与范围将会越发明显，期货法律应当在期货内幕信息类型界定层面进行前瞻性的规定。

（三）期货市场综合性信息

其是指商业银行、保险公司、信托公司等金融机构以及全国性和地方性社会保险基金管理机构在从事与期货投资相关的经营活动中形成的投资决策、资金动向数据、投资咨询等综合性信息。例如，商业银行中间业务包括了金融期货交易业务、期货投资分析业务、基金托管业务等与期货交易相关的业务，其中涵盖了大量影响期货交易价格的决策信息、数据信息、咨询信息等。这种处于未公开状态的综合性信息同样应当明确地规定为期货内幕信息。

（四）期货监管信息

其是指证券业、基金业、期货业、保险业、银行业、信托业等金融监管部门以及与金融相关的政府机构、行业协会在行政执法与行业管理中形成的执法监管信息、政策信息、经济态势数据信息以及行业管理信息等。例如，中国人民银行调整利率、存款准备金率，或者国家统计局定期公布的消费物价指数（CPI）、采购经理指数（PMI）等信息，此类对于股指期货、债券期货等金融期货以及特定商品期货合约的交易价格具有极为重要影响的行政部门政策信息与数据信息在公布之前均严格按照国家保密法律规定执行信息数据保密，应当明确地规定为期货内幕信息。

（五）行业统计信息

其是指农业、有色金属行业、能源业等大宗商品主管部门、行业协会等在行政执法与行业监管中形成的执法监管信息、政策信息、数据信息等。例如，中国有色金属工业协会、中国农产品市场协会等行业协会，其主要职责包括了根据政府主管部门的授权与委托，开展行业数据统计调查、采集、整理、加工及分析行业信息。此类行业信息准确反映了有色金属、农产品等供求基本面，对于我国期货市场中铜、锌、棉花、白糖等大宗商品期货交易价格具有重要影响。对于尚且处于未公开状态下的上述信息，应当规定为期货内幕信息。

（六）价格指数信息

在服务业领域，各种有效的价格指数及其衍生期货产品对于行业参与者的风险管理具有重要作用。例如，航运业是典型的重资产、高风险行业，需要有效的价格风险管理工具。过去10年上海出口集装箱运价指数平均年化波动率超过了40%，上海至欧洲航线的平均年化波动率更是超过了100%。集装箱运输市场传统的规避价格波动风险的方式主要是签订长期协议，难以满足企业风险管理需求。目前，境外航运衍生品大致包括场外的远期运费协议（FFA）和场内的交易所产品两类，但总体成交规模都不大，并且主要集中在干散货和油轮运输领域，集装箱运输市场缺乏避险工具。基于此，上海期货交易所（以下简称上期所）和上海航运交易所签署了战略合作框架协议，共同致力于航运指数期货产品的开发，产品的标的是上海航运交易所发布的上海出口集装箱运价指数。上期所开发的集装箱运价指数期货的立项申请已经获得中国证监会的批复同意。上期所将首先考虑推出上海出口集装箱运价指数上海至欧洲航线的期货合约，产品将考虑以人民币计价、现金交割的模式，引入境内外交易者。[①] 在集装箱运价指数的形成与变动过程中，交易所、指数编制委员会、基础数据采集来源单位、海关等监管机构等均有可能参与形成、接触对指数具有重要影响的信息。因此，有必要考虑将以下信息纳入运价指数期货市场内幕信息范围：（1）上海航交所编制标的指数的基础数据、

① 王宁：《上期所：集装箱运价指数期货已立项》，载证券日报网，http：//www.zqrb.cn/money/qihuo/2019－11－28/A1574945918341.html。

指数监管数据、技术分析数据、与应急发布指数有关的数据。（2）指数编制委员会的报送运价信息、变动趋势或变动值。（3）航运企业中对于标的指数编制具有影响的信息，如价格变动公告、价格变动预期、停航信息以及其他重大经营数据信息。（4）海关监管或者港口服务中对于标的指数具有影响的信息，如重要航线、班次、舱单信息等。

三、期货内幕信息知情人员

由于我国期货市场运行机制正处于不断完善的阶段，期货交易与期货监管体系相对复杂，导致期货从业人员与监管机构工作人员的主体定位、辨识、认定等存在一定的模糊与凌乱。有必要通过期货法律规范明确期货内幕信息知情人员的主体范围，从而合理控制期货内幕信息与准确定位期货内幕交易违法犯罪的行为主体。

（一）期货市场内幕信息知情人员范围界定原则

期货交易跨越品种繁多的商品现货市场、证券现货市场、期货市场的特点决定了法律界定期货内幕信息知情人员范围原则上应当“从宽”而非“从窄”。

以美国期货内幕交易法律规制为例，期货内幕信息知情人员的范围界定实际上是相当宽泛的。美国主要以《商品交易法》为核心建构期货内幕交易法律规制体系。《商品交易法》自1936年施行起历经多次修改，2010年美国金融改革法案对期货交易环节的内幕交易违法犯罪作出最新修正：（1）禁止联邦政府部门及其雇员利用职务便利获取的能够影响州际商品期货、互换交易价格的未公开信息，从事相关商品期货、期权或者互换交易；（2）禁止联邦政府部门及其雇员以协助他人获取个人利益为目的，向他人泄露其利用职务便利能够获取的影响州际商品期货、互换交易价格的未公开信息；（3）禁止在明知联邦政府部门及其雇员泄露影响州际商品期货、互换交易价格的未公开信息的情况下，从事相关商品期货、期权或者互换交易；禁止盗窃、传播、私用联邦政府部门及其雇员掌握或者制作的影响州际商品期货、互换交易价格的未公开信息。[①]

同时，根据美国《商品交易法》第13（c）条至第13（e）条的规定，商品期货交易委员会委员、员工或者代理人，不得使用未公开信息直接或者间接参与以下交易：（1）期货交易；（2）任何具有期货或者期权性质的交易；（3）任何以交付商品为标的的标准化合约，例如，通过保证金账户、保证金合约、杠杆操作账户等形式出现的标准化商品交易合约；（4）经商品期货交易委员会认定的与标准化合约具有相同作用，或者以标准化合约大致相同方式销售或管理的合约、账户、安排、计划或设计等交易；（5）商品期货交易委员会规章等文件明确禁止的任何形式的商品交易。[②] 禁止商品交易委员会委员、员工或者代理人，基于职务或者雇佣关系获知影响或者可能影响期货或商品交易价格且尚未公开的重大信息，并以此直接或者间接协助他人从事相关期货交易。禁止任何人利用通过上述渠道获取的信息从事相关交易。[③] 禁止任何注册的期货经营机构、期货协会及其工作人员，利用职务上或者上述渠道获取的影响或可能影响期货或商品交易价格且尚未公开的重大信息，从事相关交易。[④] 违反上述禁止性规定构成联邦重罪，处50万美元以下罚金，或者5年以下监禁，或者两者并处。同时，构成犯罪的，应当另行承担所有起诉费用。可见，作为全球最发达且成熟的美国期货市场法律监管体系，其深刻地认识到，与期货交易有关的内幕信息不仅涉及期货监管，而且覆盖各类商品、证券以及其他金融领域的监管。有鉴于此，我国期货法律规范对此问题有必要予以充分关注，尽可能地将所有涉及重大且未公开期货交易信息的知情人员纳入监管的范围。

（二）监管人员、行业协会人员

期货法律规范应当对“有关”部门工作人员构成期货内幕信息知情人员的范围进行明确的界定。

现行《期货交易管理条例》规定“有关”部门工作人员经国务院监管机

---

① 7 U. S. C. § 6c（A）.

② 7 USC § 13（c）Transactions by Commissioners and Commission employees prohibited.

③ 7 USC § 13（d）Use of information by Commissioners and Commission employees prohibited.

④ 7 USC § 13（e）Insider trading prohibited.

构的认定可以构成期货内幕信息知情人员。但是，“有关”的含义过于模糊与随意，在制定期货法时应当明确“有关”所指向的具体范围。“有关”部门工作人员构成期货内幕信息知情人员应当包括两方面的内容：

一是有关监管部门工作人员的界定。有关监管部门显然包括直接负责金融监管职能的机构，主要是中国人民银行、证监会、银保监会及其各地派出机构。由于我国金融行业具有多头监管的特点，其他承担部分金融监管职能的部委也应当属于有关监管部门。例如，财政部金融司的职责范围涵盖：承担财政政策与货币政策、金融监管、金融体制改革协调配合相关工作；拟订国有金融资本管理规章制度，承担中央国有金融资本出资人相关工作；承担金融方面的部门预算有关工作，拟订金融类企业和金融管理部门财务制度；拟订政策性金融、普惠金融有关政策；承担政府外债有关管理工作；会同有关方面拟订全国社会保障基金投资管理等办法；拟订公共服务领域政府和社会资本合作制度。[①] 上述金融监管职责不仅直接影响金融政策进而作用于期货市场（尤其是利率期货），而且涉及相关金融机构资产配置信息，相关工作人员利用此类政策信息与监管信息，可以从事相关期货交易谋取个人利益。因此，发改委、财政部、审计署及其派出机构等承担部分金融监管职能的机构及其工作人员，也应当规定为期货内幕交易违法犯罪中的“有关”监管部门及其工作人员。

根据法律法规的规定不具有金融监管职能的行政机构工作人员不能当然地排除在期货内幕信息知情人员之外。因为“有关”并不是指监管机构与期货监管之间的关联性，其本质上代表的是监管机构所承担的监管职责与期货交易价格之间的相关性。没有金融监管职能的行政机构也可能通过行政监管行为直接影响证券、期货产品的交易价格。例如，某个以黄金矿产开发为主业的上市公司因为环境违法行为被环境主管部门责令停产，由于该公司的黄金矿产开发量对于国内黄金现货供求关系具有重要影响，而国内黄金期货合约交易价格又与现货市场紧密挂钩。故环境保护执法机构的执法信息对于黄

---

① 《财政部职能配置、内设机构和人员编制规定》，载中央机构编制网，http：//www. scopsr. gov. cn/jgbzdt/gg/201903/t20190318_361591. html。

金期货合约交易价格也会产生重要影响。所以，不具备金融监管职责的行政机构的执法信息同样能够对期货市场价格产生重大影响，在执法信息未公开前利用此类监管信息从事期货交易，具有相当严重的社会危害性。

所以，对期货内幕交易违法犯罪中“有关”监管部门工作人员的范围进行规定，不能将之简单等同于与金融监管有关的行政机构，而应当以一种开放性的视角分析相关行政机构的具体监管职责与行政行为是否能够实质上影响特定期货产品的交易价格。行政机构及其工作人员行使具体监管职能对特定期货交易走向产生实际作用与影响效果的，应将此类主体规定为期货内幕信息知情人员。

二是有关行业协会工作人员的确定。中国证券业、期货业、保险业、银行业、信托业协会及其地区性协会等属于接受金融主管部门监督管理与业务指导的自律性金融行业协会，根据行政法规、金融主管部门的规章及规范性文件，主要负责各类金融信息的收集、管理与交流，对金融机构会员进行管理、监督、检查及服务。上述行业协会工作人员显然应当明确地规定为期货内幕信息知情人员。同时，期货法律规范不能忽略无法归类于金融领域的行业协会。虽然有的行业协会的会员均非金融机构，其主管单位亦非金融监管机构，但其在履行行业自律性监管职能过程中掌握大量与期货交易市场（特别是商品期货市场）具有密切关系的行业信息。此类行业协会中的工作人员，在决定大宗商品期货交易价格变动的行业信息处于保密阶段时，利用行业信息优势从事私利交易或者违规抢先将信息提供给他人，也应依据期货市场内幕交易条款追究其行政、刑事责任。所以，自律管理中掌握金融产品交易价格关联信息的非金融领域行业协会工作人员，应当规定为期货内幕信息知情人员。

四、期货市场内幕交易与利用未公开信息交易

期货市场中存在各类金融机构或者大宗商品交易商中的工作人员基于其职务行为获取的期货市场重大未公开信息从事相关期货合约交易的风险。但由于我国不仅分别通过《证券法》和《期货交易管理条例》监管证券与期货市场中基于重大未公开信息从事相关交易的行为，并且根据《证券法》《刑

法》的具体规定细分内幕交易与利用未公开信息交易，这就在期货市场监管中出现了内幕交易与利用未公开信息交易法律界限的认定困难问题，亟须廓清规范边界。

根据《利用未公开信息交易解释》第1条的规定，《刑法》第180条第4款规定的“内幕信息以外的其他未公开的信息”，包括下列信息：（1）证券、期货的投资决策、交易执行信息；（2）证券持仓数量及变化、资金数量及变化、交易动向信息；（3）其他可能影响证券、期货交易活动的信息。据此，实践中有观点认为，证券交易所、期货交易所、证券公司、期货经纪公司、基金管理公司、商业银行、保险公司等金融机构的从业人员以及有关监管部门或者行业协会的工作人员，如果利用本机构或者部门的期货投资决策信息、交易执行信息、期货合约持仓信息、资金信息、交易动向等信息，从事相关期货合约交易的，应当认定为利用未公开信息交易。因为本机构或者本机构客户的期货合约持仓信息、资金信息、交易动向等信息，尽管被《利用未公开信息交易解释》第1条第2项“证券持仓数量及变化、资金数量及变化、交易动向信息”排除在外，但本质上符合“其他可能影响期货交易活动的信息”，故相关金融机构或者监管机构中的人员利用此类信息从事相关期货合约交易的，属于期货市场中的利用未公开信息交易而非内幕交易。

但是，也有不同意见认为，内幕信息是指可能对期货交易价格产生重大影响的尚未公开的信息，包括期货交易所会员、客户的资金和交易动向等重要信息。因此，由于任职可获取内幕信息的从业人员或者监管人员，利用金融机构或大宗商品交易商，或者其客户的持仓信息、资金信息、交易动向等信息，应当构成期货市场内幕交易而非利用未公开信息交易。

厘清期货市场内幕交易与利用未公开信息交易规范界限的逻辑起点在于明确这两种期货市场违法犯罪行为在构成要件上的决定性要素——究竟是对象要素（信息）还是主体要素（知情人员）界定了期货市场内幕交易与利用未公开信息交易之间的实质性差异。对此，应当看到，显然是未公开信息在实质上的差异决定了期货市场内幕交易与利用未公开信息交易的区别。同样是金融机构（基金管理公司）从业人员，其利用职务上的便利获得了本机构受投资者委托管理的基金投资于特定期货合约的未公开投资决策信息，先期或者同期从事相关期货合约交易，构成期货市场利用未公开信息交易；其利用职务上的便利获取的本机构自营业务中的持仓信息、资金信息、交易动向等未公开信息，从事相关期货合约交易，构成内幕交易。期货市场中的内幕信息与其他重大未公开信息之间的界分规则如下。

（一）内幕信息与其他重大未公开信息的规范实质

期货市场中的内幕信息与其他重大未公开信息在法律规范的解释上存在明显的区别。期货市场内幕信息是对期货交易价格产生重大影响的未公开信息；而期货市场中的其他重大未公开信息是影响期货交易活动的未公开信息。前者强调信息对于期货合约交易价格的直接作用，呈现出信息与金融商品价格之间的关联；后者侧重信息对于期货合约交易活动的实质影响，体现出信息与金融市场行为之间的关联。诸如资产管理公司在期货市场中的投资决策信息、金融机构所服务的客户的交易信息等，实际上并无证据证明其能够直接作用于期货合约市场价格并产生法规所明确要求的重大影响。此类信息如果被市场中的一般交易者所知悉，其可能影响交易者的判断与交易活动，因此，本质上应当是能够影响期货交易活动而非期货市场交易价格的信息。

（二）内幕信息与其他重大未公开信息的金融实质

期货市场中的内幕交易与利用未公开信息交易的金融机理，均表现为特定交易者滥用重大未公开信息的经济价值、实现个人经济利润或者风险转移以及损害其他市场参与者利益。这种基于期货市场重大未公开信息的运作方式及其经济本质，反映在法律本质层面，就是通过信息的性质差异与机理差异界定内幕交易与利用未公开信息交易的量化区别。

从信息价值的角度分析，期货市场内幕信息是与期货合约有关的、对该金融商品市场价格波动具有重大影响的未公开信息。对于金融机构、大宗商品交易商等市场机构中生成的重大未公开信息而言，金融机构（会员单位）期货合约交易信息、大宗商品交易商在现货市场中关于现货商品的供求关系信息以及在期货市场中的期货合约交易信息等，均属于对于期货市场交易价格具有重要影响的信息，应当认定为内幕信息。这些信息的经济价值在于发现基础资产的内在价值与金融商品市场价格之间的价差。《刑法》以及《利用未公开信息交易解释》所规定的期货市场中的内幕信息之外的其他重大未公开信息，是与基础资产的内在价值与供求关系以及相关期货合约市场价格无直接关联的信息，但由于其反映了相关期货合约市场中特定资金的流动方向以及数量变化，因而属于影响期货市场交易活动的外发性信息（例如，资产管理公司管理的客户资金变化信息或者投资决策信息，期货经纪掌握的客户买入、卖出期货合约信息等）。这种信息的经济价值在于发现特定期货合约市场中特定交易主体的短期交易方向、资金数量，从而可能影响知悉信息者对于采取何种交易策略与活动的判断，如进一步作为对手方还是跟进实施趋同性交易。由于期货市场中的内幕信息公开造成的是金融商品市场价格向基础资产内在价值的回归，而期货市场中内幕信息之外的其他重大未公开信息公开引发的是特定期货合约交易者基于对其他特定交易者所实施的交易方向、资金量的了解而对其自身交易活动的影响，所以，期货市场内幕信息对市场价格的影响及其程度更为显著，相应地，在违法所得相同的条件下，利用未公开信息交易需要动用的交易量规模更大。

同时，从利益侵害的角度分析，期货市场中的内幕信息与其他重大未公开信息在一定程度上都呈现出与委托代理关系的关联性，但内幕信息主要表现为雇主（被代理人）与雇员（代理人）之间的法律关系，而其他重大未公开信息主要是客户（委托人）与机构员工（代理人代表）之间的利益冲突。因此，期货市场中的利用未公开信息是基于资产管理中应当由权益人独享的重大信息谋取交易利润，行为人违法所得的代价是其所供职机构的客户的经济利益损害与市场特定信息利益冲突的违反。在违法所得相同的条件下，利用未公开信息交易所侵害的市场参与者范围更特定、经济利益更容易量化且数额相对较小。

所以，金融机构、大宗商品交易商等机构中的工作人员，利用职务或者职责履行过程中的便利获取的期货市场重大未公开信息从事相关期货合约交易的，应当按照以下规则界定其行为性质是内幕交易还是利用未公开信息交易：（1）利用机构中未公开的期货市场生产、交易数据或者期货市场中的交易数据，从事相关期货合约交易的，构成期货市场内幕交易；（2）利用金融机构中客户的期货持仓、资金数据信息、交易方向信息等，系该交易者与客户之间的利益冲突问题，构成利用未公开信息交易。

第九章

内幕交易、泄露内幕信息预防性合规实务

无论是内幕信息没有公开前从事买卖证券、期货内幕交易，还是泄露内幕信息，明示、暗示他人从事上述证券、期货交易，“内幕交易、泄露内幕信息罪”的核心都是“内幕信息”，实务中本罪一旦被刑事立案侦查，信息公开化后，“内幕信息”往往就失去了“内幕”的价值，事后合规对于“涉案内幕信息”已无实际意义，但合规对于其他内幕信息则具有预防和警醒价值。通过对内幕信息的内外流转、保存及相关知情人行为的规范，建立“内幕信息”预防性合规体系。

第一节　内幕信息流转合规管理

内幕信息流转是指内幕信息从其形成到被公开过程中，经过哪些部门、哪些人、哪些流程的一系列过程。通过对涉案企业这一系列过程进行解构，结合“内幕交易、泄露内幕信息罪”的预防性需求，对内幕信息动议、策划、决策、执行等流转过程进行重新梳理，明确各环节及相应部门职责，防范随意泄露或被他人非法获取。

一、内幕信息归属部门划分

我国《刑法》本身并未对“内幕信息”的范围进行明确，而是依照法

律、行政法规的规定确定。根据《证券法》第52条、第80条第2款、第81条第2款对于“内幕信息”的规定，结合相关规定涉及的事项内容特性，将内幕信息大致分为以下几类：

1. 经营类内幕信息。以下事件可归属于经营类内幕信息：（1）公司的经营方针和经营范围的重大变化；（2）公司生产经营外部条件发生的重大变化；（3）公司生产经营状况发生重大变化；（4）公司的实际控制人及其控制的其他企业从事与公司相同或者相似业务的情况发生较大变化；（5）从事关联交易，可能对公司的资产、负债、权益和经营成果产生重要影响。

2. 股权类内幕信息。以下事件可归属于股权类内幕信息：（1）公司分配股利、增资的计划，公司股权结构的重要变化，公司减资、合并、分立、解散及申请破产的决定，或者依法进入破产程序、被责令关闭；（2）持有公司5%以上股份的股东或者实际控制人持有股份或者控制公司的情况发生较大变化；（3）公司股权结构发生重大变化。

3. 公司治理类内幕信息。以下事件可归属于公司治理类内幕信息：公司的董事、1/3以上监事或者经理发生变动，董事长或者经理无法履行职责。

4. 财务类内幕信息。以下事件可归属于财务类内幕信息：（1）公司债券信用评级发生变化；（2）公司重大资产抵押、质押、出售、转让、报废；（3）公司新增借款或者对外提供担保超过上年末净资产的20%；（4）公司放弃债权或者财产超过上年末净资产的10%；（5）公司营业用主要资产的抵押、质押、出售或者报废一次超过该资产的30%。

5. 投资类内幕信息。以下事件可归属于投资类内幕信息：公司的重大投资行为，公司在一年内购买、出售重大资产超过公司资产总额30%。

6. 涉诉（涉裁）风控类内幕信息。以下事件可归属于涉诉（涉裁）风控类内幕信息：（1）公司订立重要合同、提供重大担保可能对公司的资产、负债、权益和经营成果产生重要影响；（2）公司发生重大债务和未能清偿到期重大债务的违约情况；（3）公司发生重大亏损或者重大损失；（4）涉及公司的重大诉讼、仲裁，股东大会、董事会决议被依法撤销或者宣告无效；（5）公司涉嫌犯罪被依法立案调查，公司的控股股东、实际控制人、董事、监事、高级管理人员涉嫌犯罪被依法采取强制措施；（6）公司发生超过上年末净资产10%的重大损失。

结合内幕信息类别和公司各部门的一般职能，经营类内幕信息可能会涉及公司股东（大）会、董事会、总经理（总经办）、法务部及其他对口业务部门；股权类内幕信息可能会涉及公司股东（大）会、董事会、董秘办、证券部；公司治理类内幕信息可能会涉及股东（大）会、董事会、总经理（总经办）等；财务类内幕信息可能涉及股东（大）会、董事会、财务部、审计部等；投资类内幕信息可能会涉及股东（大）会、董事会、投资部等；涉诉（涉裁）风控类内幕信息可能涉及股东（大）会、董事会、法务部。另外，无论哪种类型的内幕信息，只要其对发行人证券的市场价格有重大影响的，则该等信息都有可能会涉及公司董秘办、证券部。有些内幕信息在动议、策划、决策、执行等过程中还有可能涉及外部单位，比如与公司合作的证券公司、律师事务所、会计师事务所、评估机构、银行等。

并不是所有法律法规规定范围内的内幕信息知情人都当然的对某一“特定内幕信息”具有内幕信息知情人责任，比如说公司财务总监作为公司高级管理人员，其是法律法规规定范围内的内幕信息知情人，但其对于公司某董事因为涉嫌犯罪被刑事侦查的事项就有可能完全不知道，此内幕信息不属于财务部归属管理有关的对应内幕信息。因此就个案而言，该公司财务总监对该董事犯罪有关的内幕信息不属于应登记的内幕信息知情人。

二、内幕信息内部流转合规管理

内幕信息在公司内部动议、策划、决策、执行等过程中可能会涉及公司多个部门，内幕信息如何能顺利穿过这些部门做到“雁过而不拔毛”，这就需要内幕信息主体单位在制度和流程设计上充分保障内幕信息流转的安全性。通过对实务部门内幕信息流转过程的深度观察与参与，我们将内幕信息流转过程主要划分为以下几个阶段：（1）内幕信息酝酿时期。内幕信息在酝酿阶段往往处于相关事项提议、讨论、策划、论证等过程。不同类型的内幕信息会由其对应管理或负责的部门联合关联部门，或公司实控人联合关联管理层进行前期探讨相关方案的可行性、风险点和利弊。在这个阶段，往往知悉和参与的人员很少，基本局限于公司核心管理层或专业人士，且往往是非正式会议讨论，甚至有时候连会议都没有，只是简单闲聊或者电话沟通，且此阶段形成的信息不一定能最后落地实施，甚至很多初步信息与最后确定的方案信息大相径庭。基于内幕信息酝酿阶段的特殊性，参与人员需要承担高度保密责任，不与无关部门、无关人员在无关场合谈论初步内幕信息。（2）内幕信息形成时期。内幕信息有关方案经过讨论确定后，往往由对应部门予以承接并按公司相关制度履行相应流程，使相关内幕信息得以正式确认。但有些内幕信息并没有酝酿时期，其被内幕信息知情人知悉时即已形成。比如，公司发生重大诉讼，被第三方诉讼，公司法务部门收到相关案件的法院传票时该诉讼有关内幕信息即已经形成。在该等内幕信息被对外公开披露前，此等信息被公司少部分人了解或掌握。因流程需要知会其他部门人员时，要严格限制参会人员身份、会议资料留存，未经事先允许不得录影录像。（3）内幕信息执行时期。有些内幕信息还涉及履行实施过程，比如，公司作为被告涉及重大诉讼，需要从不同部门收集证据材料应诉，不可避免涉及多部门配合工作。

内幕信息无论处于哪个阶段，都有可能涉及公司内部不同部门信息交流程序，有交流、有沟通就存在被泄密或被非法利用的可能性。内部流转过程要在以下几方面做好规范工作：首先，资料流转路径监控。资料提供方要做好台账工作，对于资料转接双方主体身份、资料名称、原件复印件、纸质资料页码数、电子资料载体名称、传递时间等进行记录。若有可能，对资料进行一定的特殊痕迹加密，为未来复盘能做到有据可查，有源可追。其次，复制权限设定。若内幕信息载体为资质资料，则尽量不予以外借流转，需要借阅的，在该内幕信息对口负责部门负责人在场的情况下予以阅读，但不允许带离。若内幕信息载体为电脑或外部存储器，则对内幕信息资料进行加密设置，没有授权密码无法登录查阅，或无法进行拷贝下载。

三、内幕信息外部流转合规

内幕信息流转过程中还有可能会涉及外部单位。在与外部单位商议、传递内幕信息前，需要做到以下几点：首先，要和外部关联单位签署《保密协议》，要求外部单位对于其与内幕信息单位合作过程中知悉、获得的内幕信息予以保密，未经允许不得向无关单位或人员透露，也不得利用内幕信息从事与内幕信息单位利益相违背的事项，更不能随意向内幕信息单位工作人员打听与双方合作无关事项的信息。其次，外部关联单位派往内幕信息单位从事合作事宜的人，要单独签署《承诺函》，或在双方签署的《保密协议》中单独签字，其对于在工作中或因为职责所形成的便利条件而知悉的内幕信息要承担保密责任。再次，要严格限制外部关联单位知悉内幕信息的人员范围。内幕信息单位的内幕信息不适合外部关联单位对应部门的所有人员、或项目组所有成员知悉。非必要情形下，要将内幕信息外部知情人员范围限定在最小范围内。复次，内幕信息单位与外部关联单位沟通内幕信息过程中，要注意场合的私密性，在场人员的数量和身份限定。最后，内幕信息对外流转应专人派送，指定人员签收确认，且要同步发送或沟通保密声明，要求对接方予以确认和遵守。

第二节　内幕信息保存合规管理

内幕信息在敏感期内，除了流转过程中会出现泄密或被不法利用情形，其在保存方面也可能存在因保管不当，从而导致内幕信息被泄密或被不法利用。

一、内幕信息载体保存规范

内幕信息除了口头沟通之外，都需要通过某种载体呈现，比如纸质材料，U 盘、硬盘等外部存储器，电子邮件，短信、微信、QQ 等即时聊天工具。针对承载内幕信息的不同载体，根据其各自物理特质和性能特定，实施不同的保存规范制度。对于纸质载体，应制定和完善相应的文件保管制度；对于文件的归口管理部门，复印、扫描、打印、拍摄，借阅、归还，保存，存档等环节应根据公司实际情况予以规范；对于 U 盘、移动硬盘、光盘等外部存储器，应制定和完善相应的存储器使用保管制度，要设置密码开启，并对存储器的流转过程、人员管理结合实际工作需求予以规范；对于电子邮件载体，有条件的公司建议配备专门的工作邮箱，每个员工都有属于自己的专属工作邮箱；对于与工作有关的事项不允许用私人邮箱；对于短信、微信、QQ 等即时聊天工具载体，要规范网络系统聊天工具使用准则；对于内幕信息是否可以通过即时聊天工具讨论，以及通过腾讯会议系统开会的内容是否予以同步系统录音等情形都要根据公司实际情况予以分别规范。

二、内幕信息保存责任主体规范

内幕信息载体的保管人，分为两类主体：一类是专门管理人员，可以是档案室、资料室等专门部门的管理人员，也可以是内幕信息对应部门的专门管理人员。无论是哪种专门管理人员，均不直接参与内幕信息的动议、策划、决策、执行等过程，其主要职能是妥善“保管”内幕信息载体。另一类是内幕信息所涉事项相应参与人员，可以是内幕信息对应部门直接负责人或对应部门参与人员中负责保管资料的人员。这类人员直接参与内幕信息酝酿、形成或执行阶段相应过程，对于内幕信息知悉或了解的，其因参与过程而形成临时保管责任。对于第一类专门管理人员，要经过专业的职业上岗和工作纪律培训，上岗前要进行背景调查和性格测试，找到经历、性格与岗位职责匹配的人员。由他们保管的内幕信息载体不得无故转交他人，流转过程都要相关方签字确认。对于第二类人员，其因职务职责、股权关联、业务往来等而知悉内幕信息，并不是因为要保管内幕信息而成为内幕信息知情人。此类人员若为公司内部及股权关联方相关人员，则可通过公司保密制度和岗位职责要求对其行为予以规范。此类人员若为公司外部人员，则无法事先背调其是否符合要求，只能在过程中对其行为予以要求和规范。

三、内幕信息保存过程规范

根据载体自身特性，对其实施不同保存管理措施：（1）专人保管，定岗定责。内幕信息的载体要由公司或该类型内幕信息对接部门的专人负责保管，每一个流转过程都要有专人对接。（2）单独保管。根据内幕信息的类型和其进展阶段，对应不同知悉人员和保管人员进行单独保管，与其他保管的资料进行区分。（3）不得私自保管。任何人未经有关负责人或部门同意，不得私自保管内幕信息相关资料，不得将内幕信息相关载体带离工作场所。（4）访问权限设定。对于承载在电子载体上的内幕信息，设置密码开启、登录、查阅、下载或打印等限制措施；对于纸质载体的内幕信息，则限定专人保管。（5）定期检查。对于保存的内幕信息相关资料定期进行检查，包括载体的外观、内在内容、数量的完整性等。（6）及时更新。所保管的内幕信息自身内容、知情人主体或其他相关情况发生更新变化的，要及时更新所保管的文件和登记记录，文件与真实信息变化应同步。（7）解密后文件处理。内幕信息无论是经过正常程序解密还是因泄露被动被解密，对内幕信息所涉资料应至少再保存10年。此时内幕信息虽没有了“内幕”的性质，但其仍属于公司的内部信息，未经允许仍不能随意对外披露。

第三节　内幕信息知情人的行为规范管理

内幕信息知情人在内幕信息公开前负有保密义务。我国《刑法》并未对“知情人员”的范围进行明确，也是依照法律、行政法规的规定另行确定。根据证券有关法律法规等规范性文件的规定以及实务操作经验，内幕信息知情人分为以下几类：（1）因职务职责被定为内幕信息知情人。比如，发行人（公司）及其董事、监事、高级管理人员；公司内部参与重大事项筹划、论证、决策等环节，或者因其担任公司职务而获取有关内幕信息的人员；因职务、工作可以获取内幕信息的证券交易场所、证券公司、证券登记结算机构、证券服务机构的有关人员；因职责、工作可以获取内幕信息的证券监督管理机构工作人员；因法定职责对证券的发行、交易等进行管理可以获取内幕信息的有关主管部门、监管机构的工作人员。（2）因股权关联关系被定为内幕信息知情人。比如，持有公司5%以上股份的股东及其董事、监事、高级管理人员；公司的实际控制人及其董事、监事、高级管理人员；发行人控股或者实际控制的公司及其董事、监事、高级管理人员；相关事项的提案股东及其董事、监事、高级管理人员（若有）。（3）因业务往来、合作等被定为内幕信息知情人。比如，与公司有业务往来过程中知悉公司有关内幕信息的人员；上市公司收购人或者重大资产交易方及其控股股东、实际控制人、董事、监事和高级管理人员；参与重大事项策划、论证、决策、审批等环节的其他外部单位人员。(4) 与上述人员存在亲属关系、业务往来关系等原因而知悉公司有关内幕信息的其他人员。(5) 依法从公司获取有关内幕信息的其他人员。上述人员均具有内密信息知情人相关法定责任。

一、内幕信息知情人合规意识培养与培训

将上述内幕信息知情人根据其与公司的关系划分为公司内部和公司外部内幕信息知情人，前者指公司及其股东、实控人、子公司等及其有关的董事、监事、高级管理人员或其他工作人员；后者指除内部内幕信息知情人以外的其他内幕信息知情人。就公司内部内幕信息知情人，公司可以进行：

(1) 定期培训。结合公司实际情况制订年度培训计划，定期对公司及其控股股东、实控人、持股5%以上股东、子公司等及其的董事、监事、高级管人员进行内幕信息保密和禁止利用内幕信息交易等法律法规相关内容进行培训，针对不同入职时间的人员制定不同课件，及时对新进人员进行上岗培训。

(2) 临时培训。根据公司业务发展需求和新的法律法规出台或相关社会事件发生而及时给公司内部内幕信息知情人员举办不定期培训，加强内幕信息知情人法律知识和风控意识。

(3) 考试安排。公司可结合培训内容和公司内部考核需求，不定时对内部内幕信息知情人举办法律法规知识考查，借外力推动相关人员了解和掌握法律知识，加深法律风险意识。就公司外部内幕信息知情人，公司可结合法律法规和实务案例相关内容制定并定期更新负面清单，发放给相关内幕信息所特定范围的知情人，对外部内幕信息知情人进行法律知识宣传和法律意识培养。必要时，也可安排外部内幕信息知情人参与公司内部相关培训。

二、内幕信息知情人行为合规准则

内幕信息知情人的行为合规涉及方方面面，从宏观层面看：

首先，保密协议签署。无论是哪个类型的内幕信息知情人，都应与内幕

信息所有者公司事先签署保密文件，通过具体保密条款来规范内幕信息知情人行为。不同意签署保密文件的，若其是公司、股东、实控人或子公司的董事、监事、高级管人员或其他工作人员，则不予续聘或降级聘用；若其为公司业务合作方，则收缩内幕信息披露范围，列入未来合作黑名单；若其为上述人员的亲属，则根据其亲属与公司的关系对其亲属进行相应处理。

其次，报告制度。因职务职责，股权关联关系，业务往来、合作等事项被定为内幕信息的知情人应如实填写内幕信息知情人档案，如实披露报告亲属信息。当有关信息在保密敏感期内发生变更的，要及时予以反馈报告。当发现公司存在秘密泄露或可能泄露时，应及时报告公司相关部门及负责人并采取力所能及的补救措施。

最后，涉密事件沟通制度。(1）谈论主体限制。内幕信息知情人不得向无关人员谈论与内幕信息有关的任何内容，无论对方是否是法定内幕信息知情人，只要对方与正在发生的内幕信息所涉事件无关联，均不应该与之透露。(2）谈论场合限制。尽量避免在公共场合、公共交通上沟通涉密事项。若不得已情形下需要在公共场合、公共交通上沟通有关涉密事项的，应隐去敏感信息。即使在私人聚会场合、私人交通工具上，也不得与无关人员谈论内幕信息。

三、内幕信息知情人行为合规监督

除了内幕信息知情人根据法律法规，公司内部规则等进行行为自律外，还需要公司内部监督部门对于公司及相关部门、相关人员的内幕信息合规效果进行检查与监督，形成正向反馈和外部监督力量，敦促内幕信息知情人进一步合规自律。

设立合规监督部门。有条件的企业可以设立专门的合规部门，负责合规制度的制定与实施，合规事项的决策与监督。实务中，有的企业把合规监督的职责交给监事会，由监事会负责监督内幕信息管理事务，纠正内幕信息知情人的不当行为，对公司内幕信息管理定期开展考核与评价。而有些国资背景单位，则直接将合规监督职责交给了公司内部纪检部门。还不具备条件设立专门合规部门的公司，可由法务部或风控部兼任。

设立考核制度。公司定期对公司内幕信息知情人的行为表现、内幕信息知情人登记管理制度实施、保密制度完善效果进行考核与评价，对公司内幕信息管理进行动态监测，对潜在风险进行提前预警。对于内幕信息知情人违规保存与管理内幕信息，违规流转内幕信息，或对外泄露内幕信息，或利用内幕信息进行内幕交易等情形，查证后属实的，公司应对内幕信息相关责任人员包括其亲属的违法违规行为予以详细记录，作为人事部门职位聘任、调动的重要参考依据。

设立举报通道。监督不能单靠从上到下的监测，更要发挥广大群众的力量。公司应设置专门举报电话、举报邮箱，并在公司内部和官网上及对外合作中向合作方披露举报电话号码和举报邮箱地址，设专人接待与处理投诉举报事项，负责人直接向公司董事长或董事会负责报告。